史记

讲给大家的《史记》

司马迁的坚守与超越

李山 著

广州新华出版发行集团
广州出版社

图书在版编目（CIP）数据

司马迁的坚守与超越：讲给大家的《史记》/ 李山著. —广州：广州出版社，2023.6

ISBN 978-7-5462-3597-4

Ⅰ. ①司… Ⅱ. ①李… Ⅲ. ①《史记》—研究 Ⅳ. ① K204.2

中国版本图书馆CIP数据核字（2023）第065377号

书　　名 **司马迁的坚守与超越：讲给大家的《史记》**
Simaqian de Jianshou yu Chaoyue：Jianggei Dajia de Shiji
著　　者 李　山
出版发行 广州出版社
（地址：广州市天河区天润路87号广建大厦9、10楼
邮政编码：510635　网址：www.gzcbs.com.cn）
策划编辑 何　旻
责任编辑 司丽丽　何　旻
责任校对 窦兵兵
印刷单位 三河市祥达印刷包装有限公司
（地址：三河市杨庄镇杨庄村　邮政编码：065200）
规　　格 920 mm × 1250 mm
开　　本 1/32
印　　张 12.5
字　　数 280千
版　　次 2023年6月第1版
印　　次 2023年6月第1次
书　　号 ISBN 978-7-5462-3597-4
定　　价 88.00元

发行专线：（020）38903520　38903521

如发现印装质量问题，影响阅读，请与承印厂联系调换

写在前面的话

《史记》很不好懂。多年前就读《史记》，后来上课也多次讲《史记》，读《史记》教《史记》的次数越多，越觉得如此。

很多年前读列维-布留尔的《原始思维》，那上面讲东方的“原始思维”，就从《史记》取证。此书的译者还介绍说，布留尔写这本书就是因为觉得《史记》充满了“原始思维”。曾经有位不同专业的学者朋友很认真地发问，《史记》“通古今之变”，真“通”了吗？我知道这位朋友的意思，后人许多关于“通古今之变”的论述，都没有说服他。最近这些年，关于《史记》又有“失控”的说法，也是很严肃的研究。这些问题，启发人，也挑战人，刺激人更认真地研读《史记》。

《史记》确实有些不尽如人意的地方，错误比较多，特别是战国时期一些国家的年代和人物。这些错误，许多应该是司马迁所依据的史料本身的问题。另外还有一些错误，不知是作者疏忽所致，还是出自历代手民的“脱夺衍误”。对此，后世学者颇有文献学的校正，是《史记》的功臣。但是也有些所谓的“错”，是后人不理解《史记》特殊体式的误会，如司马迁记录一些人和事，在这篇文字里这样说，在那篇文字又那样讲，好像是史家自己犯糊涂自乱阵脚。因此，学界朋友也颇怀疑今天看到的《史记》不是司马迁的“真迹”。笔者对此，也是多年不得其解。这次要写这本书，也是整理过去的思考，忽然有一点了悟：这应该是司马迁故意的。放到世界历史书写的范围看，《史记》有一个很突出的特点，即它是一个“立体”的结构。简单地说，本纪、世家、列传、表，几个时间序列的维度，其实都是围绕从黄帝到汉武帝这样一个历史大时段转。读者要四次从头读起，历史的画卷才步步深细地展开。这带来一种方便，就是可以把许多的“异闻”，哪怕是相互矛盾的，都作为史料分别放到不同的时序架构中去。不要忘记，“网罗天下”的文献，是史家自许且十分在意的著作目的之一。同时，将一些矛盾的史料放在不同的时序位置，若说像司马迁这样的史家对所收集材料的真假毫无感觉，是说不过去的。历史史料的意义，难道只在其事实层面的真假？所谓假材料，难道就没有其历史的真义？过去，大家多注意《史记》的“互见法”，其实司马迁还有一种“并存法”（姑且这样叫）。而史料的“并存”，需要读者主动性的理解。就是说，“立体”结构的历史书写在理解上是要读者参与的，是开放的。

说《史记》带“原始思维”，是文化隔膜的误会，可不多谈。“古今之变”司马迁也是“通”了的，而且就在对其所“通”的“古今之变”中，司马迁也表现出自己严正的立场。从夏、商、周到西汉司马迁生活的时代，一大变化就是封建从强盛到式微，到只保留形式的壳子。司马迁诸多世家的文字，将这一大变展现得十分充分，而司马迁的王道立场，也在他的相关书写中，表达得十分清楚。在本书对各表的序言的讨论中，就努力地去说明史家长时段观察历史变化所持的坚定立场。同样的立场，让司马迁在完成“究天人”的书写任务时，也表现得非同一般。

这就说到本书的书名——“坚守与超越”了。“坚守”就是司马迁从孔子“作《春秋》”那儿得到的“不饶人”的王道立场；“超越”，则涉及司马迁作为史学家长时段、大面积观察人物、事件得出的超乎前代思想家、理论家主张的关于生活与生命的感受和领悟。真正的史家不仅写历史往事，还要从中找寻意义，司马迁在这方面做得好，甚至可以说在古代史学中无与伦比。他的书写是顺着历史写的，他的思考却往往逆着潮流动，历史变化的价值或反价值，就在这“逆流而思”的书写中，被表达得清晰可鉴。《史记》是以历史为形态的思想之书、文学之书。正因如此，尽管有各种不足和遗憾，《史记》却可以永恒地矗立在历史的长河之中。

许多人读《史记》，喜爱它的文学性，笔者也是如此。本书中，笔者说《史记》是“史底文面”。《史记》的质地是史，对史实及史料文献的记述和保存是全力以赴的，但在表达层面，在史家对过往人事态度的表达上，文学的作用是很大的。书中第十六讲说司马迁的“冷笔”，涉及的人物是商鞅、张仪、范雎、白起等一些在秦统一天下的过程中立了功的人。司马迁写这些人物，在笔触亦即在投入的情感上，明显与写那些东方人物如廉颇、蔺相如、魏公子、鲁仲连以及荆轲等不同。写秦一系的功臣，笔触要冷，如商鞅，其变法的诸多措施司马迁是尽力叙述的，可是对商鞅其人的表现，负面的多。商鞅是秦的功臣，可做人上，却一败涂地。写秦一系人物，用笔唯一显得“热”一点的是应侯范雎，可那也是表现他的快意恩仇。

这是从大的方面看《史记》的“史底文面”。从较细的方面说，如“鸿门宴”的场景、“荆轲刺秦王”刹那间的情形，都是好小说才有的文字。这真应了老前辈“二十四史皆小说”的说法了。司马迁秉持的史学观念，不是为社会的演变寻找规则，他关心的是道义在人间的存续状态，是人生的成败得失，还有那些不可磨灭的功绩。寻找规则要论证，展现对历史、家国起过大作用的人物，令其留名青史，若没有文学作为翅膀，就无法达到目的。这样的历史书写的传统，远一点说，从《尚书》就开始，近一点说，《左传》《国语》都秉承着这样的传统。《史记》不过把这古老的统绪发扬光大而已。司马迁的“史”与“文”的交融，是后续正史的样板，是一个难以企及的样板。

此书稿成得很快。这要谢谢好几位研究生同学帮我整理录音，同时也要感谢广州出版社的柳宗慧董事长和司丽丽编辑。没有她们的提议，我就不会去整理已有的思路和旧稿；没有她们的催促，书稿也不会这么快完成。

最后，请广大读者不吝赐教。

李　山

2022年11月4日

目录

第一讲

读《史记》之前应该知道的一些文献层面的问题

《史记》属于通史，记事始于传说中的黄帝时代，一直写到司马迁生活的汉武帝时期。全书共一百三十卷，包括十二本纪、十表、八书、三十世家、七十列传。全书字数共五十二万余字。皇皇五十万言，在今天也是一本大书。

可是，这部书也有许多文献上的问题，在进一步阅读之前，我们应该搞清楚。这些问题有：此书全是司马迁写的？今天看到的这五十余万字，是否有后人掺假？另外，这本书记录到司马迁生活的年代，具体是到哪一年？等等。

一、《史记》全是司马迁写的?

《史记》的作者是司马迁，这是常识。可深入一点了解《史记》之后就会发现问题并不是那么简单。学术界有人写文章说，《史记》作者不只是司马迁，《史记》还有司马迁的父亲司马谈的手笔。也就是说，司马迁不是《史记》的唯一作者。

何以有这样的看法呢？接触过《史记》的人都知道，《史记》一般在每一篇的最后都有一个“太史公曰”，对所记载的人或事加以议论或作些补充性的说明，文字不长，却很带味、耐读，显示着《史记》的特有见地与笔致。就是在这些文字中，显示出一些司马谈的痕迹。例如《刺客列传》，主要的人和事是荆轲刺秦王，文章最后是这样写的：

> 太史公曰：世言荆轲，其称太子丹之命，“天雨粟，马生角”[1]也，太过。又言荆轲伤秦王，皆非也。始公孙季功、董生与夏无且游，具知其事，为余道之如是。

这段文字补充说明了荆轲传部分的材料来源，原来是从当年荆轲刺秦王时在场的医生夏无且那儿得来的。荆轲传的文字里还提到，当时面对荆轲突如其来的刺杀与攻击，秦始皇和他的手下都张皇失措，是夏无且“以其所奉药囊提荆轲”，即用药袋子抛打了一下荆轲，大殿上的秦始皇才有机会逃脱荆轲的撕扯追打，否则，荆轲很可能就得手了。因此，夏大夫得到了嬴政的奖赏。“荆轲刺秦王”这一段，文字有声有色，具体而生动。可是，荆轲刺秦王的事，据《秦始皇本纪》记载，发生在嬴政在位的第二十年，即公元前227年。司马迁生活在汉武帝时期，其出生年份一说是公元前145年，一说是公元前135年，司马迁就算是公元前145年生，距离刺秦王那年也有82年的光景，夏无且用药袋子打荆轲时，怎么也得是成年人，最小也得在20岁左右，就是再会保养，老中医也活不到司马迁出生的那一年，更不用说到司马迁懂事、知道打听历史故事的年龄了。如此“太史公曰”的太史公，就只能是司马谈（约公元前169—前110年）。细算一下，

---

①这样的记载见《燕丹子》：“欲求归，秦王不听，谬言曰：‘令乌头白，马生角，乃许耳。’丹仰天叹，乌即白头，马生角。”大意是燕国太子想回国，秦国的条件是黑发变白，马头上长出角。结果太子丹仰头慨叹，感动了天地。对这样的夸诞说法，《史记》是不相信的。

司马谈也不是直接从夏无且那里听闻故事的人，“太史公曰”交代得明白，是从公孙季功和董生那里听到的故事，两人与夏无且有过交往。文字中提到的公孙季功为何许人，不得而知；另一位董生，前人说不是董仲舒，因为董仲舒（公元前179年—前104年）的年龄，一般说来也接不上①。既然司马迁的年代搭不上夏无且，也搭不上公孙季功和董生，于是这位“为余道之如是”的“余”，就只能是指司马迁的父亲司马谈。

这样的看法，是当代史学大家顾颉刚先生提出的，可谓目光如炬。顾先生的说法，见他的《司马谈作史》，此文收入他的《史林杂识》。文章说，《刺客列传》中荆轲的故事，应该是司马谈写的。不过，早在《太史公自序》就有“悉论先人所次旧闻，弗敢阙”的话，是承认司马谈“次旧闻”，以及编次过一些材料的。只不过，这句话是笼统而言，不像顾先生那样具体到某一篇。此外，讨论司马谈与《史记》的关系，早在清朝大文人方苞就这样做了。方苞，号望溪，有《望溪先生文集》，集中有一篇《又书〈太史公自序〉后》，讨论了司马谈著《史记》的问题。进入现代，王国维先生作《太史公行年考》也谈到这个话题，再后来北京师范大学教授李长之先生又有《〈史记〉中可能出自司马

①从公元前227年到董仲舒出生的公元前179年，共48年，若以夏无且当时20岁算，董仲舒出生那年夏无且是68岁，若董仲舒十几岁与夏有交道，也不是全无可能。还有一种可能，就是董仲舒从公孙季功那里听说，而公孙是接触过夏无且的人。如果这样理解“太史公曰”的“始公孙”句，那么这段话在解释上就存在另外的可能：是司马迁从董仲舒那听说的故事。司马迁十几岁的时候曾向董仲舒学过“古文”。不论如何，《史记》有些精彩的文字，不是来自文献，而是来自口传。从文学的角度研究《史记》，这是很值得注意的。

谈手笔者》一文，也是讲《史记》有司马谈的文字。近年的学者有赖长扬、赵生群等，都写文章讨论《史记》里究竟有多少篇文字应该是司马谈写的。归结他们的看法，《史记》竟有37篇是司马谈写的，其中有本纪12篇，表4篇，书4篇，世家8篇，列传9篇。这个量很大了。

但是，对此也有学者提出反对意见。如张大可先生就认为司马谈在《史记》写作上有创始之功，但绝不像学者所说的写作数量那样大。笔者以为这样的说法要更实际一些。37篇的文字，约占全书的百分之三十，真不算少了。司马谈临终时曾嘱咐司马迁完成《史记》的写作，说过“无忘吾所欲论著矣”的话，若真是已经完成37篇，司马谈“吾所欲”的“欲”字，就不好理解了。

这点学术争论，提醒今天的读者两件事：其一，《史记》不是一个人的书，而是“一家言”，即属于那个世代以史为职业的家族之书，是职业的神圣使命感让司马谈、司马迁父子完成了这部大书。其二，《史记》原本也不叫“史记”，而是叫“太史公书”。司马迁写完这部书后，是不是像今天的著作者把稿子交给出版社时，总要署上自己张三李四的名字，不得而知。好像不是。而且，司马迁活着的时候好像也没有公布此书的打算。那为什么叫“太史公书”？汉代一般称史官的官长为“太史令”，《太史公自序》就是这样写的①。正式的官职称“太史令”②，可是《史

①《太史公自序》说司马谈“卒三岁而迁为太史令”。司马贞《史记索引》引《博物志》：“太史令茂陵显武里大夫司马迁，年二十八，三年六月乙卯除，六百石。”正式文书称呼都是“太史令”。也有学者认为汉代官职有正式称“太史公”的，可看他们的证据，都来自《太史公自序》，或后来班固《汉书·司马迁传》抄录的《太史公自序》中的材料，说服力不是很强。

②古人也有人认为“太史公”是官职之称，其说不可信。

记》结尾处的“太史公曰”却称“太史公”，不用“令”而用“公”。前人说这是尊父亲司马谈，可是《太史公自序》中“太史公遭李陵之祸”的“太史公”却指的是司马迁自己，“公”字，就不好说是尊自己了吧？然而，“太史公”的称谓若联系“成一家之言”看，或许就容易理解了，那就是司马迁认为父亲开创、自己完成的这部书，不是官方著述，而是——用今天的话说——代表“我司马家”对历史看法的著作，不是上承王朝意旨（如强调王朝意旨，称官职“太史令”，似乎才合适），而是自觉遵循孔子作《春秋》的精神。既然是司马氏的“一家言”，材料具体是父亲的还是儿子的，其间的分别也就不是那样重要了。

有人会有疑问，既然太史令是官职，太史令著的史书能说是“我司马家”的“书”吗？对此，我想介绍学术界的老前辈、近人孙德谦老先生的一个说法。孙先生著《太史公书义法》一书，篇幅不大，水平很高，在该书的《行权》一节中，孙先生说，他读《吕氏春秋·先识览》言夏王朝到了桀时，一位名终古的太史，携带着他的“图法”（相当于说“各种典籍”）投奔了商，商代到了纣王时，内史向挚也带着“图法”投奔了周。一开始，孙先生说，他很不解这些史官何以不讲忠道，轻易地离开故国君王，后来他明白了，国可亡，史不可亡。保护历史典籍，是史官的最高权责[①]。据此，史官可以不像一般大臣那样讲忠，他们另有所忠，那就是他们负有保护文化命脉的责任。明乎此，司马迁有权利不承认皇家的意旨，有资格认《史记》为“司马家”著作。

---

①孙德谦：《太史公书义法》，北京：中国社会科学出版社，2020年，第45页。

二、司马父子著史也有分别

这“一家言”确实有司马谈不小的功劳。顺次而来的问题是，《史记》的思想高度，是哪位作者的写法达到的？笔者以为，还是司马迁。

看《史记》，其间对有些事的态度，需要仔细斟酌。例如在汉武帝东封泰山这件事的态度上，父子明显不同。

汉武帝元封元年东封泰山，搞封禅，作为太史令的司马谈，一开始应是跟着封禅的大队人马一同前往的。不幸的是，走到洛阳，他却“留滞”了，原因是他生了重病。作为史官，不能亲自参与这样的大事，司马谈很伤心。这时的司马迁也已经出仕为“郎中”（三百石，皇帝身边的侍从官，有家世或用钱换，可以得到这一官职），为朝廷初级官员，前一阵刚奉命出使西南巴蜀（今四川重庆）一带，此时结束返回洛阳。父子在洛阳见面。《太史公自序》记录了父子见面的情景：

> 太史公执迁手而泣曰：“余先周室之太史也。自上世尝显功名于虞、夏，典天官事。后世中衰，绝于予乎？汝复为太史，则续吾祖矣。今天子接千岁之统，封泰山，而余不得从行，是命也夫，命也夫！余死，汝必为太史。为太史，无忘吾所欲论著矣。且夫孝始于事亲，中于事君，终于立身。扬名于后世，以显父母，此孝之大者。夫天下称诵周公，言其能论歌文、武之德，宣周、邵之风，达太王王季之思虑，爰及公刘，以尊后稷也。幽、厉之后，王道

缺，礼乐衰，孔子修旧起废，论《诗》《书》，作《春秋》，则学者至今则之。自获麟以来四百有余岁，而诸侯相兼，史记放绝。今汉兴，海内一统，明主贤君忠臣死义之士，余为太史而弗论载，废天下之史文，余甚惧焉，汝其念哉！”迁俯首流涕曰：“小子不敏，请悉论先人所次旧闻，弗敢阙。”

文字很动人，由此可以了解司马谈为什么因参加不了封禅而伤心。他是史官，史官自古以来的重大职责，不像后来那样仅仅负责记述、整理史学文献，太史更大的职责是“掌天官，不治民”。说到“天官”之事，可就复杂了，天道、天文、天意等都属于“天官”之事。《国语》中有句话：“吾非瞽史，安知天道?”“瞽”是瞎眼的人，但这里的中心词是“史”，不管是否失明，太史的职责之一是“知天道”，也就是负责天文观察，以确定吉凶祸福、四时变化等。与近现代以来的“天文学”一大不同，就是“天官”之事中含有浓郁的宗教与巫术色彩。古代的“天官”学问是“巫史不分”。知“天”，才能好好地尽人事，在古代是“天”管着人，管着一切，这学问就是司马迁说过的“天人之际”，可以说是古代最大的学问。皇帝封禅，就属于“天人之际”的大事，身为史官之长的太史令，却无缘参加封禅大典，这不是天生的苦命吗?

自叹苦命之外，司马谈还向儿子嘱托了另一件大事：完成《史记》的写作。司马谈相信，自己死后，儿子一定会按老规矩，子承父业，接着做太史。实际情况也是如此。在司马谈死后第三年，司马迁就做了太史令。司马谈在生命即将结束时，嘱咐儿子一定要完成“吾所欲论著”。为了鼓励儿子，他还谈到其家族早在周代就是史官，是代代相传的官职，将《史记》完成，就是“大孝”。司马迁写《太史公自序》，说《史记》“成一家之言”，很大程度上就是从这世代的职责来讲的。不过，司马谈又强调，他的修史，是继承孔子“论《诗》《书》，作《春秋》”的精神。这一点才是最重要的，“一家言”是承继世代祖业，但修史精神则是继承孔子的“作《春秋》”。在这一点上，司马迁与他父亲高度一致。

说到司马谈，还不要忘记他还是一位对诸子百家有深切理解的学者，这就是司马迁在《太史公自序》特意保存的《论六家要旨》。这篇重要文献讨论儒家、墨家、道家、法家、刑名家、阴阳家六家的学术主张，衡其长，较其短，最终又以道家为最高。《论六家要旨》说：“道家使人精神专一，动合无形，赡足万物。其为术也，因阴阳之大顺，采儒、墨之善，撮名、法之要，与时迁移，应物变化，立俗施事，无所不宜，指约而易操，事少而功多。”这是司马谈的看法，司马迁就不是这样看，这一点前人多有讨论，这里只举一个例子：《史记》专为孔子立世家，老子则无，即可知司马迁对儒家的态度与乃父有别。不过，在对诸子百家学术精熟这一点上，他们父子又是高度一致的，看《史记》的《管晏列传》《老子韩非列传》和《孟子荀卿列传》就可以知道。

父子之间的分别，除了上述对儒、道看法不同外，还有上面谈到过的对汉武帝封禅的态度。司马谈很以自己未能参加封禅大典为憾，可是，大家读司马迁写的《史记》八书之一的《封禅书》，其中对汉武帝封禅是多有讥讽的。不仅如此，《封禅书》对汉武帝的迷信、求仙、妄图长生不老，也都是皮里阳秋的。在司马迁的笔下，汉武帝这个人一辈子跟秦始皇有一个很相似的地方，那就是迷信，迷信长生不老。汉武帝搞封禅，与儒家理想中的封禅完全不是一回事。蒙文通先生的专著《经学抉原》中有一篇《孔子与今文经学》。文章讲，按照汉代儒家今文经学家的理论，封禅就是要证明一个王朝“受命于天”的合法性。一个王朝得了权力，把国家治理好了，风调雨顺、物阜民丰，百姓生活安定，而且文教事业兴旺，才可以搞封禅典礼。封禅典礼的思想含义是，天下非一家一姓所有。商代最后一代王纣，就认为商王朝是受上天无条件保佑的，自西周建立，这样的观念就改了。腐败的商王朝酷虐民众，上天不高兴了，就另选周人建立新王朝，取代残暴的商朝。据说西周成王时，天下太平，颂声大作，就搞了一次封禅，上告苍天，新的王朝成功建立。这包含着的意思就是，上天的革命（替换坏王朝，建立新王朝，就是革命。商汤伐夏桀，周武王克商纣王，按古人的理解，这样的革命都是顺从民意，而民意就是天意），废掉旧王朝，替换新王朝，成功了！这意味着上天没有看错人。

这是儒家的理解。汉武帝搞封禅，在当时当然是有很多人赞成的，包括司马谈，都认为这是惊天动地的大事情，表明汉家成功了。刘邦的国家取代秦朝，是受命于天的。有这样的认定，封禅就是天大的事。司马谈赞同封禅，作为史官没能参与其事，是很大的遗憾。

可是，司马迁就不是这样看的。司马迁在《封禅书》里反复告诉我们，汉武帝封禅有一个私人目的，就是求仙长寿，他要像传说的黄帝那样，他想永恒，是这样的真实目的促使他封禅。

《封禅书》显示，封禅其实是汉武帝搞迷信的高潮。汉武帝上台以来，找了很多懂长生、能求仙的术士，乌烟瘴气，什么栾大、李少翁之流，净是骗子。愚昧的皇帝甚至还把女儿嫁给这些骗子。汉武帝雄才大略，在这方面上的当可就大了去了。其实就是一点私心作怪：长生不老。

所以说，司马迁是很了不起的，在封禅问题上，他看透了汉武帝封禅的实质。不仅如此，对汉武帝的“独尊儒术”，实现唐尧虞舜的美好社会的愿望，司马迁也看透了，《汲郑列传》借大臣汲黯的话讥讽汉武帝：“陛下内多欲而外施仁义，奈何欲效唐、虞之治乎！”“陛下”整个人就是“内多欲”的，私欲强的皇帝，所谓实现唐尧虞舜时代的美好政治，不过是办一些面子上的事而已。司马迁看透了汉武帝上台后整个迷信的做派，才有《封禅书》；看透了汉武帝“独尊儒术”的虚头巴脑，才会写出《史记》这样的大作。

这样的基本态度，大概不是司马谈所具有的。看他对汉武帝封禅抱着那样大的热忱，就知道他对汉武帝政治的满意程度了。这也有缘由：汉武帝政治的残酷，后期甚于早期，或许这是决定父子二人对汉武帝政治及封禅态度不同的原因之一。如此，也可以设问，《史记》若是在元封元年（即封禅的这一年）由司马谈写完，还能是现在的内涵吗？但《史记》最终完成于司马迁之手，批判的锋芒光耀照人，是当归功于司马迁的。

三、《史记》的写作下限究竟是哪年？

第二个问题就是，《史记》所写的时间范围，用学术语说，就是《史记》的时间“断限”问题。《史记》的上限好说，从黄帝写起。成问题的是下限，即结束于哪一年。

之所以成问题，是因为司马迁本人在他的《太史公自序》就对此表述不一。先是说：“于是卒述陶唐以来，至于麟止，自黄帝始。”继而又在这篇文字的最后说：“余述历黄帝以来至太初而讫，百三十篇。”前一句话说是自黄帝始，突出了“陶唐”，而所谓“陶唐”指的是尧，《尚书》就是从《尧典》开始，这部分也是《史记》记录中国古史开端最看重的部分。

对“麟止”两字的理解有分歧，一种说法是指汉武帝元狩元年（公元前122年）。《汉书·武帝纪》：“元狩元年冬十月，行幸雍，祠五畤。获白麟，作《白麟之歌》。”这一年汉武帝到雍的地方打猎，猎获了一只白色的麟，还为此作了一首歌。

还有一种说法，是孙德谦提出的，认为“麟止”不是指打猎获白麟，而是指汉武帝造麟止（通“趾”）金。因为《汉书·武帝纪》记太始二年三月诏书有：“有司议曰，往者朕郊见上帝，西登陇首，获白麟以馈宗庙，渥洼水出天马，泰山见黄金，宜改故名。今更黄金为麟趾、褭（niǎo）蹄以协瑞焉。因以班赐诸侯王。”这段话中的“获白麟”“出天马”和“见黄金”，都是前几年一连串的祥瑞之事，汉武帝为了纪念这些祥瑞，下诏造麟止金，即以麟蹄形的模型铸金，同样，褭蹄即马蹄形的金。近年在南昌海昏侯的墓葬中，考古学家发现了不少这两种形状的金。这道诏书是太始二年发的，所以“麟止”即指公元前95年的太始二年。这两种说法，时间差了27年。

《太史公自序》给的第二种说法即“太初”，也是汉武帝的年号。太初元年为公元前104年。汉武帝一生有十一个年号，计有建元（6年）、元光（6年）、元朔（6年）、元狩（6年）、元鼎（6年）、元封（6年）、太初（4年）、天汉（4年）、太始（4年）、征和（4年）、后元（2年）。《太史公自序》说“至太初而迄”，太初有4年，司马迁没有明说他的汉代书写究竟至太初的哪一年，若以太初最后一年算，到太始二年，中间隔着“天汉”（共4年），是6年的光景。这样的时间距离就小多了。

这貌似矛盾的说法应如何理解？先要交代的是，《太史公自序》看上去矛盾的说法，在古代那些注释《史记》的学者们看来，就有不同的理解。到现代，顾颉刚先生在《司马谈作史》中说，前一个下限的说法（即止于汉武帝元狩元年获白麟那一年），是司马谈的打算；后一种，即“至太初而迄”是司马迁实际写作内容所及的时间，他延后了父亲定下的时间下限。

其实，顾先生这样说，仔细想来是有问题的。司马迁若真的是这样交代他们父子在时间下限上的不同，也应该说得更明白些。《太史公自序》历来都是排列在《史记》的最后，且从情理看，也应该是司马迁写完《史记》之后写的文字，以此来交代著述缘起、立意主旨及内容等方面的事。在这样的文字里，如果想交代在时间下限上父子之间的不同，是不是应说得更明白些？另外，假如司马谈设计的《太史公书》时间下限真的是汉武帝元狩年间，而司马迁自己突破了父亲的设计，那又有什么必要讲自己没有遵守父亲的设计呢？所以，笔者的看法是，两种说法，看上去有分歧，其实只是措辞不同，表示的是一个意思。

“一个意思”，是什么意思？这要从“获麟”“麟止”说起。司马迁之前的汉代学者们相信，孔子“作《春秋》”，就是终止于“获麟”。《春秋》记载，在鲁哀公十四年“西狩获麟”。《左传》

《公羊传》《谷梁传》对此都有说明，《左传》记载简单，说鲁国人打到一只猎物，大家不认识，孔子一看，说是“麟也”。看《公羊传》的记载，可就非同一般，有一大段文字议论此事。《公羊传》先是问，孔子为什么要在《春秋》记载这件事？自问自答，这是“记异”，即记载非同寻常的事，是高度重视的表现。因为“异”，往往显示上天征兆。那么这件事值得高度重视的道理在哪里？回答是，麟是仁义的兽，“有王者则至，无王者则不至”。鲁国人打猎打死了麟，孔子听说了，就感慨地说，麟，你为什么来？你为什么来？一面说，一面流着眼泪。麟来得不是时候，所以只有被打死。孔子认为麟之死，是“吾道穷矣”的征兆。孔子这时候正在作《春秋》，要用“春秋大义”来对分崩离析的世界“拨乱反正”。“仁兽”来得不是时候，被打死，即意味着孔子自己的“道”是不能行于当代了。于是他的《春秋》写作，就此停笔。

以上是《公羊传》的写法。《谷梁传》也有说解，与《公羊传》一样，也是承认《春秋》记载“获麟”是孔子高度重视的表现。在汉代，《春秋》公羊家的学问影响最大，而且广泛流传也早。司马迁《太史公自序》承认，他是向董生即董仲舒学的儒家经典，而董仲舒就是西汉公羊学大师。《公羊传》解释“获麟”的“有王者则至”这句话很重要，汉武帝之所以要把年号定为“元狩”，后来到太始年间又专门下诏铸麟止金，都与上面的“有王者则至”相关。元狩元年的那次打猎“获麟”，在汉武帝看来，就应该是上天承认自己的时代是“有王者”的表现。后来下诏铸麟止金，仍然是强调这一点。

“获麟”是大事，汉朝皇帝铸造麟止金，也是为了纪念这件大事。明白了这一点，就可以说，《太史公自序》说“于是卒述陶唐以来，至于麟止”，其实是想表明，他的史书结束于汉武帝这样一个大时代。一言以蔽之，“麟止”只是一个笼统说法，表示汉武帝时期。前辈朱东润在他的《史记考索》一书中就提出了这一说法。从文字表达层面来说，在“于是卒述陶唐以来，至于麟止”这句话中，“陶唐”是一个表示大时代的语词，“麟止”也应当是一个表示大时代的词语。就是说，它不过是表示《史记》记录到汉武帝时期而已。这句是笼统的说法，至“余述历黄帝以来至太初而讫”这句话，才是对具体年代的说明。也就是说，汉武帝的太初年间，才是《史记》对下限的具体交代。

这样说，有读者或许要问，照这样的说法，司马迁也真的是认为汉武帝的“获麟”“麟止”，就是“有王者则至”了？换言之，司马迁承认汉武帝是真“王者”？回答是，表面看就是如此。司马迁应该也是有意给一般读者这样的感觉，即他是表彰汉武帝的。这里，建议大家看一看《太史公自序》中司马迁与上大夫壶遂的那段对话。那段话表明，司马迁是要故意隐藏自己对“当代”的真实看法的。隐藏真实看法，这也是孔子的做法，汉代的儒家学者，也包括司马迁在内，不是很想像孔子作《春秋》那样以“春秋笔法”表“微言大义”吗？司马迁这里也很可能是用的“春秋笔法”，文字明面的意思与实际不同。汉武帝铸麟止金，那是要强调自己的“有王者则至”，可是麟毕竟是被打死了，孔子为此掩面而涕，司马迁当然也可以掩面而涕。只是他为了避免文字之祸，在表达时用了“麟止”的字面。看《史记》并不认同汉武帝的许多做法，是有理由相信，司马迁的“于是卒述陶唐以来，至于麟止”的句子是用了“春秋笔法”的。

关于《史记》的时间下限还有"迄于天汉"说，此说为班固《汉书·司马迁传》提出，不少学者遵从。还有西汉后期储少孙提出的"迄于武帝之末"说，见《史记·建元以来诸侯年表褚少孙补表》。

褚少孙的"迄于武帝之末"是笼统说法，也无问题。班固的说法，根据《史记》中的实际的记载情况。因为就今天所见的《史记》文本看，时间的下限并不是整齐划一的。如《封禅书》记录到天汉三年。《五宗世家》则延展到太初四年。《史记》有六篇表的年代截止于太初，如《汉兴以来诸侯王年表》《高祖功臣侯者年表》等，其中《惠景间侯者年表》有两处记载到了汉武帝后元二年，下限时间最晚的是《屈原贾生列传》中关于贾谊后人贾嘉的几句话："贾嘉最好学，世其家，与余通书。至孝昭时，列为九卿。"不过，关于贾嘉的话，古来不少学者认为是后来人补上去的。汉武帝之后是昭帝，在位13年。如果这几句是司马迁所写，那他要活到汉昭帝去世之后了（因为"昭"的谥号死后才有），这就与一般所认为的司马迁在汉武帝末年去世的看法相矛盾，因而许多学者认为这是后人窜入的文字。

总之，《史记》的"迄于太初"，只是一个大致的说法，因为"太初"有"新开端"的意思。汉武帝封禅，年号即为"元封"；封禅之后，又改元，就叫作"太初"。王朝制作了新的历法，就叫作"太初历"。司马迁还是"太初历"的主持者。或许正因如此，司马迁才特别说自己的史书至"太初"的。至于太初之后的事，并不全是后人说补，该记录的他还是记了。有些文字则为后人添加。至于哪些为后人添加，学者之间说法也不一致，阅读时需加小心。

四、《史记》有残缺

关于《史记》，还有一个问题，就是它的残缺。今天所见《史记》的有些篇章，不是司马迁的手笔，是后人补写的。在《太史公自序》司马迁交代过，这本书是从“陶唐”开始一直叙述到“麟止”即汉武帝后期，文章一共是一百三十篇，五十二万六千五百字，名字叫《太史公书》。在《报任安书》中也有内容大致相同的交代。但是，东汉初期卫宏的《汉官旧仪》中却说，当年司马迁写《孝景本纪》被汉武帝看到了，恨得咬牙切齿。因为司马迁如实写了汉景帝的一些作为，汉武帝很不满，这篇文字就被“怒而削去之”了。今天读到的《孝景本纪》，根本就不是司马迁写的那一篇。按照卫宏的意思，后来司马迁受宫刑，明着是因为他为李陵说情，其实则是因为《孝景本纪》让汉武帝很生气，是在报复司马迁。

卫宏是东汉早期人，与《汉书》作者班固的父亲班彪年岁差不多。班彪接着《史记》的内容，续写了汉代的史事，称“后传”，并有一篇《后传略论》，文章中说《史记》“十篇缺焉”，即缺了十篇。到班彪之子班固的《汉书·艺文志》，也说《史记》“十篇缺，有录无书”，就是有题目无篇章。就是说，这缺少的十篇，可能在西汉司马迁之后就缺失了，也有可能是在西汉末年大乱中丢失的。

到了三国时期的魏国，有位学者叫张晏，他有一部书《汉书音释》，共四十卷（原书已失传，有些内容保存在《汉书·司马迁传》的注文里），其中有这样的句子：

> 迁没之后，亡《景纪》《武纪》《礼书》《乐书》《兵书》《汉兴以来将相年表》《日者列传》《三王世家》《龟策列传》《傅靳列传》。元、成之间，褚先生补缺，作《武帝纪》《三王世家》《龟策》《日者传》，言辞鄙陋，非迁本意也。

这段话就把缺的那十篇具体篇目坐实了。张晏认为本纪中的《孝景本纪》《孝武本纪》，世家中的《三王世家》，八书的《礼书》《乐书》《兵书》，十表里的《汉兴以来将相名臣年表》，列传部分的《日者列传》《龟策列传》和《傅靳蒯成列传》，都丢失了。张晏还说，到西汉元帝、成帝时期，有位褚先生，就是褚少孙，补了十篇中的《孝武本纪》《三王世家》《龟策列传》《日者列传》几篇，至于《傅靳蒯成列传》是不是褚先生补的，张晏没有说。张晏对褚少孙的补写不满意，说他言辞鄙陋，不符合司马迁本意。

张晏具体说了《史记》所缺的十篇，对此，历来的学者有的信，有的不信。古代给《史记》作注解的裴骃（他著有《史记集解》）、司马贞（他著有《史记索引》），都相信张晏所说，宋代作《直斋书录解题》的陈振孙也这样看。现代学者余嘉锡先生著有《太史公书亡篇考》一文，也是相信张晏之说的。不相信的学者也同样是从古到今都有。

那么，张晏所说的十篇缺失，到底对不对？这个问题到今天没有得到最终解决。下面大体把学术界对此问题的一些看法，简单介绍给大家。

现在大家比较一致认为"十篇"中真缺失的是《孝武本纪》，因为今天所见的《孝武本纪》基本是司马迁所写《封禅书》内容的增补删节。是不是像张晏所说，是褚少孙作的，也难以给出答案。这是学术界大多数人的看法。也有不同意见，如李长之先生《司马迁之人格与风格》这本书就说，司马迁当年就没写《孝武本纪》，是司马迁自己把《封禅书》抄过来的。司马迁这样做是表示对汉武帝的讽刺。《封禅书》所写是迷信大全，司马迁把《封禅书》当《孝武本纪》，就等于说汉武帝是个迷信集大成的人物。李先生的说法很新颖，但信从者不多。

照卫宏的说法，《孝景本纪》是被汉武帝“怒而削去之”。那今天读到的《孝景本纪》又是谁写的？有人说是褚少孙，也有人说是班固。后一说不可信，这有明显证据。今天可以读到的《孝景本纪》与《汉书·景帝纪》在内容与态度上有明显分别，表明其非班固所写。所以，也有人说《孝景本纪》失而复得，丢了一段时间以后被人找到了，其实都无确证。不过，不论谁写的，今天所能读到的《孝景本纪》是两千多年前的文献，还是很珍贵。

八书中的《礼书》《乐书》，主体内容都是从《荀子·礼论》《荀子·乐论》中抄过来的，而《荀子·乐论》又多与《礼记·乐记》内容类同。这都是西周至战国时期的文化，按照《史记》叙述历史的原则，这些内容应该有，但全都是西周至战国时期的，秦汉的礼、乐都无所记述，就令人怀疑了。这也是学者认为两篇文字为后人所补的原因之一。不过，两篇中序言性的“太史公曰”可能是保存下来的司马迁原文。

还有就是《兵书》丢了。流传到今天的《史记》八书中有《律书》，讲的是律历方面的内容。这应是误解司马迁“律书”两字的意思所致。有学者认为，“律书”的“律”字，当是指战争方面的法度、纪律，用的《周易》“师出以律”的意思。现在可以读到《律书》讲历法方面的内容，应不是司马迁的原文。

至于《汉兴以来将相名臣年表》是不是司马迁的原文，争议较大。不少学者认为，今天能见到的这篇表，就是司马迁写的。这篇表时间离司马迁近，写得很详细。它有一个显著特点，就是表每一格中的文字有正书，有倒写，为什么要倒写？是为突出内容，如一个官制，什么时候建的，什么时候废的，就用相应的倒文表示，还有做某个官职的人哪年死或哪年获罪、被罢免，甚至被诛杀，也都用倒文表示。这样内容标识得就很醒目。这是相信此篇为司马迁原表的理由，像老一辈陈直先生就说，这是司马迁的创造，非司马迁不能作。可是，这篇表的写法毕竟与其他表有别，因而令人怀疑，举出它的优点就证明是司马迁写的，在考证上，理由还不充分。

《三王世家》很有意思。“三王”是汉武帝的三个儿子，一个封了燕王，叫刘旦。刘旦的坟就在今天北京丰台南部大堡台，曾发掘过，墓被盗了。北京石景山也发掘过一座燕王墓，也被盗过。这些墓主，都属于燕王刘旦一系的。另一位是广陵王刘胥，还有一位就是齐王刘闳。这三王，都是元狩六年封的。说《三王世家》有意思，就在于这篇世家的文字，只有皇帝的册封诏书和司马迁写的一个序，没其他内容。这是怀疑它不是司马迁所写的主要理由。相信者也有自己的说法，如张大可先生就说，《三王世家》没内容，反而证明它是可信的。为什么？因为齐王刘闳在元封年间就死了，也就是受封没几年他就死了，又没有后代，他的事情就没法记。燕王刘旦和广陵王刘胥都在汉昭帝时因谋反而结束生命，司马迁这时已经去世，两位王的谋反，司马迁自然看不到。就是说，三王的事，司马迁只看到了他们受封，所以也就只能把册封文件放在这篇世家中了。其实仔细想，这也只是一家之言而已。

这篇世家，也存在另一种可能。前面讲《史记》“断限”时讲到，《屈原贾生列传》谈到了贾嘉，说他在汉昭帝时为九卿。如果这一条属于司马迁的手笔，那么，司马迁是活到汉昭帝死后一段时间的，那他是看到了刘旦、刘胥两王的下场的，也就是说《三王世家》应该是有事情可写的。这样说，也是证据单薄。所以《三王世家》的真伪，还得存疑。

列传部分的《日者列传》和《龟策列传》写的是占卜算命和“望气”的阴阳先生之类。这应该历来是一类人的传记。可是，现在看到的不是这样写的，虽然其中有些文字写得也颇为精彩，到底还是可疑的。

最后就是《傅靳蒯成列传》，这篇列传写的是傅宽、靳歙和周緤的合传。傅、靳指的是两人的姓氏，周緤封的是蒯成侯，在列传的第38篇。这篇传写得与其他传记的风调有明显不同，所以有人怀疑不是司马迁的手笔。不过，这篇文献本身具有高度的史料价值，文章也不错，但到底是不是司马迁写的，还是存疑比较好。

五、《史记》的补续及一些遭遇

司马迁《史记》完成之后，有人补，也有人续，补写的有褚少孙、冯商等。褚少孙是西汉元帝、成帝时期的学者，他所补的文字都附在《史记》文字之后，加“褚先生曰”为标志。褚少孙曾跟大儒王式学习，做过郎官，他所补的内容，文字很好，最著名的文字就是《滑稽列传》中西门豹治邺故事。至于他的历史见识，就实在不怎么样了。

还有一位冯商，为西汉人，班固《汉书·艺文志》著录了冯商“奉诏”续写《太史公书》七篇，至于七篇具体内容如何，《艺文志》没有写，其他文献也无记载，应该早就失传了。其他补续《史记》的，照唐代刘知幾《史通》的说法，还有西汉的刘向、刘歆、扬雄等好几位，也有片段文字见于今本的《史记》，但总体成绩不如褚少孙高。到了两汉之交，班彪作过《后传》，不过这已经是接着写《史记》所记之后的历史了。他所写的，应该保存在班固的《汉书》里。班固《汉书》的完成，也是父子相继，且加上班彪女儿、女婿的工作。

在今天，《史记》是伟大的著作，但在汉代，书成后的遭遇很不好。司马迁说书写成了要“藏之名山，传之其人”。这本书副本在京师，正本是由司马迁的外孙杨恽保存和公之于世的。杨恽其人，《汉书》有传，性格继承外公不少，个性嶙峋，其父杨敞做过丞相，杨恽也被封过平通侯，后来因为一篇《报孙会宗书》惹得汉宣帝大怒被腰斩，也是因言获罪的人。

汉宣帝杀了司马迁的外孙，汉宣帝的儿子、东平王刘宇，汉成帝时来到朝廷向皇家请求诸子书及《太史公书》等书籍。大将军王凤不让给，理由是：“诸子书或反经术……《太史公书》有战国纵横权谲之谋。”就是说诸子书和《史记》都有教人谋反的内容（事见《汉书·宣元六王传》)。《史记》因记载了战国时代的事迹言论，竟被如此看待。

这还算好的，到东汉早期，《史记》干脆被王朝删减，从五十几万字删减到十万多字（见《后汉书·杨终传》)。这几乎就是发生在《史记》身上的一把秦火。好在这时候《史记》有多种本子流传世间，世道人心，不会让删书者得逞，《史记》文本后来又大致恢复。从王凤的议论到杨终的删除，《太史公书》在汉代几乎就是“禁书”。东汉末年，司徒王允对《史记》更有一番“高论”。他要杀大文豪蔡邕，有人劝谏，王允就说，汉武帝不杀司马迁，留下他，结果司马迁作史诽谤汉武帝。王允儒生起家，竟有此言论，难怪他在杀掉董卓之后又招致天下大乱，实在是书呆子不成器。

两汉过去，司马迁的书“禁书”的地位有所改变，《史记》与《汉书》孰高孰低成为文人们爱讨论的问题之一。唐代刘知幾作《史通》，诚然有很高的学术地位，然而对《史记》吹毛求疵、拿着不是当理说的地方实在不少。看刘知幾一类人对《史记》吹毛求疵，很让人有“咸鱼批评活鱼欢蹦乱跳”的感觉。自己被皇权思想腌透了，却批评《史记》的独立精神，像什么话！历史，培育后来。这意思是，正确地看待历史，才可能为评价当下的生活提供参照。在这方面，《史记》是有巨大贡献的。

第二讲

《史记》的「立体」结构

——本纪与世家

读一本书，先得了解它大的结构和布局。关于《史记》的结构，司马迁自己有很好的说明，见《太史公自序》：

> 网罗天下放失旧闻，王迹所兴，原始察终，见盛观衰。论考之行事，略推三代，录秦、汉，上记轩辕，下至于兹，著十二本纪，既科条之矣。并时异世，年差不明，作十表。礼乐损益，律历改易，兵权山川鬼神，天人之际，承敝通变，作八书。二十八宿环北辰，三十辐共一毂，运行无穷，辅拂股肱之臣配焉，忠信行道，以奉主上，作三十世家。扶义俶傥，不令己失时，立功名于天下，作七十列传。凡百三十篇，五十二万六千五百字，为《太史公书》。

这段话概括了《史记》的内容，《史记》是“立体”的结构，即十二本纪、十表、八书、三十世家、七十列传加起来共一百三十篇，五十余万字。本纪、表、书、世家、列传，合称史记“五体”，这“五体”之中，有四条书写的时间线索，本纪是一条，世家是一条，列传是一条，表又是一条。四条线，由粗到细。就历史而言，黄帝到汉武帝只有一条时间线索，但《史记》却写四条。四条时间线描述几千年的历史，这不是一个“立体”的书写结构吗？这样的“立体”结构，可以多层面、多角度地展现历史。

而且四条线索是由大到小，本纪写王朝，表现大时代，是历史线索的总纲；世家写诸侯，表现王朝之下的地方政情风俗；列传写历史事件、社会生活中那些作用大的人物；表或谱列世家，或录写人物，这群人物曾居要位，事功一般，遗漏了就遗憾，谱排为表，形成另一个时间序列。这样的“立体”结构的历史书写，司马迁之前没有，司马迁身后，成为正史通例。将这样结构的历史书写放到世界范围内看，则是中国特色。

下面就来看看这“立体”的内容。

一、十二本纪

本纪这个词作为文献篇章之名，好像在司马迁之前就有。《史记·大宛列传》的“太史公曰”中有“《禹本纪》言：‘河出昆仑，昆仑其高二千五百余里，日月所相避隐为光明也。其上有醴泉、瑶池’”一段话，学者多以为司马迁读过《禹本纪》，《史记》的本纪，就由此而来。但是，看“河出昆仑”的话头，这是一份地志类的文献，与《史记》的本纪不相干。且司马迁所说的这份文献，现存先秦两汉典籍都没有。勉强地说，《史记》立本纪，是有所借鉴的。本纪的“本”，汉字的本义是树木主干的意思，司马迁的本纪之“本”，应该就是取的这个意思。司马迁说“既科条之”，是说本纪在全书的作用是大的条例、大的纲领，可以建起从黄帝到汉武帝这漫长时间的框架。这不就像树有主干吗？

本纪十二，计有《五帝本纪》《夏本纪》《殷本纪》《周本纪》《秦本纪》《秦始皇本纪》《项羽本纪》《高祖本纪》《吕太后本纪》

《孝文本纪》《孝景本纪》，最后是《孝武本纪》。本纪为“十二”，早有人注意到，与孔子作《春秋》的“十二公”数字一样。是有意如此，还是巧合？读《史记》并没有硬凑《春秋》“十二”数的感觉。有人说《秦始皇本纪》之后，还可以加一个《二世本纪》，其实大可不必，秦国五百多年祖宗创立的基业，秦始皇最终完成了它，同时，也从他开始又败坏它。败坏的事他没有完成，就由其子子承父业，继续败坏，并迅速“功德圆满”。这就是胡亥的作为，没必要给他立一篇本纪。

还有就是关于《孝武本纪》，或以为应该叫《今上本纪》。这当然是相信司马迁死在汉武帝之前才这样说。可是，司马迁到底什么时候去世至今无定论。十二本纪是一部通史的大梁，或曰脊柱。顺着这个大梁或大时间脉络看，十二本纪所记，有的属于司马迁那个时代的“古代史”，有的相当于“近代史”，而从《高祖本纪》开始，就是司马迁的“现当代史”了。“古代史”“近代史”从文献角度上好说些，因为有现成的档案或其他材料，“现当代史”就困难，一是没有现成文献，需要自己的观察、采访，还有就是“当代人”写“当时事”，容易犯忌讳。可是，就写作而言，《史记》的文章越到后来越精彩，甚至可以说，真正显示司马迁史学胆识、文学气派的，正是那些“现当代”的文字。《项羽本纪》文字质量优于之前的几篇本纪，就是证明。遗憾的是，今天见到的《孝景本纪》不是司马迁的原作，《孝武本纪》则明显不是原文。好在还有《高祖本纪》，写汉王朝创立者的业绩，文字虽不如写项羽的那一篇，却也是一篇“不隐恶”的正直文章。至于其他事关“当代”的列传、世家，其优秀，也是可以证明司马迁写“当代”的高卓的。论对生活真相的揭示，确实是写“当代”的那些篇章好。

《史记》十二本纪，不敢说是模仿《春秋》，但采用的是编年体，则可以确定。《五帝本纪》是按五帝世系写的，以每一“帝”统领其名下的大事，宽泛地说也属于编年。《项羽本纪》的跨越时间短，事情多，又写得很热烈，给人的“编年感”不强，细看，却是按年头叙写的。其他诸本纪，“编年感”就更明显。这应该是取法《春秋》，《春秋》就是编年史。同时，《春秋》还有“传”，即《左传》《公羊传》《谷梁传》。《史记》“本纪”之外，有“列传”，这样的配合，应该受了《春秋》及“三传”的影响。十二本纪是历史演变的大纲，如上所说，时间线索最粗大。

二、一些篇章受非议

《五帝本纪》从黄帝开始。在古代也有不以为然者，他们问，黄帝之前还有“三皇”伏羲氏之类啊，为什么从黄帝开始？司马迁在《五帝本纪》的“太史公曰”对此有说明。司马迁著史有一个基本原则，就是记录那些“雅驯”者，荒诞不经的传说不写。“三皇”之类的传说，一是文献不足征，二是那些流传下来的，又不雅驯，所以《史记》宁愿付之阙如。后来有人补写了，评价也不高，甚至有“好事”之讥。此外，十二本纪中，后人叽叽喳喳议论较多的，是《秦本纪》《项羽本纪》和《吕太后本纪》。关于《秦本纪》，唐代写《史通》的刘知幾、为《史记》作注解的司马贞，都认为《秦本纪》应该为“秦世家”，理由是秦原为西周附庸小邦，把这一漫长时期的各位秦君列入本纪，不对。其实这是对司马迁编次历史用心的挑剔。远古时期，族群代兴，夏朝建立，很大程度上即意味着夏族群崛起，其他相邻族群，或接受夏王朝统治，或逃往边地。以殷商族群为例，夏崛起，他们就逃到有易（今河北北部易县、涞水一代）放牛，等到夏朝衰落，他们又返回文化的中心区域，并最终战胜夏朝建立殷商政权。周人、楚人的族群，原先与夏族关系密切，在殷商崛起的时候，《国语》说他们的远祖就“自窜戎狄”。你兴了，我就逃亡。这样的状态，其实就是“族群代兴”，那时候虽有强大王朝的建立、兴替，却远未形成诸多族群文化上的统一。面对这样纷纭复杂的情形，记录遥远古代一个王朝的兴起，自然要从其部族的根源处说起，才能追本溯源，见其变化。假如像刘知幾等人说的，从秦始皇兼并天下写起，那不是太突兀了？另外，《夏本纪》《殷本纪》和《周本纪》都是从遥远的世祖一路写来，《秦本纪》因其原先为小邦就拦腰斩断地写，岂不是自破体例？

《项羽本纪》也遭到刘知幾等人的批评。这批评另有原因，即项羽在他们眼里是“僭盗”。还有就是他们觉得《项羽本纪》的写法像列传，而非本纪体。刘知幾说项羽是“僭盗”，其实秦汉之后到他那个时代，哪家王朝的创立不是“僭盗”？较诸这些“僭盗”，项羽倒颇似孟子所说“诛桀纣”的“汤武革命”，推倒的是“独夫民贼”的暴政。在项羽叱咤风云的年代，项梁为了号令方便，先立了一个楚王，就是楚怀王的孙子，叫作心，那时他正在做放牛娃，项梁立了心为楚王，名号也是“怀王”。到项羽自立为西楚霸王时，又把“怀王”升为“义帝”。怀王、义帝的存在，司马迁是承认的，在《秦楚之际月表》“楚九”那一栏（公元前206年），是写有“义帝元年”四字的。可是，司马迁当然也知道，这位义帝终究是“义帝”，“义帝”之“义”犹如“义肢”之“义”，是假的。这个人也不是全无本领，任用宋义，一度夺了项羽兵权，出手麻利。可终究率领义军打巨鹿大战的不是义帝，推翻秦朝、号令天下封建十八家诸侯的，也不是他。司马迁在这里坚守的是一种名实相符的原则，项羽在推翻秦朝上建立了不世之功，而且义帝也是项氏所立，刘邦等各路诸侯都为项羽所封，于是《史记》就为项羽立一个本纪。刘知幾的批评反见其缺少直面历史的勇气。至于本纪怎么写，司马迁才是规矩的创立者，《项羽本纪》首尾详备，线索脉络分明，文字间生机勃勃，后人跟不上司马迁的步伐，才有诸多的四平八稳者，慢慢僵化出各种的条条框框。批评《史记》的写法，是以儿孙的长相衡量父祖的相貌，用平稳的编年体写帝王本纪，自东汉班固《汉书》开始，以后成为定例。刘知幾的批评，只显示他自己识度的局限而已。

《吕太后本纪》受批评，也是因为名分。司马贞在他的《史记索引》中就说，吕太后如果入本纪，也应该附在“惠帝本纪”之后，否则就应另立她的本纪，总之不应该单独立一篇《吕太后本纪》而盖住了汉惠帝。南宋郑樵在《通志·文帝纪》里说得更强硬：司马迁为吕太后立本纪，是“奖盗”行为。可是，怎么立“惠帝本纪”？汉惠帝在位七年，汉惠帝死后还有八年是吕太后在“称制”①，更重要的是，就是软弱的惠帝在位时，实操政治大权的仍是“为人刚毅”的吕太后。司马迁未必喜欢吕太后这个人，《吕太后本纪》中也记录了她不少妒忌心之下的狠毒，见识

①汉代皇帝下令或批阅文件，总是以“制曰”开头，如“制曰：可”。“制”，皇帝出言的标志，他人不可用。吕太后下令也用“制曰”，意为她就是皇帝。称制，即实际的皇帝的意思。

短，一味任用无大出息的娘家人。可是，最终司马迁对吕太后有如下评论：“孝惠皇帝、高后之时，黎民得离战国之苦，君臣俱欲休息乎无为，故惠帝垂拱，高后女主称制，政不出房户，天下晏然。刑罚罕用，罪人是希。民务稼穑，衣食滋殖。”在家庭内部，她狠狠地整刘邦的那些小太太及其所生儿子，可在大政上，则能“与民休息”，特别是当时匈奴王冒顿写信给执政的吕太后，言语流氓[①]，很是冒犯。吕太后审时度势，忍下一口气，与锋芒正盛的匈奴努力维持和平，汉王朝社会各业的兴旺才有可能，而汉帝国的强盛也正从吕太后起。这样的大端评价，就是十分客观的史家精神了。

三、进入世家的标准

世家[②]这个术语，可能来自《世本》。《世本》是战国晚期的史书，可能成于赵。这本书已经散佚，其中有《帝系》《王侯世》《卿大夫世》等篇，内容关乎周代的贵族谱系，有学者称《史记》的

---

①《史记·匈奴列传》关于这件事的记载是：“冒顿乃为书遗高后，妄言。高后欲击之，诸将曰：‘以高帝贤武，然尚困于平城。’于是高后乃止，复与匈奴和亲。”只是说冒顿的信“妄言”，在班固的《汉书·匈奴传》保存了这封信的内容：“孤偾之君，生于沮泽之中，长于平野牛马之域，数至边境，愿游中国。陛下独立，孤偾独居，两主不乐，无以自虞，愿以所有，易其所无。”大意是：“我是孤弱不能自立的人，生长在边荒水草放牧牛马之地，很想到中原的繁华国度去游玩一下。陛下您独居，我又单身，作为两边的君主都不快活，咱们各自以自己的所有，填补一下对方的所无，好不好？”

②按照《史记》的原有次序，世家是在表、书之后的。这里为了叙述方便，将其与本纪放在一起说。

本纪、世家，都受《世本》影响。

就《史记》的实际而言，《史记》有世家是基于西周以来封建制的历史。“二十八宿环北辰，三十辐共一毂，运行无穷，辅拂股肱之臣配焉，忠信行道，以奉主上，作三十世家。”这是比喻西周以来封建诸侯像天上的星宿，各占一区，又像车轮的辐条，支撑着轮子的运转。对封建，司马迁基本持肯定态度，尤其是西周的封建。世家以《吴太伯世家》为首篇，之后是《齐太公世家》《鲁周公世家》《燕召公世家》《管蔡世家》《陈杞世家》《卫康叔世家》。这几篇世家，一是因为封建早，再是始封君辈分高。中间夹一个《陈杞世家》，表示西周封建的“褒封”，即封建不忘先代有德君王之后，而“陈”是舜的后裔，“杞”则为夏之后。接着是《宋微子世家》《晋世家》《楚世家》《越王勾践世家》《郑世家》，宋为商王之后，越为夏人一支，商代灭夏时逃亡今浙江一带，春秋后期崛起。楚的远祖在周文王时曾“子事文王”，这一点为周原甲骨文证明，即楚是周人的“干儿子族”，封在边地，西周衰落时，楚国崛起。一直延续到战国晚期，是楚与赵、魏、韩及齐的不同。晋的始封君为周武王之子，郑国始封君的辈分更小，是西周晚期周宣王的儿子。以上为西周春秋时的诸侯。以下就是战国的世家了。先是《赵世家》《魏世家》《韩世家》，是从晋裂变出来的。之后是《田敬仲完世家》，写的也是齐国的诸侯世系，但进入战国的齐，其君主已经被来自陈国的公子田完的后裔取代，是一个君主变了的新邦国。之后就是《孔子世家》。至此，先秦一段结束。

进入为时短暂的“近代史”，首先是《陈涉世家》，以后就是西汉时期的，第一部分为《外戚世家》《楚元王世家》《荆燕世家》《齐悼惠王世家》，这些不是刘邦的外亲，就是姓刘的诸王。之后接着的是几位功臣的世家：《萧相国（萧何）世家》《曹相国（曹参）世家》《留侯（张良）世家》《陈丞相（陈平）世家》《绛侯周勃世家》。这些功臣的世家，除了周勃的儿子周亚夫还有乃父之风外，其他多平常庸碌，传代多寡有不同，但到汉武帝时期，基本失去侯的爵位①。而能力强大的周亚夫最后是被汉景帝收拾、饿死的。之后的世家都是后代皇帝的儿子受封，《梁孝王世家》的梁孝王是汉文帝的儿子，《五宗世家》写汉景帝五子，《三王世家》的三王为武帝子。从封建的范围看，周代最广，传世也长久。到汉代，封建制已经过时，诸世家也都格局瑟缩，乏善可陈了。

司马迁写的诸多世家，以《孔子世家》《陈涉世家》争议最多。孔子一生无权无位，怎么可以入世家？陈涉称了王，可没几天就烟消云散，怎么可以入世家？其实这才显示出司马迁观历史与后来人的差异。

孔子入世家，《孔子世家》赞说：“孔子布衣，传十余世，学者宗之。自天子王侯，中国言《六艺》者折中于夫子，可谓至圣矣！”孔子是布衣，可是多少代了，人们要读经典，都得读孔子整理过的“六艺”（诗、书、礼、乐、易、春秋），考信于孔子的“六艺”。就是说，如果没有孔子的整理，“六艺”散佚了，文化的损失就太大了，按照顾炎武的说法，这可就是“亡天下”

---

①后来王朝为表彰功臣，给功臣的后代再次封侯，是武帝之后许久的事了。

了[1]！所以孔子整理“六艺”，是他的大功劳，世代的学者都尊奉孔子，折中“六艺”。对此，民间还有一个很有意思的说法：自古以来只有两家半的读书人。“两家半”，第一家就是孔夫子家，孔夫子家是世代书香门第，一直延续到清朝。你看孔尚任，人家还写《桃花扇》，死后也埋在孔林。明朝朱元璋当了皇帝以后，把孔子的后代叫过去，说你们家可出了个“好人”。还有一家大家可能就想不到了，谁呢？就是道教张天师家，也是世代书香。还有“半家”读书人，就是皇帝家。一般王朝沿袭十几代人，差不多就没了，所以只能算“半家”。

《陈涉世家》被人批评，很大程度上是因为“成者王侯败者寇”这样的观念、意识占据了头脑。陈胜虽称了王，可是在有些人心目中，最多也是个不上档次的“草头王”。司马迁却不这样看，在《秦楚之际月表》中，司马迁写道：“太史公读秦、楚之际，曰：初作难，发于陈涉；虐戾灭秦，自项氏；拨乱诛暴，平定海内，卒践帝祚，成于汉家。五年之间，号令三嬗。自生民以来，未始有受命若斯之亟。”在这段文字中，司马迁把陈涉与项羽、刘邦并列，其实是强调推翻“暴秦”的首倡之功。换言之，司马迁重视这样的一个基本事实：是陈涉大泽乡鱼死网破、揭竿而起，才有项梁项羽以及刘邦的起事；陈涉的振臂一呼，等于放出了“诛暴”的第一箭。如此才有群雄的万箭齐发。陈涉进世家，是由于他立下了捅破秦朝“闷煞人”铁桶暗局的大功。当然，对陈涉智量的严重局限，《史记》也有明确的揭示。这就是史家的

---

①顾炎武《日知录》卷十三《正始》说：“有亡国，有亡天下。”“亡国”是一个政权没有了。“亡天下”就是一个文化族群的文化没有了。文化才是维系一个文化族群的命脉。司马迁给孔子立世家，离这样的认识不远。

客观。又可以说，司马迁正是综合了上述，才没有把陈涉写入本纪，而是入世家。[1]世家这一名目，到《汉书》就没有用了，因为封建的时代过去了。封建王侯，实际的历史作用大不如前，《汉书》及以后的史书，都用列传来记载他们。

世家的时间线索较本纪细一些，但它又是由多条时间线构成的。因而世家组成的时间线索，像是一面墙。

---

①《陈涉世家》的结尾，司马迁说：“高祖时为陈涉置守冢三十家砀，至今血食。”明显是为陈涉入世家找理由，以预防悠悠之口，司马迁让陈涉入世家的真实想法，绝非如此简单。

第三讲

《史记》的「立体」结构

——表与书

这一讲，继续谈《史记》中的表和书。

一、十表：简明中见大势

表就是将大事件、大人物、大变化谱写为简明的表格。其最显著的特点是简明，在简明中见出历史变化的大势。同时，因为表简明，可以最大程度地容纳记录。当然，表还便于观览，形成较为清晰的时间脉络之感。所以，到今天也有各种年表。

表有多种，[①]《史记》的表主要是年表，对此，《史记》有创始之功。清代学者赵翼在其《廿二史札记》就说：“《史记》作十表，仿于周之谱牒，与纪传相为出入，凡列侯、将、相、三公、九卿功名表著者即为立传。此外大臣无功无过者，传之不胜传，而又不容尽没，则于表载之，作史体裁，莫大于是。”说“《史记》仿于周谱”，“周谱”应该是贵族的世代传续的谱牒，与年表还是不同的。赵翼“大臣无功无过者”这几句话，也很有意思。有人命好，飘飘摇摇地升迁做大官、封爵位，可就是不做事，好事不做，坏事也不做，只享王朝福利，不冒任何风险。这些人怎么办？给他们立传，没得写。可他们又是宰相又是诸侯的，不表他

---

① 如班固《汉书》有《百官公卿表》，就是不以时间为线索的表。

们，又是缺欠。司马迁有办法，就是把他们放到表里去。所以，十表中所表，不都是表彰，有的只是显示庸人的福气。南宋的郑樵也称赞表，说《史记》最大的功劳就是这十表。赞美表其实暗含对其他部分的贬意，是有失公允的。

司马迁《太史公自序》说：本纪可以令几千年历史大脉络得到“科条”，可是夏、商、周特别是周，是封建了许多诸侯的，这些诸侯们“并时异世”，就会有“年差不明”的情况。例如，西周共和元年（公元前841年），鲁国的君主是哪一位？在位多少年？虽然各诸侯世家会讲到，可分头去读总是不便，“作十表”这样的情况就可以改善。如西周共和元年，就是鲁真公十五年，齐武公十年，其他诸侯也都一看便知。这就是刘知幾《史通·杂说篇》说的：“观太史公之创表也，于帝王则叙其子孙，于公侯则纪其年月，……虽燕、越万里，而于径寸之内犬牙可接；虽昭穆①九代，而于方尺之中雁行有叙，使读者阅文便睹，举目可详，此其所以为快也。”原来刘知幾也是能体会到一些《史记》的好的！②

十表，从《三代世表》到《汉兴以来将相名臣年表》，从古到今，写法上是由简而繁的。最简的是《三代世表》，起于黄帝，终于西周晚期的共和元年。内容简，是因为史料有限。《十二诸侯年表》有《春秋》及《左传》《国语》为据，就更详细了

---

①昭穆：古代宗庙神位排列顺序是上一代为昭，下一辈为穆，交替轮换。两个字在这里就是“父一辈、子一辈”的意思。

②不过，在《史通·表历》篇，刘知幾又对《史记》的“十表”有“成其烦费”“得之不为益，失之不为损”的言语，说司马迁“十表”白费力气。究竟何以如此前后悖谬，令人疑惑。

些，有诸侯时代的起止年，也有大事摘录。总时段是“自共和迄孔子（即孔子去世那一年，公元前479年）”。此表名为《十二诸侯年表》，可是看内容却是周、鲁、齐、晋、秦、楚、宋、卫、陈、蔡、曹、郑、燕、吴十四栏，不止“十二诸侯”。这是为什么呢？原来表的“十二诸侯”，不含周和鲁。这是尊《春秋》的表现。孔子“作《春秋》”以鲁为主，儒家相信，孔子在《春秋》这本书中寄寓了他的最高文化理想，其至高无上的地位相当于“王法”。而周王，在春秋时期还有相当的影响力，所以高居表格之首。其下，就是鲁，《春秋》以鲁为主，里面有“王法”。所以，不但鲁在表中的地位仅次周王，而且，表的终结之年，就是孔子去世的时候。

春秋之后是战国，司马迁谱写这一大时段的“表”名为《六国年表》，所含的国却是八个：周、秦、魏、韩、赵、燕、齐。周王室还在，且在战国初期“七雄”中的一些国君如魏文侯还有“尊王”之举。周之后是秦，司马迁这样安排，是因为秦最终灭了六国。其余才是被统一的六国。六国的次第，先是魏、韩、赵，战国初期首先是魏国的霸业兴旺百年左右，三国之地距秦也最近，其次是南方的楚，北方的燕，最远是齐。战国末期秦统一天下的次第，大概也是由近及远。《六国年表》中还有一些春秋以来的小邦，如卫国，就附在魏国的栏目里，因为战国时期卫已屈居于魏的范围之中了。其他春秋以来的小邦也是各有所附，原因与卫一样。

要指出的是，《六国年表》年代错误最严重。出错的主要原因，是秦统一后野蛮烧书，而烧书的主要对象就是六国史书。司马迁在《六国年表》序中感叹：“秦既得意，烧天下《诗》《书》，诸侯史记尤甚，为其有所刺讥也。《诗》《书》所以复见者，多藏人家，而史记独藏周室，以故灭。惜哉，惜哉！独有秦记，又不载日月，其文略不具。”列国的史书，秦最忌讳。不过，秦烧书，针对的是民间流传的书，秦皇家图书馆的书，并不烧。但是，这些图书馆所藏包括史记在内的书命运也不好，对此司马迁没有明说，其实也是被复仇的项羽一把火烧了。秦烧史书，真应了“灭人国家，先灭其史”这一条。[①]又有一说，叫作“书有十厄”，第一厄就是秦朝烧书，第二厄就是项羽咸阳放火。

幸运的是司马迁还能看到“秦记”，却又不载日月，文字简单。所以，谱写《六国年表》十分困难。不仅是《六国年表》，《史记》写到战国这一段，材料都少，能依据的材料真实性又有相当大的问题（如《战国策》关于苏秦的记述，连苏秦生活的年代都弄错了）。情况如此，《六国年表》错误严重就可以理解。具体哪些地方错误严重？魏国和齐国的世系错误最严重，其次是赵、韩，也部分存在问题。最严重的是齐，齐威王在位三十八年，《六国年表》却记他在位只有十五年，其他多出来的年份都算在了齐宣王头上。魏国，也把魏襄王的继位时间提前了十六年（之前的魏惠王就少了十六年）。这应该都是史料残缺造成的。

在秦汉之间，司马迁制了一个表就是《秦楚之际月表》，记载的是从陈涉起义到项羽灭秦，再到刘邦灭项羽，建立汉朝

①秦朝所藏图书，被萧何抢救了一批。《史记·萧相国世家》载，刘邦入咸阳，其他人抢财宝，“何独先入收秦丞相御史律令图书藏之”。可知萧何所收的图书是丞相御史府中的律令类文献，是否也含有一些史书，这些史书司马迁是否看到，都无从知晓。项羽入咸阳后不但杀人，而且纵火，这对图书文献保存有重大破坏。

之间的大事。此表是按月来记的，天下大乱，英雄四起，称王的多，旋生旋灭，所以司马迁就用月来记录各路王者的起止，意思就是为了突出这些王的生和灭的迅速。司马迁看这段历史中诸多王者的兴亡，感慨地说：“自生民以来，未始有受命[①]若斯之亟也。”本纪有《项羽本纪》，表有《秦楚之际月表》，两者是相伴而行的。《史记》重视项羽的功绩，也是可以由此感知的。

下面的表就是西汉时期的了。首先是《汉兴以来诸侯王年表》，记录的是刘邦所封的各王。在刘邦与项羽争夺天下的时候，权宜之计，就封了韩信为齐王、彭越为梁王、黥布为淮南王。此外，还有几位异姓王。刘邦得天下后，趁自己还在世，就先后把这几位帮他打天下的梁王、淮南王和齐王等，全都收拾了，手法卑鄙残忍，也是前所未有。吕太后在这件事上也是出力不小。很大程度上，消灭这些王是刘邦与项羽之间战争的继续。好了，天下姓刘了，刘邦就约定“非刘氏不王”，封了九位自家子弟为王。异姓的王，也有，是长沙王吴芮，表示汉家也有“公心”。这些王又有怎样的变化，看这份表，可以得到相当清楚的概念。大体而言，汉景帝时变化较大，因为有“七国之乱”；武帝时变化大，因为实行“推恩令”。“推恩令”就是落实汉初贾谊所提“众建诸侯而少其力”的主张，让那些王在本国本土内，再封自己诸多子弟为侯。这样一分化，就难以对抗中央了。《汉兴以来诸侯王年表》起自高祖元年（公元前206年）止于太初四

①古代称王的，都称自己“受命于天”，所以司马迁用“受命”指代秦汉之际诸多王者。

年（公元前101年）。封建在西汉的由盛而衰，可谓了然在目。

继而是《高祖功臣侯者年表》，记录的是辅佐刘邦打天下的那批功臣，刘邦的子弟可以封王，这些功臣就只有按照军功封侯了。此表录入了多少“侯者”呢？共一百四十三位。据梁玉绳《史记志疑》，缺载了若干人，如刘敬等。这一百四十三位侯中，还有王子四人，外戚两人，都不是或主要不是因军功起家，其中羹颉侯最有意思。这位“侯者”是刘邦大哥（早已亡故）的儿子，刘邦得了天下大封大赏的时候，叔叔大爷，沾亲带故的，不少人都有封赏，就是这位大侄子不得封。原来，是这位侄子的妈、刘邦的嫂子，早年间得罪过刘邦。刘邦早年浪荡市井，常有作奸犯科的事，为了躲避追捕，常带一帮不三不四的人到大哥大嫂家。对此，嫂子很不满意，总在刘邦这伙人吃饭时，用勺子刮饭锅，发出声响。意思就是：饭没有了，赶紧滚蛋吧！这事，刘邦当了皇帝，就想起来了。后来有人说情，刘邦才给了个羹颉侯，大概就是“刮锅侯”的意思。[①]这一百多位侯，有的十几年，有的几十年，都因各种缘由失侯。留下来的，到了汉武帝时期又是一大难，消亡殆尽。“非刘氏不王”，汉代的封建就是刘家的人江山私有，亲人通吃天下。可即使是私心下的封建，也已经是兔子尾巴——长不了。看这些表，可知亲情也挡不住封建的消失。

《惠景间侯者年表》记录的是汉惠帝元年以后，中经吕太后、汉文帝至汉景帝这时期所封的诸侯。其中一部分是随刘邦打天下的老功臣，当年没封侯，现在给补上；一部分是随着汉文帝从代

---

①对此，也有一些不同说法，有人说羹颉是地名，也有人说羹颉是刚直的意思。兹从旧说。

国来的，是文帝的功臣；一部分是平定七国叛乱时的功臣；一部分是诸侯王的子弟；另外就是一些异族人投奔汉朝，也被封了侯。此外，还有一些外戚封侯，靠的是关系。这些诸侯，时间都不长，汉武帝元封六年（公元前105年），是他们的大限。这个表第一栏，有一位轪侯名利仓，是惠帝所封三侯之一，其功劳是给长沙王吴臣为相。本来这位侯者生前富贵，死亦寻常，死后两千多年却因自己的坟好而大名鼎鼎。他家的墓葬1972年被发掘，称马王堆一号墓，其中有众多的文物，还有令人惊奇的两千年不腐女尸，显示出那个时代防腐技术十分了得。若没有《史记》这份表“轪，长沙相，侯七百户……二年（惠帝二年）四月庚子，侯利仓元年”云云记录，墓葬主人的年代的确就无法像现在这样明确。表的作用可见一斑了！

《建元以来侯者年表》记录的是汉武帝“外事四夷”即北击匈奴，南诛劲越以及平定朝鲜等军事活动所封的那批诸侯。打匈奴时封侯最多，有近四十位，如卫青、霍去病等。其中还有几位侯是匈奴的投降者。古诗说“李广难封”，李广打了一辈子匈奴，匈奴人誉之为“飞将军”，也没有得到封侯，真是连一些投降者都不如，令人感慨！这话头，后面还会讲。

汉武帝时期还有一表就是《建元已来王子侯者年表》，表中共有一百六十三人，数量很多。这是因为汉武帝推行“推恩令”，规定那些刘姓的王者，要“推恩”于自己的子弟，出现大批的“王子侯”。可就是这批“王子侯”，大多数也在很短的时间内被废黜、撤销。千年封建制从建立到消失，《史记》这些表的记录，确可以帮助人纵观全局，了解其大势。

十表的最后一表是《汉兴以来将相名臣年表》。前面说过，这篇表有可能是后人补的，即不是司马迁原来那一篇。表没有序言，起止从汉初到汉成帝鸿嘉元年（公元前20年）。所记的将相名臣，主要是丞相、御史大夫和太尉、大将军等。承认是司马迁作的人认为，天汉以后的是后人补的，没有序，有人说是因为朝廷对大臣残酷寡恩，所以司马迁不写。此表的特点一是有大事记，二是有倒书，即颠倒过来写句子。倒书的内容是一些官职的罢废，或一些人的死亡。这在前面的各表中是没有的。认为是司马迁写的人，给倒书以高度的赞美，认为是创新。但怀疑是司马迁所作的学者也有。如韩兆琦先生的《史记笺证》，就对此表提出了多种质疑。所以，此篇的真伪问题还没有最终解决。不过，此表也有其史料价值则是无疑的。

《史记》的写作志向之一，就是“网罗天下放失旧闻”，十表中就有不少的记录是本纪、世家缺略的。这一点前人早有发现，如孙德谦《太史公书义法卷上·综观》就举《六国年表》“秦事”记录，举出多条本纪、世家所不载的条目。这些条目，有不少对了解历史颇有帮助，如秦昭王五十二年，《表》云：“王稽弃市。”这一条即与范雎在秦国被杀有关。

总之，十表确如前人所称赞的那样功绩特大，它使得《史记》有辞书一样备查冷知识的作用。在《史记》立体结构的四条时序线索中，十表的线索最精细，而且，它还是网状的。

二、八书：文化的血脉

表之后就是书，共八篇。表的特点是以时间统人事，书则是以事业含带人。八书的内容主要是典章制度、文化风习。这是中国历史的一个优良传统，一个王朝，一个文化族群，政治经济上总有自己的章程、制度，总有自己的生活习俗、文化传统。它们是一个文化族群生存内涵性的东西。记录王朝更替，记录君王序列，记录重大事件，这是历史。若历史没有各时代思想潮流、理想涌起、信念树立等记录；若是没有族群的日常生活观念、习俗等方面记录；若历史没有一个时代的政治、经济、军事、教育以及人才选拔等各方面的规章制度，这样的历史就只剩事件和人物，如此，事件的因果关系，人物行动背后的逻辑，也就都缺失了。有了上述这些记录，一个文化族群的生活历程才是有血有肉的，才是有精神状态的。典章制度的创立，一些大事由谁提出、由谁来办，对此作必要的交代，也可表明事与人之间的关联，历史上的善恶由此而得到更切实的彰显。写历史而重视文化方面的事，是古代史学的优良传统，八书正是这一良好传统的源头。

八书含《礼书》《乐书》《律书》《历书》《天官书》《封禅书》《河渠书》和《平准书》。前面说《礼书》《乐书》和《律书》都缺了。不过，看这几篇文字，前面都有“太史公曰”，其实是一篇的序言，观其笔调，又很像是司马迁的手笔，所以有学者说这几篇书丢失了主体部分，序言还在。就是说，还能借着这些序言，了解一些司马迁的意思。照这样的看法，《礼书》《乐书》的观点，深受荀子思想的影响。因为《荀子》中有《礼论》《乐论》可以对照。《律书》应该是兵学方面的，这从它的序言中可以看出。《历书》讲历法方面的事。历法是古代起源很早的学问，几乎与人类的农耕事业一样悠久。历法最早用来指导春种秋收，四时稼穑，而天时又不可违。所以在西汉以前出现过各种历法，如“古六历”等。《历书》先就讲了这样的历史。但是，《历书》所含的还有一部分后起的内容，属于政治，这就是“王者易姓受命，必慎始初，改正朔，易服色，推本天元，顺承厥意”。于是把握自然节律的历法，就有了政治方面的神秘含义。司马迁在《历书》的开端，既对历法的起源作了说明，也对历法与政治的纠缠作了简要概括。正文部分则是一篇《历术甲子篇》[①]。这就有问题。汉武帝在泰山封禅之后，也要“改正朔”，于是就组织一批天文历算方面的专家搞新的历法，颁布新历法时，还把年号改为“太初”。司马迁作为史官也参与了新历法的制定，但最终皇家颁布的历法是《太初历》，而不是《历书》所记载的《历术甲子篇》。《历术甲子篇》是司马迁和壶遂两人制定的历法，是当时制定的十八部历法之一。汉朝后来采用的《太初历》是落下闳、邓平等人制定的。这又怎么理解呢？汉朝未用而记入历史，这是不是有意篡改，突出自己？现代学者对此研究的结果是，司马迁在世的时候，汉朝确实采用的是《历术甲子篇》，后来遭到反对，才又改用了落下闳等人的历法。因为《史记》和后来的《汉书》对此交代不详，所以才有司马迁“篡改”的误解。

司马迁讲“究天人之际”，《历书》是很好的研究材料。此外就是《天官书》。确定历法需要观察天象，而《天官书》则专门言满天的星斗日月及其变化。古人为观天象，把天上相邻的恒星数量不等地组合起来，视为一体，并加以命名，这种组

---

①这篇历法给出每一年第一天（岁首）的具体日子是哪一天，冬至是哪一天，根据这些数据，可以推导出闰月、大小月、二十四节气等完整的历谱。不过，《历术甲子篇》中的推算有汉成帝的年历，因此也有怀疑这篇文字为后人所加。一般认为，汉武帝太初之后的历谱，为后人增益。其他还是司马迁手笔。

合单位就叫“天官”或“星官”。顾炎武说，上古时期人人都是天文学者。为什么？看星辰可以定时令，辨方位。到先秦时期，古人制定历法，就多参照天体运行的周期。可是，随着王权社会的发展，观测天象越来越与政治相联系，试图经由观星辰变化预知吉凶祸福等迷信的兴趣越来越大。《天官书》记载星辰，也记载星占、望气、云占等信条。《天官书》把天空分为“中、东、南、西、北”五部分，称“五宫”，并对这些区域的星辰作出描述，其特点是把一些不属于“二十八宿”的星辰也划到五宫中去，据说这个天官体系代表的是汉代皇家天文机构所使用的体系。此外，《天官书》还描述了“五星”的运行，及星宿与九州分野的关联等。《天官书》科技史的价值极高，因为许多的天体运行现象都是当时认真观测的结果。至于其中占卜吉凶的迷信，又是推动人们认识天文的动力。司马迁虽然记录了不少星占之说，却不一定真信。《天官书》最后说：“日变修德，月变省刑，星变结和。凡天变，过度乃占。国君强大，有德者昌；弱小，饰诈者亡。太上修德，其次修政，其次修救，其次修禳，正下无之。”强调的是星辰日月的变化，应当引起人事的努力。这大体也是孔子以来许多儒家折中的看法。司马迁写了这一段，表明他对过去一些迷信的态度是有所批判的。

《封禅书》也属于“究天人之际”，主要讲鬼神祭祀的历史。对于鬼神的基本态度，司马迁还是强调“修德”。《封禅书》讲古老的侍奉鬼神的故事中，殷高宗有一次祭祀，出现了奇异现象：一只野鸡登上大鼎的鼎耳鸣叫。殷高宗害怕，问大臣祖己，祖己说：“修德。”这应该是司马迁树立的一根标尺。“敬鬼神而远之”，即不论有无鬼神，都应该强调人事可以把握的东西，那就是自强，也就是“修德”，尽人力。如此，就是有鬼神也不害事。这应该就是司马迁“究天人之际”得出的基本结论。可是，按照司马迁的记述，越是到后来，鬼神祭祀的事情越繁杂，到汉武帝时越发如此。《封禅书》记载了汉武帝受各种术士的欺骗而乐此不疲的事。最后就写到了他的封禅，汉武帝的封禅观念，出现新的迷信：把封禅与黄帝成仙结合起来，把国家的祀典变作他个人“长生不死”欲望的礼数。论对迷信的批判，此篇表现得最为明显。

《河渠书》记录河道治理的历史，是古代历史中第一篇水利史。从大禹治水写起，讲了历史上的治河、建漕运及修渠引水灌溉之事，重点写西汉武帝时期对决口改道的黄河的治理。《史记》对汉武帝多有批评，唯独对汉武帝亲赴黄河的瓠子一段，指挥大臣“负薪填河”并且赋诗言志的事予以表彰。这次的事，司马迁也亲自参加了，《河渠书》的结尾写道：“余从负薪塞宣房，悲《瓠子》之诗而作《河渠书》。”读这篇文献可以了解，《史记》的“书”，很大程度上是取法于《尚书》。《尚书》中的《禹贡》，是中国最早的言地理的书，其中涉及山川走向，大河源流，以及各地的土壤及土产贡物等。《史记》明显受《禹贡》启发。但在“历史感”上，当然是《史记》更强。

《平准书》记载国家经济政策。所谓“平准”，简单说就是政府在全国范围内调拨物资，平抑物价。其实质是把工商业垄断在政府手里，解决财政困难。汉武帝好大喜功，四面出击，北边打匈奴，西北远伐大宛，南方平南粤，西南平定西南夷，等等，事情太多，很快就把国库花空了。于是想尽各种办法弄钱，什么糟糕的招数都用，改货币，算缗，盐铁专卖，其中有些办法如“算缗”“告缗”，其实就是王朝对社会经济的掠夺，民怨很大。武帝最后与桑弘羊商定：由政府控制一些物资倒卖，政府变成商人。司马迁对这些举措不以为然。他信奉的是经济信条，在《货殖列传》中有明显表示。这在后面我们会重点讲。

第四讲

列传写人是《史记》的贡献

——《史记》构造及总结

下面讲《史记》的“立体”结构另一重要的构成部分——列传，还要讲《史记》在体例结构上的创始之功。

一、列传种类

前面说到的《史记》“五体”中的本纪、表、书和世家，都能在以往的文献中找到一些端倪，而列传就没有先例。史书写作设立人物传，即列传一项，以表其业绩与神采，司马迁是首创者。这不是说以前就没有对人物业绩与神采的记述，而是说史书单立列传一项是前所未有的。从这一点说，《史记》是创体。

列传的“列”，有各种解释，笔者以为列传的“列”，有“各色人等”的意思。《史记》列传有大臣、刺客、侠客、占卜者、商人等，人员复杂。列传七十篇，从商周之际的伯夷、叔齐，一直写到司马迁见过的一些人。

列传篇章多，写法也变化多端。有的记一个人，称为独传，如《李斯列传》《司马相如列传》；有的两三个人合在一起写，为合传。合传的情况很是复杂。如《廉颇蔺相如列传》，两人功名相当，放在一起，写到“将相和”，传记的意义就超出表现两个人的功绩，出现了新一层的价值表彰：为大臣的，国家大义胜过个人荣辱。假如不是合起来写，就难以清晰地表现这层意思。又如《张耳陈馀列传》，两个人无甚出奇，但都是大动荡时代的人，早期为莫逆之交，但在项羽灭秦、楚汉相争的情况下，友谊的小船说翻就翻，莫逆变成仇人。这样的恩仇变化，也是非要合在一起写不可的。另一篇合传《魏其武安侯列传》更是如此，这篇传记实际写了三个人。魏其侯窦婴、武安侯田蚡，前者为过时的宰相，后者为汉武帝时当红的宰相，他们之间的矛盾冲突以至于毁灭，若没有第三个人即灌夫夹在中间，两位高官之间的矛盾冲突或许就可以避免。当然，若真那样，司马迁还会不会给他们立传，就很难说了。有了灌夫，官场高层的倾轧冲突的戏码就好看了。不少的合传，显示出司马迁处理历史材料的匠心。

合传还有一种情况，可以称之为同传。南北朝时有位王俭，瞧不起另一位姓王的王敬则。不承想两位一起受封赏，王俭大为不满，来了一句："不意老子遂与韩非同传!"这句话，说的是《史记》的《老子韩非列传》，老子为春秋时期人，韩非子为战国后期人，生活年代差不少，论学派，一为道，一为法，好像也很不沾边儿。王俭这句话大概也代表当事人对《史记》这样安排的不理解：老子怎可与韩非子同在一篇传？司马迁这样安排确实有他的理由，法家分早晚，商鞅、申不害，还有慎到，为早期法家，他们讲究法、术、势，其中的术，就颇带黄老色彩。而晚期法家韩非子，其法家之说中，术的内容更多，是有取于道家的道的。这里需要说明的是，司马迁似乎忽略了道家发展的一个环节，那就是战国兴起的黄老之学，此学是道家，但是是与老子不同的道家，讲究的是"君人南面之术"，其中不少地方讲君主要隐藏自己，如此才更容易驾驭大臣。韩非子正是吸收了这方面的内容，缔造他的"新法术"。在这篇传记中，司马迁也叙述了申不害之学。这类的传记还有《孟子荀卿列传》，两位都是大儒，孟子早一些，活跃于战国中期，荀子则在战国晚期。此外还有《屈原贾生列传》，两人距离的时代更远。这类传记，粗说是合传，若细说则可视之为合传下的一类，照王俭的说法，可称之为同传。孟子言仁政，荀子扬礼乐，都是那个黑漆漆的靠武力、讲斯杀的时代中的一点人性之光。像《屈原贾生列传》，两位都以辞赋抒发自己壮志难酬的哀愁，生在不同时代却有类似的人生悲剧，可谓异代同悲。这样的同传还有《孙子吴起列传》等。

还有一类合传，是同类人物合在一起，如《儒林列传》，写汉代以来一系列的大儒及其对经典的传承；《酷吏列传》写一群对以权力残害人有快感的暴虐人物；又如《日者列传》《龟策列传》，写那些观日望气占卜的人物；《刺客列传》《游侠列传》也是这样的传记；而《史记》最后一篇《货殖列传》则写的是春秋战国以来一些私营商人。这种合传可称之为类传，都是表现一类人兼事业或现象的传。

还有一类历来都重视的传记，就是那些表现异族政权或边地政权的传记，如《匈奴列传》《朝鲜列传》《南越列传》《西南夷列传》等。有些涉及汉朝的统一问题，有的则是对其他文化族群的记载，显示了《史记》的“天下格局”，有很重要的史料价值。

最后，《史记》还有附传。如《廉颇蔺相如列传》中，附有马服君赵奢，还有其儿子赵括（即那位空头战争理论家）以及赵国晚期名将李牧的传记。在《孟子荀卿列传》中，孟子之后附有阴阳家邹衍、法家慎到以及淳于髡、邹奭的小传；荀子之后附有名辩家公孙龙、墨家墨子的传。《卫将军骠骑列传》中附有那些因随从卫青、霍去病一起打仗立功受封的诸多将领的小传。这些附传，也是按照人物的文化属性安排的。还有一种附传是家族性的，如《樗里子甘茂列传》中的甘罗，就是甘茂的孙子。《李将军列传》中附有“广子三人”及李陵的传，这就是按照家族来安排了。总之，丰富多样的人物传记安排，最大限度地容纳了历史人物，是司马迁为史传立下的好榜样。

实际上这里也有一种不言的共识。刘邦打天下，韩信下三齐，把齐国拿下来。把三齐拿下来以后，刘邦和项羽的势力整个发生了变化，如果那个时候韩信一跺脚反了，刘邦就完了。韩信这么大的功劳，结果是什么？刘邦当了皇帝以后，马上以迅雷不及掩耳之势，开始夺韩信的三齐王，最后把他害死。所以把韩信放到列传里边去，表示“鸟尽弓藏，兔死狗烹”。王朝是没良心的，政治是残酷的，司马迁有这样的意思。像陈平这些人都被封了侯，这些人便进入世家。

回到列传的话题。在《史记》入列传的人，十分复杂，具有广泛的社会代表性。英雄豪杰之外，还有刺客、侠客，都是非正常的社会分子。另外，还有看星辰、观日角的，王朝的官府也养活这些人，他们属于巫术人员。还有一些传记，如《货殖列传》，是记载古代自由经商的人员，各色人等都有。这也开创了中国史的一种传统。当初，关于谁入传谁不入传，司马迁是颇费斟酌的。

以上就是《史记》结构上的基本规模。简要地总括，就是有本纪、表、书、世家、列传，就是所谓《史记》“五体”的“立体”结构。《史记》这“五体”的来源实际上都有头绪，这就涉及中国史学书写的演变历程。

二、纪传体的诞生

司马迁了不起的地方，在于他把前人的史学写作方法进行了综合，创立了《史记》的“五体”。其中的列传，最值得注意。

列传规模宏大，其写人记事、为人物立传的写作方式成为后世史书效仿的范本，之所以形成这样的写作模式，其中是有深刻的历史文化渊源的。从西周开始，强调德行、德政，重德，自然会落到对人物的评价上。中西对比一下，修昔底德写《伯罗奔尼撒战争史》，是以时间、事件为基准，重大事件中的人物，就得附着在事件上加以表现。他们也感觉到这样做的不足，于是又有后来普鲁塔克的《希腊罗马名人传》，是自成一体的著述。《史记》继承的是《尚书》《国语》《左传》的书写传统，《尚书》尽管丢失了一些篇章，还是可以这样说，一部《尚书》，就是一部“周公之德”的记述。这有周初的八篇“诰命”为证。人生“三不朽”，也是“立德”为至上的。这样的文化风尚，是《史记》写人的深厚的文化传统。以《左传》为例，一上来就写了“小霸”（相对齐桓公、晋文公的霸业而言）郑庄公，这是一位最早公开对周王大不敬并且容不下亲弟弟的诸侯人物。写这位，《左传》的作者先写他出生时“惊姜氏”（姜氏为庄公生母），姜氏“遂恶之”，并想尽各种办法废掉他的世子身份。在亲妈对自己“恶之”的环境里长大，他能有多少孝悌真情？长大后对周王不恭敬，轰走被亲妈喜爱的弟弟，不是很自然的吗？编年体的《左传》就是这样用“初，如何如何”交代人物的身世，实际就是在研究人物性格及行为方式的由来。这不是传记体必有的内涵吗？记述晋文公成就霸业，也是用了这样的“倒溯”手法，对人物性格、气质的形成做了相当充分的交代。这显示，编年体中的人物，已经困在时间的框子里，该有所突破了。

人物传记的写法，已经酝酿在编年体的《左传》之中。又如子产，虽然司马迁并没有给子产单独列传，只是在《循吏列传》简单地说了一点他的故事，但是子产这个人物在《左传》中却有相当丰富的记述，把这些散见于各时间段落的文字排列起来，就是一篇相当完整的传记，且很有性格并包含深刻的矛盾与冲突。也就是说，编年体被纪传体取代，是有其内在的逻辑的。

《史记》在体制上推陈出新。那么,《史记》之前的历史书写经历了怎样的过程?

中国人很早就会书写，起码商代后期就会在甲骨上书写文段了。甲骨文书写，格式性很强，某年某月某日，什么人为什么缘故占卜，占卜结果如何，甚至后来是否应验，都写在甲骨上。这是最值得注意的一点。甲骨文占卜，特别注意时间。按时记事是甲骨文的显著特征。前辈董作宾就用甲骨文的时间记述，作《殷历谱》。按时记事，这样的材料加起来，不正是记事编年体的雏形？中国的史，最初与巫觋之事相关，后来变成记录历史的专业人员，是不是与这按时记事的特点有关？古罗马的史料，就起源于祭祀人员的记事，巫史同源看来不止发生于中国。

《尚书》的书写，进入新的阶段。《尚书》大量的篇章属于文告，又叫诰命，就是西周建立时针对各种大事发布的命令。例如《尚书·大诰》，就是因为东方殷商残余势力造反，周公宣布要加以征讨。又如《尚书·康诰》，周初大封建，康叔被封建到卫地为诸侯，周公嘱咐他应当如何治理当地的殷商遗民。其实，这篇文字不是公布的政令，而是周公教康叔如何治理卫地之民的指导与建议。也称之为“诰”，是有些文不对题的。[1]要注意，这样的诰命文字，在其篇章开始，总会明确地交代出时间，如《尚书·康诰》的开始，就有“惟三月，哉生魄，周公初基作新大邑于东国洛；四方民大和会，侯甸男邦采卫，百工播民，和见士于周。周公咸勤，乃洪大诰治。王若曰……”，大意是在周公建造东都洛邑的时候，四方的百姓都来相会，有远近的大小诸侯，还有干活与出力的各种专业技术人员。周公都做了一番慰劳，于是以周王名义发布的讲话，是这样说的……这样的例子还不少。总之，《尚书》虽然以记录言论为主，但是，对时间、地点的标示也颇为在意。记录言论加以保存，这样的书写，从西周开始一直延续着。[2]到春秋战国之交，《国语》开始编纂，这时的编纂者将重大时期、重要事件中，一些人所表达的好的建议，或者富于启发教育性的言论，挑出来加以编辑，目的是警示后人。例如西周末年，周厉王“专利”，激化矛盾，民怨沸腾，于是周厉王就强行“弭谤”，派特务监视大家，百姓敢怒不敢言，以至“道路以目”。贵族大臣召穆公站出来，批评周厉王的做法，指出“防民之口，甚于防川”的危害。《国语·周语上》说：“王不听，于是

①笔者有《〈康诰〉非“诰”》的短文予以辨析，见《文学遗产》2011年第6期。

②很可能从商代就这样做了。《尚书·多士》：“惟尔知，惟殷先人有册有典，殷革夏命。”是说商代就有典册，即文字记录。今天《尚书》中也有写商代事的文字，如《盘庚》三篇。但这三篇文字的写定，是在西周。其中应该就包含着商代“典册”的内容。不过，到今天出土文献那么多，《尚书》类的“清华简”也没有商代书写文字。其原因应该是失传了，或武王灭商时销毁了。

国莫敢出言，三年，乃流王于彘。”好的言论不被采纳，结果就是周厉王被愤怒的民众流放。周厉王“专利”时，还有一位大臣芮良夫谏阻，厉王也是不听劝，“流王于彘”。好言论被拒绝后的结果，是编写者加的。我相信，这对后续结果的说明，正显示编者的用意。周厉王不遵从善言嘉语，最后败亡。这就是教训，对后人就是启迪。保存前人的言论，教育启迪，应该就是目的之一。

所以，如果划归大类，《尚书》与《国语》是一类。司马迁之前的先秦史料还有一部《战国策》。[①]可是，这部书中的有关言论，未必都是史官记载的。古代有记言、记事的专职人员，《左传》《国语》中的不少言论，可以认为就是这些人做的记录，且经过修饰与加工。但是，《战国策》中的大部分言论，就未必如此。例如苏秦游说的言论，应该是后来纵横家一派的人杜撰的，目的大概也是出于教学，外加宣扬本派的厉害，吹嘘捏造的东西不少。何以这样说？因为有“战国纵横家书”出土文献，证明历史上的苏秦与《战国策》中的苏秦相去甚远。《战国策》里的苏秦，整个人物形象，是小说家言，有虚构，有夸大的想象。应该就是战国后期策士一流人物书写的结果。与《左传》《国语》相比，战国的史料文学加工的成分大，很有利于观察当时的文学书写。《战国策》记言，可以归为《尚书》《国语》一类，但史料的严谨性不如其文学性强。

①要注意，司马迁生活的时期还没有《战国策》，散乱的篇章有很多堆积在国家图书馆，到西汉后期刘向奉命到图书馆整理图书，才把战国时期的策论篇章整理成一本书。不过，《战国策》中大部分的篇章，司马迁是看过的。

历史书写进入新形态就是编年体的出现，如《春秋》。[①]据《墨子》，当时有“百国春秋”，据儒家文献，孔子作《春秋》时，派子夏等学生到各国去搜集该国的“春秋”。

编年体史书，有点像远古的结绳记事。按年月记载一些大事的条目，可是究竟该事件怎么回事，就得有专门人员解释。结绳记事时就有这样的人，编年体史书只记大事条目，也应该有专业史官作解释。孔子不是专业史官，他编修《春秋》，料想一定也曾大量搜集掌握在专业史官手里或记忆里的关于事件的具体材料。《十二诸侯年表》中说鲁君子左丘明配合孔子的《春秋》而编纂《左传》，道理就在这里。就是说，编年体的史书也有其严重局限，年月的格子，妨碍了人物、事件连贯顺畅的展现，也就妨碍了历史人物丰富的表现。

西汉是一个综合前代文化的时代。王国维说“一代有一代之文学”，司马相如创造了一个汉大赋，是一大综合。董仲舒的思想又何尝不是一大综合？在文学、思想之外，还有司马迁《史记》“五体”的一大融铸，一大出新。“五体”不仅融合之前的历史书写，如本纪、世家是对之前编年体的吸收，世家同时也是对国别体的借鉴。另外，《史记》还容摄了历史书写之外的体式，八书除了受《尚书·禹贡》的启发，还可从儒家文献找到源头。至于列传，如前所说，有，却难成规模。也许司马迁看过《穆天

①先秦时期一些叫“春秋”的书，未必都是编年体，如《吕氏春秋》就不是。此外，还有失传的《虞氏春秋》等。马王堆出土过被今人冠名为《春秋事语》的失传典籍，是对一些春秋故事的选摘，加上编选者的按语，指明其教训，写作目的与《国语》相似。

子传》。[①]可能性不能说一点没有，但《史记》的列传与之相去颇远，很可能是《战国策》类文献中关于苏秦、张仪以及应侯范雎的书写，启发了司马迁。总之，列传写人，在《史记》“五体”中最新颖。至于人物是独传还是合传，或者附传，这样安排有着巨大的独创性。

“五体”的历史书写，创造了中国古典史著独特的结构：“五体”的史书，是“立体”的。这在世界范围内独一无二。这样的特点，西方学者早就注意到了，如捷克的学者普实克、德国学者穆启乐，都研究过这种“立体”史学的来历，普实克说《史记》的多时间线索，就源于《诗经》的风、雅、颂的“立体”组合。[②]这与其说是有意的借鉴，不如说是同一文化传统下相同思维的结果。而《史记》的“立体”性是这样的：以本纪、世家、列传、表四条时间线索为经，以八书为纬，经纬交叉，如此“立体”的结构才是稳定的。本纪明历史、大线索，世家是局部历史的时间线索，而列传则是活在一定时间段落中的人，每个人自有其时间线索，同时，它又从属于本纪、世家的时间线索。简单地说，就是看同样的时代、社会中发生的重大事件，可以从王朝、诸侯以及个人三种位置去看。同一时期，与同一事件相关的人物是众多的，人物这条线又是多元多棱的。大事件的人生百态，须从诸多列传来观察。而司马迁立列传，其对人物的选择，较关注社会多

---

①今天看到的《穆天子传》是西晋时的出土文献，今人研究，其成书年代可能在战国。司马迁时，是否还在世间流传，即司马迁是否看过，尚不可知。

②有关这位捷克汉学家的说法，参见德国学者穆启乐《古代希腊罗马和古代中国史学》，黄洋编校，北京：北京大学出版社，2018年，第8—9页。

元性，注意到各色人等，甚至包括那些王朝力图消灭的刺客、游侠之类。这也为后来纪传体史学提供了好榜样。

任何时间、空间的事件，都是由人来完成的。前面说了，列传的创始之功最大，而司马迁“立体”史学书写中的列传，则最终将中国历史书写的旨趣定在了人物上。人物的心胸、理想、器局、才情等，必定是人物传记关注的内容。因而，与希罗多德的《历史》关注重大事件、文化风俗的传播，修昔底德斯的《伯罗奔尼撒战争史》关注重大事件及其中隐含的历史规则相比，司马迁的《史记》就明显不同。至于其中的优劣长短，就不是这里能一下子说清楚的了。但司马迁的《史记》，显示着强烈的中国古典特色，是毫无疑问的。

第五讲

王道的制高点

古代人著史，各有其所要面对的压力。古希腊的历史著作，是要当众对人诵读的，面对听众，压力很大，大家不爱听，就算砸了锅。修昔底德的《伯罗奔尼撒战争史》没有写完，有人说，就是因为听众不喜欢，使修昔底德失去了写作的兴趣。古代罗马的史家塔西佗写《历史》，因为作者生活在帝制时代，而他对王政的民主时代充满了感情，所以塔西佗的压力就来自政治环境。这一点与司马迁相同，但塔西佗所面临的政治环境的危险，远不如司马迁。

司马迁有一段危险的谈话，保存在《史记》的《太史公自序》里。谈话发生在司马迁与上大夫壶遂之间，时间应该在汉武帝太初年间，当时汉武帝刚举行过泰山封禅，表示汉王朝获得上天承认。新时代开始，相应地就应该有新的历法。这时，司马迁已接替父亲为太史令，改历之事，太史令是责无旁贷的。大夫壶遂也参与其中，他与司马迁是好友。工作之余，谈谈司马迁正在努力编修的《史记》，是很自然的。司马迁写《史记》，是以孔子作《春秋》为榜样的。这一点，壶遂应该是知道的，所以壶遂就问司马迁："昔孔子何为而作《春秋》哉?"说孔夫子因为什么作《春秋》呢？这里要插一句，对孔子是否作《春秋》，今天的学者是存在很大争议的，可在汉代不存在这样的问题，人们坚信孔子是作了《春秋》的。汉代这样坚信，也有其证据，就是《孟子·滕文公下》的说法：

> 世衰道微，邪说暴行有作。臣弑其君者有之，子弑其父者有之。孔子惧，作《春秋》。《春秋》，天子之事也。是故孔子曰："知我者，其惟《春秋》乎！罪我者，其惟《春秋》乎！"

又《孟子·离娄下》说：

> 王者之迹熄而《诗》亡，《诗》亡然后《春秋》作。晋之《乘》、楚之《梼杌》、鲁之《春秋》，一也。其事则齐桓、晋文，其文则史。孔子曰："其义则丘窃取之矣。"

两段话都明确地说孔子作了《春秋》，而且明确提到了孔子作《春秋》的用意，那就是在世道衰败的年代，要树立道义的标准，以此宣判乱臣贼子的不义。这样的事情，本该由最高权位的周天子来做，可是周天子的权力变成了空头的，在道义上，周王也基本上是负不起这样的责任的。于是，孔子以平民学者的身份站出来，借史以张大义。"春秋"本来是列国都有的史书之称谓，记录的事不外乎各位霸主，书写的方式是史书的体制（编年史），但是以王道大义判断是非，则是孔子所作《春秋》特有的。据孟子说，孔子对这一点很自信，相信他自己在后来还会因做了天子该做的事，即作了宣明大义的书写，而招致理解或怪罪。

孟子的说法是很有权威性的，汉代儒家相信孔子作《春秋》，孟子的说法应该就是他们的重要依据。同时，汉代的儒家还坚信，孔子作《春秋》，是为了表达王道，为后代的社会与人树立最高标准。

回到司马迁与壶遂的问答。对壶遂的提问，司马迁这样回答：

> "余闻董生曰：'周道衰废，孔子为鲁司寇，诸侯害之，大夫壅之。孔子知言之不用、道之不行也，是非二百四十二年之中，以为天下仪表，贬天子，退诸侯，讨大夫，以达王事而已矣。'子曰：'我欲载之空言，不如见之于行事之深切著明也。'夫《春秋》，上明三王之道，下辨人事之纪，别嫌疑，明是非，定犹豫，善善恶恶，贤贤贱不肖，存亡国，继绝世，补敝起废，王道之大者也。……《春秋》以道义。拨乱世反之正，莫近于《春秋》。……故《春秋》者，礼义之大宗也。夫礼禁未然之前，法施已然之后；法之所为用者易见，而礼之所为禁者难知。"

这段话是转述，转述的是"董生"的话。"董生"即董先生，亦即西汉大儒董仲舒。司马迁小的时候，应该在董仲舒门下学习过，所以尊之为"董生"。司马迁转述说，董先生认为孔子《春秋》的写作缘起是"周道衰废"。孔子有了一次为政的机会，在鲁国做司寇，不承想"诸侯害之，大夫壅（阻挡）之"，就是鲁国的大权贵们阻碍、为难他。王道衰败，孔子知道自己"言之不用"，就是他的言论主张难以实现，于是便转而著述。"是非二百四十二年之中"，"二百四十二年"是《春秋》记录的时段，从鲁隐公到鲁哀公十二代鲁国诸侯，共二百四十二年。孔子要对这春秋二百四十二年间鲁国及相关诸侯国家发生的大事，加以简要记述，并对其间的是是非非作出评判，以此作为“天下仪表”。“仪表”就是标杆，孔子就是要给天下树立一个对错的标杆。

要树立这样的标杆，司马迁继续说，按照孔子的精神，最首要的、先决的条件，就是要摆脱政治权力的束缚，不仅是摆脱，还要能对权贵的作为毫不留情地加以评判，如此才能维护最高的真理和正义。这就是“贬天子，退诸侯，讨大夫，以达王事而已”这几句话所表达的内涵，无所畏惧，无限庄严，无限崇高。周天子有错，该贬斥也得贬斥；至于诸侯，若是不守诸侯应守的规矩，僭越、冒犯了，该予以压制的就压制，“压制”就是“退”；对那些做事不义的大夫，该声讨就声讨。总之，写历史，是为后人提供生活的借鉴，对往事的是非的评判，绝不因为畏惧权力而退缩，而钝了锋芒。贬斥、压制、声讨，目的只有一个:“以达王事而已。”此处的“王事”就可解释为王道，而所谓的王道就是仁道，仁道就是最高的公平正义之道。古人也称此为天道。与之相对的，以强权为是非的道，古人称之为霸道。史家常常面对的就是霸道。

这就是司马迁写《史记》的站位，他要站在王道的制高点评判一切。换言之，他的历史书写，是要做王道的秘书。这是许多后来史家都缺乏的志气。例如，班固写《汉书》，摆明了是要尊汉，认为西汉的地位高，有唐尧虞舜那样的高度。其实班固就是想做王朝的秘书，如此，历史的书写也就只有以王朝的是非为是非，以权力的许可为口径了。说《太史公自序》这段话“危险”，就在于上述的这一点：历史的写作，不受权力的左右，不受势力的干扰。在汉朝这样的皇权社会，这不是很危险的吗？司马迁自身的遭遇，差点丢了性命，更证明危险确实存在。司马迁受宫刑，表面上看是因为他为李陵说情，实际早就有人指出，汉武帝之所以要狠狠收拾司马迁，是因为汉武帝看了司马迁写的《孝景本纪》，暴露了汉景帝的一些无道之事。汉武帝不过是借机报复。做王道的秘书，谈何容易！可是，司马迁做到了。前面谈到过，《史记》为什么是史家绝唱，后代的诸多史书为什么比不上它，就在于《史记》敢于不畏权力地评判。司马迁的《史记》，其中有很大一部分是“当代史”。以后的二十几史，包括班固所著的《汉书》在内，都是写“前朝史”，距离产生安全，对前朝说是说非，容易，没有危险。可是，如前所说，司马迁真正写得精彩的篇章，是那些他对“当代”生活所作的观察性文字。

那么，什么是最高的王道？根据孔子以及司马迁在《史记》中的论述，可以相信，所谓王道就是尧舜之道。《中庸》说“仲尼祖述尧舜”，在《论语·泰伯》中，孔子也曾由衷地说：“唯天为大，唯尧则之。荡荡乎！民无能名焉。巍巍乎，其有成功也！焕乎，其有文章！”这应该是《中庸》之说的来历。《论语·泰伯》篇还说：“舜有臣五人而天下治。”在《论语·卫灵公》中，称赞“无为而治者，其舜也与！夫何为哉？恭己正南面而已”。在《论语·雍也》篇中更是说，只有尧舜才能局部地达到“博施于民而能济众”的政治境地。早就有学者看出，《论语》的结尾一章为《尧曰》，这样的安排表现的应该是孔子尊尧舜的意思。不妨把这一篇的第一章节录下来看一下：

> 尧曰：“咨！尔舜！天之历数在尔躬（以天文历法等为基本内涵的天道方面的事落在你身上，如此才好用以指导

民生）。允执其中（以天道指导民生，不能出现偏颇）。四海困穷，天禄永终。”舜亦以命禹。曰：“予小子履（商汤之名），敢用玄牡，敢昭告于皇皇后帝：有罪不敢赦。帝臣不蔽，简在帝心。朕躬有罪，无以万方；万方有罪，罪在朕躬。”周有大赉（赏赐），善人是富。“虽有周亲，不如仁人。百姓有过，在予一人。”（引号里的话为周王封建诸侯时的言辞）谨权量，审法度，修废官，四方之政行焉。兴灭国，继绝世，举逸民，天下之民归心焉。所重：民、食、丧、祭。宽则得众，信则民任焉，敏（勤勉）则有功，公则说。

这段话的内容跨度囊括了尧、舜和夏、商、周。主要讲的什么？其一，尧把大位传给了舜，这是儒家最看重的，这叫“传贤不传子”，又叫“五帝官天下”。这是政治的最高原则。尽管西汉的儒生在“家天下”的社会，却坚持“公天下”的原则，这是儒家最了不起的地方。其二，就是“四海困穷，天禄永终”。这句之所表，即做领导的，不能让天下人穷困，一旦穷困，禄位就终止。这一大原则，舜接过来，又传给禹，禹又传给商汤，商汤对此有了更全面的说法，就是要了解朝堂的大臣，他们都是按照贤人的原则选的。君王的罪，不能推给万方之民，相反，全天下的罪过与错误，最高领导者都负有责任。到了周代，又有所更新，但精神不变：周王朝只奖赏那些善人，重视有仁道的人，甚于重视自己的亲人。天下的百姓犯错误，都是王者政治不善的过错。从尧舜传承下来的一以贯之的基本精神，就是“所重：民，食，丧，祭”这句话的内容，“民”为“所重”之首。此外，王朝还要在“权量”“法度”方面主持公道，还要有包容天下所有人的心胸。最后的几句，同样重要，领导者要勤勉，要宽容地对待人民。公天下，才能使天下人幸福、欢乐。

《论语》这样的记载，表现的是儒家关于“什么是好政治”的看法：传贤不传子、人民至上就是“好政治”的两项主要内容。尧舜是传贤的，境界最高，所以他们最神圣。夏以后，父传子，家天下，但是看夏王“奉天承运”时的诰命之词，还是“人民至上”的，虽不传贤，也还可以。若是按照《礼记·礼运》所载，二者的区别是，尧舜是“大同”，夏、商、周所谓“三王”时代，就是“小康”了。

看《史记》，司马迁的最高政治理想，也正是如此。尧和舜的政治权力交替是“禅让”的，《史记》本纪的第一篇《五帝本纪》，就讲的是“尧舜禅让”。《史记》世家的第一篇《吴太伯世家》，讲的也是西周建立之前，周太王之子为了方便周家的最高权力传到周文王手里，自动出走他方。这也是“让”。到《史记》的列传，其第一篇，又是讲伯夷、叔齐的事迹，不还是一个兄弟让权的故事？这难道是无意的巧合？联系起来看，司马迁这样的安排，有史家的理想。这理想，就是“尧舜之道”的一部分。与“让”相反的就是“争”，有“争”就有厮杀，就有混乱，就有政治上的黑暗。《论语·泰伯》说：“泰伯，其可谓至德也已矣！三以天下让，民无得而称焉！”强调泰伯“让”德，恐怕就是有鉴于历史上为权力而争得你死我活的事件。“让”，不是关键；“让”为贤人政治开路，才是重点。

尚贤重民是王道，也是判断历史大是大非的最高标准。说起来并不难，一个政权，不论出于什么目的，虐待民众，杀人盈城，就不是好政权。史学家，当然也包含其他学者，如果连这一点都不能坚持，就什么也不算。要注意，我们说的是理想的“坚持”，也是评判历史事件与人物是非的标准。历史的走向，其实与司马迁坚持的标准大相径庭。于是就有王道理想与残酷现实之间深刻的龃龉和对峙，于是就有史家是否不惧权势的问题，就有史家是否敢于揭示历史真实的问题。

下面的谈话，又涉及如何完成一部具有哲学意义的史书写作的具体问题。司马迁转述说：“子曰：‘我欲载之空言，不如见之于行事之深切著明也。’夫《春秋》，上明三王之道，下辨人事之纪，别嫌疑，明是非，定犹豫，善善恶恶，贤贤贱不肖，存亡国，继绝世，补敝起废，王道之大者也。”“我欲载之空言”这句话，也见于董仲舒的《春秋繁露·俞序》所举孔子言，是解释孔子“作《春秋》”的目的。按照这一说法，孔子的原意不是修一本记述往事的书，而是借助历史的书写，将其对社会、人生的理想寄寓其中，即借着对历史事件及相关人物的是非判断，表达社会生活应该遵循的道义。《春秋》看似是史书，其实是哲学，是义理之学。它不同于一般哲学的地方，就是不“空言”，即不作抽象的思辨，不作理论的逻辑推演，而是以事明理。这样的表达方式，用孔子《论语》里的话说，就是“述而不作”，其实就是在“述”中“作”，将道理，将理想，将对人事是非的判断，寄寓在对历史人事的叙述中。以具体的表现抽象的，以有限的表现无限的。孔子的仁道（就是王道）涉及做事做人的基本道理，站在这样的立场看两百多年历史的是是非非，情况是相当复杂的，可以说是理论推演难以概括的。因为任何历史的事件，都是人做的事，既然是人做的事，就一定包含着人的欲望、热情和爱憎情仇，以及人对世界、社会等多方面的理解。事越大，关涉的越多。他们形成历史的力量，改变着社会生活。这样的往事陈迹，其间必有是非曲折，必须作出辨别和判断。可是，谈何容易！“别嫌疑，明是非，定犹豫”的能力是必须有的，如此才可以“善善恶恶，贤贤贱不肖”，这样的工作，没有“别”和“定”的智慧，办不了；没有“贬天子，退诸侯，讨大夫”的胆量，更是办不好。然而司马迁的《史记》却做得很好。

举例而言，关于“别嫌疑”。汉武帝大事四夷，看上去与西周以来的“天下”观念相符，看上去是要为汉帝国的子民求得安宁，可是，先秦的天下观念讲的是“耀德不观（显耀）兵（军事）”，汉武帝追求天下一统，与西周的“天下”观念似是而非。为了所谓的四方安定，把全国人的生活弄乱，甚至伤亡近半数的人口，恰是汉武帝“观兵”即穷兵黩武的结果。屡屡进犯的敌人如匈奴，要不要打？要。可是打击敌人而导致民不聊生，导致大量伤亡，那么打击匈奴的尺度何在？汉武帝要封禅，看上去是表现汉帝国的合法性，可是又夹带了求仙（即求长生不老）的私心，这不都是要加以“别”，加以“定”的吗？如果看不透彻，无胆气，都做不好。还有张汤等那批“酷吏”（《史记》专门有《酷吏列传》），看上去是执行皇帝政令，好像是“忠”，其实他们不是在执行政令，而是借执行政令虐杀臣民以满足其变态心理。有“嫌疑”就有“犹豫”，只有对什么是真正的仁道、王道理解得精准，才能不被糊弄，才能“定犹豫”。

至于“善善恶恶”，人们都崇“善”，都不喜欢“恶”，可是生活中，如果有所惧怕，就很难真的崇善抑恶。“贤贤贱不肖”，就是把贤能之人当作贤能之人来对待。汉武帝打匈奴，李广征战多年，却落得自杀的下场，也就是所谓的“李广难封”。可李广确是个贤达之士，是真正的将军（参见本书对《李将军列传》的讨论）。可是论起军功来，李广斩首敌人的数量，远不如卫青、霍去病，但《史记》还是视李广为贤人。为什么？因为打击匈奴，不是为了谁的军绩，而是为了边防安全，关系到的是国泰民安，而不是战场杀人多少。像卫青其人，北征匈奴，军功赫赫，但在司马迁眼里很“不肖”。卫青是指挥过千军万马的大将军，对皇帝顺从和柔，类同“佞幸”。[①]还有秦始皇时期的大将军王翦、蒙恬，《史记》也责备他们不能对君主的错误有所匡正，一味地柔顺。这就是“不肖”。

“存亡国，继绝世。”这句话见于《论语》，其实是强调一种包容的政治格局。学术界有一种不分青红皂白的说法，说司马迁维护大一统。事实上司马迁所维护的大一统是王道的大一统，而不是皇权唯我独尊的大一统。大家读《论语·季氏》，有“季氏将伐颛臾”一则。颛臾是很古老的东方小国，贵族为风姓，西周建立，后变为鲁的附庸国，独立性差了，却能延续下去。到了季氏家族这里就不行了，季氏贪图人家的土地、人民，于是宣称颛臾威胁了鲁，就要先发制人，加以消灭。这正与孔子“兴灭国，继绝世”的主张相反。孔子的观念被司马迁继承了，就表现在他所写的《匈奴列传》《朝鲜列传》《大宛列传》等。按照西周的观念，是承认这异己的人群存在的权利的。对于这些人群，中原王

①在《史记·佞幸列传》的最后，司马迁忽然加了这样一句：“自是之后，内宠嬖臣大底外戚之家，然不足数也。卫青、霍去病亦以外戚贵幸，然颇用材能自进。”就是说，汉天子之所以那样宠幸卫青、霍去病，原本就是因为他们佞幸。只是因为他们建立功勋，才没有被列入《佞幸列传》。而这样的人即使有功勋，有权位，国家的改善就能指望他们吗？

朝应该以自己的文明“软实力”吸引他们，而不是动不动就去打击对方，强迫他们归顺。这才是王道。对于汉武帝的打击四夷，司马迁正是本着这样古老的王道观来评价判断的。这是《史记》的天下观，也是司马迁所秉持的“大一统”。以上就是“王道之大者也”。

等到司马迁这一番话说完，壶遂听出了不对劲。应该是一种善意的提醒，壶遂就问：“孔子之时，上无明君，下不得任用，故作《春秋》，垂空文以断礼义，当一王之法。今夫子上遇明天子，下得守职，万事既具，咸各序其宜，夫子所论，欲以何明？”壶遂所问，很厉害，他是在说，孔子所处的时代黑暗，他老人家才作《春秋》，你太史公可是生在“明天子”的时代啊，这样说，置“明天子”于何地啊？

司马迁也马上意识到自己说走了嘴，危险！赶紧往回找补，说：“唯唯，否否，不然。余闻之先人曰：‘伏羲至纯厚，作《易》八卦。尧舜之盛，《尚书》载之，礼乐作焉。汤武之隆，诗人歌之。《春秋》采善贬恶，推三代之德，褒周室，非独刺讥而已也。’”“唯唯，否否，不然”三个小短句，特别能显露司马迁当时的情态。他先予以承认，细想不对，就“否否”，到最后，想好了对策，马上又“不然”。刹那之间，转守为攻。

司马迁马上说，您上大夫的质疑，是有问题的。孔子作的《春秋》，也并非全然都是贬斥啊，它也是推夏、商、周“三代之德”的，《春秋》对于美善的人或事，也是赞成的。《春秋》如此，我司马迁的《史记》又何尝不如此？继而，司马迁列数了西汉的“功德”：“汉兴以来，至明天子，获符瑞，封禅，改正朔，易服色，受命于穆清，泽流罔极，海外殊俗，重译款塞，请来献见者，不可胜道。”汉兴至汉武帝这位“明天子”，得到过“符瑞”，例如获麟之事；在泰山封禅；还“改正朔”，就是改历法，古人认为新王朝的建立这样就获得了天命的承认。“穆清”，在这里代表上天。“易服色”，就是更改礼服的颜色，按照“终始五德”的说法，周人尚黑，殷尚白，到汉代，先是尚赤（因为汉高祖曾认为自己是“赤帝子”），后来才承认汉家“色尚黄”，在今天看来，这些都是皮毛货，但古人却认为这是得天命的重要象征，体现了新王朝的庄严神圣。就像国旗不仅是一块布，它的象征意义是十分重要的。“泽流罔极”，就是恩泽流布无边。海外不同风俗的人，要通过层层翻译到中国边关来。“款塞”就是叩塞，叩门来进献朝见。“不可胜道”就是难以说清。

这很难说是司马迁的由衷之言。因为看一看《封禅书》关于东封泰山的议论，看一看《卫将军骠骑列传》等关于打击匈奴的记录，看一看《西南夷列传》关于通西南夷的评价，就可明白。其实司马迁对汉帝国倒也不是没有赞美，《平准书》中有这样的段落：

> 至今上即位数岁，汉兴七十余年之间，国家无事，非遇水旱之灾，民则人给家足，都鄙廪庾皆满，而府库余货财。京师之钱累巨万（巨万：万万），贯朽而不可校。太仓之粟陈陈相因，充溢露积于外，至腐败不可食。众庶街巷有马，阡陌之间成群，而乘字牝（母马）者傧（排斥）而不得聚会。守闾阎者食粱肉，为吏者长子孙，居官者以为姓号。故人人自爱而重犯法，先行义而后绌耻辱焉。

这才是司马迁对汉帝国治理国家成效的赞美。百姓丰衣足食，太仓丰满，官府对民众不横征暴敛。百姓有富足稳定的生活，人能自爱，注重“行义”，犯罪现象就少。“今上”指的就是汉武帝。汉武帝刚上台有这样的社会光景，那是他的祖父、父亲治理天下的功劳。在汉代几位皇帝中，司马迁对汉文帝评价最高。《史记》对汉文帝的书写多是语含温情。为什么？汉文帝要造一个建筑，算一下要用“十金”，就作罢。因为那是一个王朝社会中等之家一年的收入，文帝觉得花费太大。有人巴结皇帝送他千里马，文帝说，大臣们骑马日行百里，我骑一匹千里马跑到前面去干什么？总之，汉文帝固然说不上尧舜之君，但是，他对内、对外，都不折腾，这就是最大的优点。不折腾，不胡来，老百姓就能过安生日子，国家反而强盛。可是，再看司马迁这里回答壶遂的质疑所提出的那些可赞美的事项，在《史记》实际的书写中是很难找到对证的。可以相信，司马迁所说的话，不过是一种遮掩，一种防范危险的辞令。

这之后，司马迁还说到自己的职责：“且余尝掌其官，废明圣盛德不载，灭功臣世家贤大夫之业不述，堕先人所言，罪莫大焉。”其实都不过是对危险的防范之词。这一点正是我们读《史记》要注意的。《太史公自序》写这段，很明显是因为司马迁感觉到了危险。另外，这也未尝不可以视为一种提示：我的写作是有危险的。所以读者读《史记》的篇章，要注意这样的情境，即有话不能直说的情境。在这一点上，司马迁实际交代自己的写作环境与孔子“作《春秋》”一样，在一些人物和事件的书写上必须用“微言”的方式，因而需要善于体会的读者。所以，《太史公自序》也是一篇《史记》阅读法的提醒。

第六讲

究天人，疑天道

“欲以究天人之际，通古今之变，成一家之言。”这三句话，是司马迁在其《报任安书》里说的。说这三句时，《史记》应该已基本写完，因而可以看作司马迁给《史记》的自评，同时也暗示《史记》的写作要完成的三大任务：第一，以数千年历史上的人和事，验证“天人之际”究竟存在着什么样的关系。第二，以对数千年历史上众多人和事的记录，明确历史究竟发生了怎样的变化。这两项，就是“究天人之际，通古今之变”。两项任务完成了，便成就了第三项，即“成一家之言”。这一项富于宗教与哲学意义，在哲学意识的观照下完成历史的记述，完成对人类自身文明履历的观察。这样书写的历史，才有真正的“一家之言”，才能为人类存写真的历史文学。

现在我们就先来看第一项，即“究天人之际”。一言以蔽之，司马迁对流行的天命、天道之说，表示严重的怀疑。也正是在怀疑之中，显示出史家的价值坚守。

“天”就是天地自然，就是人类所面对的宇宙自然世界。“人”就是指人类社会，包含人生、人事的成败、吉凶、祸福等。“之际”的“际”，本义是“交接处”，在这里就是“关联”的意思。人生、人事，其成败吉凶都有因果，看得见的因果关系，不属于“天人之际”；看不见的，才算因果关系的尽头，才有“天”，“天”既然在尽头，一定是幽昧难测的。这样说，需要回顾一下司马迁从孔子那里继承的王道理想，即选贤举能、人民至上。王道的主张，按道理应该是人间正道，并且在这样的正道之下，清明而对民众好的政治得以建立，好人也应获得好报。可是，史家检讨历史的兴亡，人事的祸福，却不是这样。如此，天道的幽昧就越发地明显了。

与“究天人之际”类似的话，在司马迁之前董仲舒曾说过：“天人相与之际，甚可畏也。”（《汉书·董仲舒传》）公孙弘也说过：“明天人分际，通古今之义。”（《史记·儒林列传》）不论是董仲舒的“天人相与之际”还是公孙弘的“天人分际”，指的都是“天人感应”那一套。特别是董仲舒，在“天人感应”方面堪称“大师”，其对“天人感应”的阐发最圆满周全，影响也最大。董仲舒还是司马迁的老师，他晚年家居茂陵，司马迁的家也在这里，当时司马迁十几岁，曾跟随董仲舒学习古代文献。可是，在“天人感应”的“学问”方面，司马迁可不是董仲舒的好学生。这里有必要说一下“天人”之学的历史演变，才能理解司马迁在这方面的特别之处。

在很大程度上可以这样说：天人之学，是古代最早的学问。自从人类进入新石器时代，开始了农耕文明，人类为了种植作物，就开始特别关心自然变化，先是用物候判断时令，后来开始观察天象，确定时令。这一时期出土的一些文物很能说明问题，在仰韶文化区域，就发现了一些将鱼、鸟画在一起的彩陶图案。黄河流域是中国农耕文化的发祥地之一，后来这里的文明发展一路领先，就有了仰韶文化、龙山文化等。上面说到的“鱼鸟图”，其实可以理解为一种物候的时令标志。在北方，候鸟冬去春来，当候鸟返回，人们开始在河流上捕鱼时，意味着春天到来了。古人把这些图景画在彩陶上，应该就是基于对时令的重视。再后来，人们观测天体运行，确定一年及一年的月、日。像古老的《尚书·尧典》就记录了当时的君主派四位负责时令的官员到四方观测一年的“四至”，从而确定一年“三百有六旬有六日”，即一年为三百六十五天零几个时辰。

这样的观察，不论是物候，还是天象，都可归入科学活动的范畴。可是在古代，科学的活动中也会包含着很多的迷信色彩。例如，观测天象时，有时日月的运行会出现反常，有一些彗星出现，还有一年四季风雨不调、地震虫灾等现象，古人都不能从科学方面寻找原因，而是将这些归结为天地神灵的作用。于是，古老的“天学”自然就带上了宗教迷信的色彩，天地有了人一样的情感好恶，会对人类予以严厉的惩罚，于是人们便有了对天地自然的畏惧。进入夏、商、周的王朝时代，对天地的敬畏的宗教态度大体一致，在“人”与“天”的关联上，也曾发生过一些重要变化。就甲骨文等记载看，殷商时期的人认为上天可以降灾，对人施加疾病等，也掌管着风调雨顺，总之神力很大。同时，殷商人认为自己的祖先死后上了天，也有了一些与上天差不多的神能，于是就出现了《史记》所记载的，在周人已经动手征伐殷商政权时，商纣王还在那里自信满满地说：“我生不有命在天乎？”（《史记·殷本纪》，又见《尚书·西伯戡黎》）他相信，自己有上天的无条件的保护，周人奈何不了他。

到了周代，对天命就有了新的解释：一个王朝能否获得上天的眷顾与保佑，关键不是看你是不是整天对上天献牛、献羊、献粮食，而是看你是不是善待自己的百姓。善待百姓，就是有德，有德，老天就帮助你。这样的一种“天人之际”的理解，强调的是人的实践，即努力做到自身有德，实行好的政治，让民众有好的生活。这就是所谓“天道无亲，惟德是辅”。这样的观念，到了春秋时期也有了一些变化，按照“天道无亲”的观点，好人一定有好报，可是现实生活并不如此，有德的不一定有福。于是在春秋时期这样的大变动的时代，就有了“天道是诡道”的新见。什么意思呢？其实可以用俗话说的“善有善报，恶有恶报；不是不报，时候不到”为例子。这几句话的前两句，还是讲天道流行，报应不虚；后两句则是对前两句的补充，是附加上的条件，是说天道“惟德是辅”还是有的，只是不那么直接，不那么当下，而是曲折的，需要等待的。天道的报应，不是直接而当下的，就含着“诡道”的意思。再举《左传》中的例子，与孔子同时代的阳虎是一个很得势的恶人，有人说：这是老天帮他积攒罪恶，到时候再一起算，所谓爬得越高，摔得越狠。在《左传》“郑伯克段于鄢”的故事中，郑庄公为了干掉讨厌的弟弟共叔段，一味地纵容他，一直到共叔段想举兵谋反——谋反可是杀头之罪，才说了一句：“可矣！”马上以迅雷不及掩耳之势收拾弟弟。古人郑庄公这样对待弟弟，是“失教”，是“处心积虑”，也属于用“诡道”收拾异己。到了春秋末期，这样“天道是诡道”的说法与做法，也就是《老子》中“祸兮福之所倚，福兮祸之所伏”的经验基础。

到战国中后期，一种对秦汉影响很大的新的“天人”之学出现，就是齐国人邹衍主张的“天人感应”说。《史记·封禅书》说“齐威、宣王之时，邹子之徒论著终始五德之运”，邹衍把属于“天道”的“阴阳”和“五行”结合在一起，掺入一些自然反常的现象，就形成他的“终始五德”说。“阴阳”，本来是一种看世界的两分法，一天有黑夜与白天，阳光之下照射到的一面是

“阳”，背光的为“阴”，以此类推。在历史记载中，西周晚期有一次地震，史官就用“阴”和“阳”两种力量互相压迫、对比失衡，来解释地震的发生，还是很富于哲理的。“五行”（金、木、水、火、土）本来是五种物质，最早见于《尚书·洪范》，也属于古人对自然界的观察。邹衍继承了下来，将《洪范》篇原有的一点迷信色彩发扬光大，以“五行相生”即“金生水，木生火”之类的逻辑，来推演朝代的变化，预测未来的主宰天下者的“五行”之“德”，很像是一位政治算命师。《吕氏春秋·应同》有一段记载，一般认为是邹衍的言论：“凡帝王者之将兴也，天必先见祥乎下民。”《应同》篇还举例子说，黄帝时是先有大螾大蝼出现，黄帝曰：“土气胜。”夏禹时则是“草木秋冬不杀”，禹曰：“木气胜。”于是黄帝之德为土，夏之德为木。土生木，于是黄帝之后的夏，就是木德，按照这个规则，木生火，商王朝就是火德……轮换不已。他的这一套，叫作“主运”，在战国七雄大纷争的年头当然会很拉风，列强都恭请邹衍到本国来，奉若上宾，目的不外是想知道自己是不是合乎那个“主运”，当然也想让邹衍帮助他们迎合那个“主运”。不过，按照司马迁的观察，邹衍的本意，是想用阴阳五行说吓唬列强：“然要其归（根本宗旨），必止乎仁义节俭。”（《史记·孟子荀卿列传》）但是，把“天人”之学完全搞成迷信，只意味着春秋战国诸子学理性精神的堕落，起不到“止乎仁义节俭”的作用。邹衍连同他的学问，也只是火了一阵子而已。这就是鲁迅先生说的：“捣鬼有术，也有效，然而有限。所以，以此成大事者，古来无有。”（鲁迅《捣鬼心传》）

可就是这样一种“捣鬼”的“天人”之学，恰恰被秦汉的皇权所采用。按照“终始五德”说，秦居水德，于是就“色尚黑，数尚六”，这都不重要，要命的是因为自己是水德，就明着大卖地表明本朝对民众必须“刚毅戾深，事皆决于法，刻削毋仁恩和义”，摆明了要酷虐民众。这可真是一种无所畏惧的选择。商纣王说“我生不有命在天”，这还是一种原始的观念。而西周王上台之后，信奉新的“天命”，因敬畏而修政德，善待百姓。诸侯时代，还相信一个“不是不报，时候未到”，到了秦始皇承五百年基业武力征服天下，就什么都不怕了。秦始皇特别相信自家的武力，以为靠着武力，靠着以国家武力为支撑的严刑峻法压制万民，就可以长治久安。如此，国家的大政方针，也就毅然地走向遵水德而“刻削毋仁恩和义”了。不过，要说他什么也不怕，也不全对，他也还是有一怕的，那就是怕死。怕死，于是就不断地求仙。在这一点上，真可谓“秦皇汉武”，秦始皇求仙的帖子，汉武帝捡起来，继续求仙，追求黄帝的长生，异代同愚。

汉初“过秦”的言论很多，可是到了董仲舒，作为一代大儒，他却依然把儒家的仁义纳入邹衍之说的大框架之内，形成汉代混杂不纯的儒术。这又是多么昏聩的事。像董仲舒那样讲“天人”之学，一直延续，且变本加厉，直到把西汉帝国讲亡了国。司马迁写《史记》的大环境，就是儒术被“独尊”的时代，就是“天人感应”被儒学接受，并由董仲舒大力阐发的时代。那么，《史记》对“天人感应”态度如何？司马迁的“天人”之学又是怎样的？

《史记》有《天官书》，记录古人观测日月星辰的天文现象；还记载了一些望日的，即《日者列传》；又记载了一些占卜的，即《龟策列传》。前人多以为《日者列传》《龟策列传》原文已丢失，现在看到的文字不是司马迁的手笔。但这并不意味着这两篇文字没有价值。如《日者列传》，专门写一位司马季主，他也不是日者，而是卜者（前人说不是司马迁所写，这也是一个理由。日者，是以日子判断吉凶的一批人）。这篇文字不是纪传体，而是一篇对话体的辞赋，很像《楚辞》中的《渔父》。司马季主是一位隐居在卜者中的有道者，司马迁借着他与贾谊、宋忠的对话，抨击朝廷官员无道无德。文字很不错。《龟策列传》保留了“太史公曰”，是司马迁手笔，承认占卜算卦有时也灵验，但更应该重视人道，人道实高于卜蓍。以上两篇都有褚少孙补充的内容。

至于《天官书》，司马迁到底信不信天人之间有感应，却是令人疑惑、一言难尽的。看下面的言论，他是信的：“夫天运，三十岁一小变，百年中变，五百载大变；三大变一纪，三纪而大备：此其大数也。为国者必贵三五（三五：即三十岁一小变，五百岁一大变的意思）。上下各千岁，然后天人之际续备。”由日月和五大行星运转所显示的天道变化看，三十年时间显示的只是小变化，一百年是中等变化，五百年的长时间才可显出大变化。一千五百年算一纪，四千五百年天道变化就完备了。国家的当政者，应该特别重视三十年的那个小变和五百年的大变，看来日月星辰的变化与政治的美恶是有关的。为什么重三十年？古人称三十年为“一世”，孔子说“世而后仁”，即以仁道治国，三十年可取得民众仁义的效果。至于五百年，孟子就说过“五百年必有王者兴”，至于为什么是五百年，是孟子以不完全归纳法总结出来的。这大概是司马迁重三十年、五百年的缘由。司马迁又说各上推一千年，天人之际的考察就在连续中完备了。依据这段话，看来司马迁是相信日月星辰的天道变化与人世的兴亡有关的。

再看下面一段：

> 汉之兴，五星（岁星、荧惑星、镇星、太白星、辰星）聚于东井（星宿名。五星聚东井，有新帝王上台的意思）。平城之围（汉高祖之七年，刘邦被匈奴围困平城），月晕参、毕七重（月晕七重出现在参宿和毕宿）。诸吕作乱，日蚀，昼晦。吴楚七国叛逆，彗星数丈，天狗（星辰名）过梁野；及兵起，遂伏尸流血其下。元光、元狩，蚩尤之旗（形状像蚩尤旗一样的彗星）再见，长则半天。其后京师师四出，诛夷狄者数十年，而伐胡（指匈奴）尤甚。越（指南粤）之亡，荧惑（星辰名）守斗（星名，指向吴、越分野）；朝鲜之拔，星茀（孛）于河戍（星名，指南河星、北河星，像守卫关梁要冲，故称河戍）；兵征大宛（西域国家），星茀招摇（招摇，北斗斗柄处的星）：此其荦荦大者。若至委曲小变，不可胜道。由是观之，未有不先形见而应随之者也。

这就更像是司马迁铁定无疑相信天人之间有感应的证据了。

可是，《天官书》中司马迁还有如下的言论：

> 日变修德，月变省（观察）刑，星变结和（内政外交讲亲和）。凡天变，过度乃占。国君强大，有德者昌；弱小，饰诈（指利用日月星辰之年搞阴谋诡计）者亡。太上修德，其次修政，其次修救，其次修禳（祈求日月星辰之变消除的祭祀仪式），正下无之（最糟糕的是不闻不问，无视自己出现的问题）。

可以看出，司马迁更强调人事，人事的兴亡主要取决于人的作为。但是，与荀子《天论》相比，很明显，司马迁对天人之间是否存在感应，终究不像荀子否定得那样坚决。这是一点遗憾。但是，司马迁作为史家的一点苦心，还是需要体谅的。前面说过，邹衍大倡“终始五德”说，就有劝告君主归于仁义的用心，阐发“天人感应”的董仲舒也同样如此，写《天官书》的司马迁又何尝不是如此？况且，天变、人事，又是那样的巧合，《项羽本纪》写项羽围攻刘邦于灵璧东：“围汉王三匝。于是大风从西北而起，折木发屋，扬沙石，窈冥昼晦，逢迎楚军。楚军大乱，坏散，而汉王乃得与数十骑遁去。”若是没有这一场突然而降的“沙尘暴”，刘邦恐怕性命休矣，刘家王朝也就麻绳拴豆腐——别提了。这能不让古人相信天命的存在？一场大风，就是天命“在场”啊。老天也真格地帮他刘邦啊！司马迁写这段，文字上未有任何的“天道”“天命”的意思，可是也太巧、太不可思议了。司马迁之所以要将那么多“太巧”的事情，与汉武帝的大事四夷、四面出击联系起来，应该是故意地“神道设教”，以此劝诫皇帝吧。总之，司马迁在自然天变与人事的关联上，没有做彻底的《天论》的信徒，在“天人感应”甚嚣尘上的时代，作为一个历史学家，一面强调“太上修德”，一面又在大量记录天、人之间的巧合，其用心是应该加以体谅的。那时候的皇权太强大了，除了死，在现实层面上实在没有其他什么可以使大权在手的皇帝们害怕。这也是司马迁没有采取《天论》的决断态度的原因吧。

不过，“凡天变，过度乃占”。司马迁在“天人感应”上仍不是董仲舒的完美信徒，他宁愿取一种适度的原则。正因如此，在

《史记》中，对过度相信“天人感应”的董仲舒，司马迁采取了不甚恭维的态度（这只要比较一下董在《汉书》中获得的高崇地位就清楚了）。董仲舒深得汉武帝信任，但是有一件事，坏了他与皇帝的关系，也坏了自己大儒的名声。《史记·儒林列传》记载：“……著灾异之记。是时辽东高庙灾，主父偃疾之，取其书奏之天子。天子召诸生示其书，有刺讥。董仲舒弟子吕步舒不知其师书，以为下愚。于是下董仲舒吏，当死，诏赦之。于是董仲舒竟不敢复言灾异。”这里的说法与《汉书》有所不同。按照《史记》所言，董仲舒先做了灾异记之类的文字，里面应该有火灾出现与皇帝做事不当的内容，写成后秘而不宣。不久，辽东有一座为刘邦立的庙着了火，居心不良的主父偃把董仲舒的文字交给汉武帝，皇帝感到自己受了“刺讥”，就摆乌龙阵，让董仲舒的弟子吕步舒来评判董仲舒写的那篇文字。吕步舒不知道是自己老师写的，就顺着皇帝的意思，把老师的说法判为“下愚”（其实也不能算他错）。汉武帝有了吕步舒的判断，马上将董仲舒下狱并判死罪，但汉武帝还是不想杀掉董仲舒，毕竟这位所谓的大儒在将儒术定为“一尊”时帮了不小的忙，就下诏赦免了他。从此以后，董仲舒再也不敢言灾异的事了。司马迁记载此事，最后这句“不敢复言灾异”的话，意味深长。到底你董先生信不信自己说的“天人感应”啊？不信，还说，就是骗人；信，因得罪皇帝就不敢再说，就是软骨头。司马迁不像班固《汉书》那样，单独给董仲舒立一篇传记，大概就是因此吧。不论是软骨头，还是骗人，都不妙。看《儒林列传》对辕固生和韩婴的记载，两位大儒骨头都比董仲舒硬，学问也比董仲舒纯。而且，在这篇列传里还记载，辕固生作为老前辈，还对入朝做官的公孙弘有过这样的忠告:“公孙子，务正学以言，无曲学以阿世!”这话头的锋芒，是不是也可以捎带上董仲舒先生呢?

天道是幽昧难测的，用司马迁在《悲士不遇赋》中的话说，就是“天道微哉”。在天变与人事的关联上，司马迁疑信参半，其实是不信又不愿彻底否定。在政权的兴衰上，他也是将自己想不通的事归之于幽昧的上天。这方面可举例言之。

第一个例子是《六国年表》中对秦朝统一的议论。在《六国年表》中，司马迁首先表明，自西周幽王之败后，袭居周人故地的秦人就开始“作西畤用事上帝，僭端见矣。礼曰:‘天子祭天地，诸侯祭其域内名山大川。’今秦杂戎翟之俗，先暴戾，后仁义，位在藩臣而臚（陈列）于郊祀，君子惧焉”。司马迁的意思是说，秦自被列为诸侯时，就开始了破坏礼法的进程，他们建立祭祀上天的“西畤”，以诸侯的身份祭祀上天，古老的规矩根本束缚不了他们。可就这样的政权，最终得了天下。《六国年表》文字不多，司马迁说:“秦始小国僻远，诸夏宾之，比于戎翟。至献公之后常雄诸侯。论秦之德义不如鲁卫之暴戾者，量秦之兵不如三晋之强也，然卒并天下，非必险固便形执利也，盖若天所助焉。”秦国的发迹本来很晚，地处西北，文化上夹杂戎狄之俗，当时的华夏诸邦，根本就瞧不起它，将其视为“戎翟”，什么事情都不让秦参与。可是自秦献公以后，因为开始有所变革，露出了崛起之势。献公之子秦孝公在位，又任用商鞅，秦迅猛发展，最终统一天下。可是，说到秦国君主的德行，实在是连鲁、卫这样的老牌国家中最暴戾的君主也不如。说到它的兵卒，又不如韩、赵、魏三国强，怎么它就可以取得天下呢?语句中充满了无奈、厌恶，当然还有疑惑。所以，司马迁才有“盖若天所助”的解释。

对此，应该如何理解？秦国自献公、孝公起开始在列强中称雄。司马迁承认这一点，是因他看到了秦国改革，特别是商鞅变法的巨大效果。这在《商君列传》中有更具体的记录：

> 令民为什伍（什伍，一五一十地加以组织），而相牧司（相互监视告发）连坐。不告奸者腰斩，告奸者与斩敌首同赏，匿奸者与降敌同罚。民有二男以上不分异者，倍其赋（分异，分家立户。户头多，国家的赋税来源就多）。有军功者，各以率受上爵；为私斗者，各以轻重被刑大小。僇力本业，耕织致粟帛多者复其身（复其身，免除劳役赋税）。事末利及怠而贫者，举以为收孥。宗室非有军功论，不得为属籍（属籍，朝廷亲贵人员另行登记，以便其享有特权）。明尊卑爵秩等级，各以差次名（占有）田宅，臣妾衣服以家次。有功者显荣，无功者虽富无所芬华。

大意就是按照军事的原则组织民众，鼓励为文明社会所不齿的相互告发。另外，对于秦国统一作用巨大的是军功爵制，即以斩杀多少敌人为获得爵位的标准，刺激民众上阵杀人的热情。提倡农耕，做得好的也可以获得爵位，这可以使国家财政不枯竭。另外，变法还堵死了以身份获得尊贵的出路，不为国家出力者不能享有荣华。正是因为上述的一切，秦国才能统一天下。

这一点，不只是司马迁一人的看法。在更早的时候，汉初的贾谊就已如此认为，因为《过秦论》也是从“秦孝公据崤函之固，拥雍州之地”说起，承认秦之强始于秦孝公。承认秦献公特别是秦孝公开始秦国始强，无言中即承认商鞅变法的巨大效果。这不就是秦之所以强大，能够战胜六国统一天下的原因？是，司马迁承认。可是，既然如此，为什么他还要有“盖若”的疑惑？换言之，司马迁疑惑的是什么呢？回答是，疑惑的是天道对仁义的政治，即对爱护民众的政治是否真的佑助。换句话说，这是世界观、历史观的疑惑。因为自西周以来，人们就相信，一个王朝的兴衰，是上天决定的。其间的逻辑是这样的：天下苍生，在法理上属于上天，而上天不能亲自治理民众，就选择有德，即对民众好的人代上天治理，上天根据德行的原则选择了谁，谁就是“配命”，就获得了治理民众的资格。治理民众久了，忘记了权力来自上天，就开始虐待百姓苍生，上天知道了，就另作选择，换掉了原先的任命。这就叫“革命”。《史记·周本纪》记周武王第一次孟津会师，“武王渡河，中流，白鱼跃入王舟中，武王俯取以祭。既渡，有火自上复于下，至于王屋，流为乌，其色赤，其声魄云”。这都是上天降命于周的征兆。

可是，一个一开始就僭越，一开始就不讲仁义的政治势力，终于凭借着一次彻底的变法，将国家打造成一个军事单位，并以其强大的武力征服了天下，这难道是上天的原则吗？“昔虞、夏之兴，积善累功数十年，德洽百姓……然后在位。汤、武之王，乃由契、后稷修仁行义十余世，不期而会孟津八百诸侯，犹以为未可，其后乃放弑。”（《秦楚之际月表》）周以前的朝代，都是“积善累功”“修仁义”数十年或十余世，怎么到了秦这里靠赤裸裸的武力，就可以得天下呢？天道不是“惟德是辅”吗？是天道改了吗？这样的疑惑，将那个传统的天道置于尴尬之地，其实表达的未尝不是史家对价值的维护。就是说，司马迁在这里不是在讲历史的逻辑，而是要究诘那个天道的逻辑。秦朝是因商鞅变法而获得天下，可这是善的吗？司马迁写史，一方面要写政治历史与现实层面发生的一切，及其因果关系；另一方面也关心价值，而不是乡愿劝架，谁拳头硬就向着谁。因此，《史记》才有永久的价值。

司马迁还从“风水”的角度解释秦国的胜利，说：“或曰‘东方物所始生，西方物之成孰。’夫作事者必于东南，收功实者常于西北。故禹兴于西羌，汤起于亳，周之王也以丰镐伐殷，秦之帝用雍州兴，汉之兴自蜀汉。”（《六国年表》）这“或曰”，就是另一种说法，略带“次要”的意思。《周易》里有类似之语，说西北是生门。东方是万物初生的地方，到西方就成熟，处在西方，就可以“收功实”。然后又举了从禹到刘邦的例子加以印证。可是“或曰”的语气，明显含有不大确定的意思。其实，无论是“西北是生门”，还是“天道”，司马迁在这里不无揶揄之意：秦之所以能成功，是占了地利的光。换言之，秦的成功，是侥幸。说到底，同样是从仁义的价值层面，否定秦朝。

类似的情形也见于《秦楚之际月表》对刘邦得天下的议论：“秦既称帝，患兵革不休，以有诸侯也，于是无尺土之封，堕坏名城，销锋镝（带响箭），鉏（除）豪桀，维万世之安。然王迹之兴，起于闾巷，合从（纵）讨伐，轶（超过）于三代，乡（向来）秦之禁（指秦朝不封建等措施），适足以资贤者为驱除难耳。故愤发其所为天下雄，安在无土不王。此乃传之所谓大圣乎？岂非天哉，岂非天哉！非大圣孰能当此受命而帝者乎？”这段文字说刘邦出身社会底层，打破了一种惯例，即有封地才可成就王业的惯例。尧、舜、禹、夏、商、周都是先有封地，慢慢积德，然后主宰天下。可是，偏偏一个何德何能的刘邦，提着三尺剑居然有了天下。司马迁也只能承认，依托老天的力量才能有此等破例之事。于是顺势说这是“大圣”才有的好命。要注意这里的语气、语调和上下文：只是因为刘邦有这样的好命，才说他是“大圣”。这里虽然是从天道的层面理解一些怪异的历史兴衰，可就在这样的疑惑中，却有着另外的含义：秦、刘邦的成功，仿佛上天抛弃了旧有的原则，历史真的发生了巨大的变化。

王朝的兴衰，是不是显示天意的改变，这令司马迁生疑。在人生的祸福上，司马迁明确地表露出自己对天道之说的不信。

例如李广，汉文帝知道他是一位真正的将才，说：“惜乎，子不遇时！如令子当高帝时，万户侯岂足道哉！”（《李将军列传》）就“李广难封”的命运而言，“万户侯”的言语真是戳到了痛点。那么，李广将军是生错了时代吗？汉文帝这样说，是因为他立意实行的政治，是不需要许多战争的。可是，到汉武帝大事四夷，特别是几十年大规模打击匈奴的时候，李广还是生错了时代吗？可就在漠北战役即将开打前夕，皇帝却告诫有权调遣诸路军马的将军卫青：“李广老，数奇，毋令当单于，恐不得所欲。”“数奇”就是运气差，又是一句痛点之语，与前面“万户侯”的言语遥相呼应。这决定了李广终将与封侯绝缘的命运，而“数奇”也成了李广的定评。

李广确实生错了时代，因为汉代的军功爵位制，遵循秦朝“尚首功”的体制，即以所杀之敌人的人头数量计功。可是，李广不是那样的将军。他被匈奴人视为“飞将军”，是因为他善射，有着其他将军所没有的军功，“广居右北平，匈奴闻之，号曰‘汉之飞将军’，避之数岁，不敢入右北平”。（《李将军列传》）“力战”的李将军为郡守，匈奴就长时段地不敢骚扰进犯，这使多少人的身家和性命得以存活？可是，汉帝国的军功不这样算，汉帝国的军功不看存活多少人，而是看杀了多少敌人。这就是李广的“数奇”，这就是李将军生错的时代。可是上天不是有好生之德吗？可为什么李广这样使人存活的飞将军却得不到自己的好运，这不是天意难测吗？司马迁问这样的问题，其实也连带质疑汉帝国的军功制度。

李广是武将，他自己承认有过杀降敌的过错，不得封赏，还有得说。伯夷、叔齐呢？他们因让权而得到过孔子“圣之清者”的称誉，可这样的大贤大圣，居然也落得个饿死的下场。护佑善的天意又在哪里呢？司马迁又举了相反的例子，说：“盗跖日杀不辜，肝人之肉，暴戾恣睢，聚党数千人，横行天下，竟以寿终，是遵何德哉？”（《伯夷列传》）盗跖每天都杀无辜的人，吃人心肝，最后活到寿终（正寝），这到底是什么天道原则？作为一个史学家，司马迁看了很多人的人生。人们公认的善的不得好报，恶的却大行其道。面对这样的悖谬，司马迁追问历来所信奉的天道，质疑天道。直言之，司马迁重究天人之际，就是对传统的福报观念，包括“天人感应”和西周以来“有德者居之，无德者失之”的革命思想等天道信念的冲撞和质疑，这是司马迁的深邃之处。这就是第一句话：“究天人之际。”

第七讲

古今之变，变得更好了吗

现在来谈谈司马迁的第二句话："通古今之变。"

细读《史记》，"通古今之变"有两种情况：一是司马迁主观上的"通"，二是《史记》客观上所做到的"通"。前者，由解读《史记》十表中的"太史公曰"可以了解。历史的变化，是要长远地观察的，而十表特别是汉代以前的几个表，正是将黄帝、尧舜到秦朝几千年的历史划分为几个大的阶段，每一篇表的"太史公曰"，表达的也正是对各大阶段变迁的评价。至于后者，则要经由解读《货殖列传》《平准书》等文字来了解，此处不谈，见后面关于《货殖列传》的讨论。

十表的第一篇就是《三代世表》，时间跨度最长，从黄帝、尧、舜到夏、商、西周晚期（公元前841年）。因为年代荒远，《三代世表》的时间单位只记"世"，而无"年"，在《史记》十表中是时间跨度最长的。篇首的"太史公曰"，也只是谈文献缺乏，过去年份记载不可靠等。司马迁流露出更多关于"古今之变"信息的是之后的三表，即《十二诸侯年表》《六国年表》和《秦楚之际月表》。

一、王道与王权的分离

《十二诸侯年表》说：“太史公读《春秋历谱谍》，至周厉王，未尝不废书而叹也。”《史记》认为，周厉王被驱逐是“古今之变”的关键点。司马迁接着说：“及至厉王，以恶闻其过，公卿惧诛而祸作，厉王遂奔于彘，乱自京师始，而共和行政焉。”说周厉王是因为“恶闻其过”，而导致祸乱发生。这与《周本纪》把芮良夫对周厉王的劝谏，召穆公“防民之口，甚于防川”的批评都加以抄录的用意是一样的。就是说，司马迁认为，问题出在王者的政治道德上，是因周厉王的心胸狭隘，独断专横，不能听从好的建议，才有“祸乱”的发生，才有“共和”的发生。其中，“公卿惧诛而祸作，厉王遂奔于彘”这个句子尤当注意。“公卿惧诛”，言外之意，周厉王被驱逐，公卿们是参与了的。《史记》对这一点的记录，远比《国语》《左传》的记述清楚。近年出现的“清华简”《系年》说法与《史记》相近，也说是“卿士”和“万民”一起驱逐周厉王。[①]这不是一大变化吗？地位崇高的周王，连公卿都站出来反对他了，这不令人诧异吗？

可这变化究竟意味着什么呢？意味着大乱的开始。司马迁说，此后“或力政，强乘弱，兴师不请天子。然挟王室之义，以讨伐为会盟主，政由五伯，诸侯恣行，淫侈不轨，贼臣篡子滋起

---

① “清华简”《系年》第一章是这样说的：“至于厉王，厉王大疟于周，卿李（士）、诸正、万民弗忍于厥心，乃归厉王于彘，共伯和立。十又四年，厉王生宣王，宣王即位，共伯和归于宋（宗）。”“卿士、诸正”句，与《史记》“公卿惧诛”意思接近。

矣”。简单地说，就是固有秩序的破坏，诸侯放肆，天下大乱。可是，公卿与万民联手驱逐不听奉劝的周王，按照今天的了解，是西周封建制自身发展的必然结果，因为西周封建，大体是“以赏赐换忠诚”的体制，两百余年不断地以土地、人民赏赐封建贵族，贵族势力会潜滋暗长，到一定的时候他们的总体势力会强大到可以抗御王权。如《史记》等文献所记载，周厉王实行财政上的“专利”，显示的正是封建贵族势力强大时王室的经济上的困窘。这得罪了贵族，伤害了宗法制下的“万民”，所以才有这样的联手。不过，贵族与“万民”，只是驱逐“不听话”的周王，并没有推翻周王朝。如此，才有后来周宣王的继位，继续实行王权政治。

问题就在这里。为什么贵族可以一时间掌握王政，却难以持久地实行“共和”？在西方古希腊、古罗马的历史上，也有王政时期，但是到一定的时候，贵族的联合行政体，最终取代了王权政制。可是在中国却没有发生这样的事情。这里，不单是司马迁所说的历史转捩点问题，在今天看还有中西差异的问题。司马迁准确地感受到，周厉王被驱逐关系重大。

而且，司马迁用“共和”一词来称说这十四年王位空缺时期的政治，这甚至比一些现代学者还要深邃。厉王、宣王之间这十四年，到底是《周本纪》与此《十二诸侯年表》所说“共和”，还是“共伯和（共邦的诸侯，名和）干王位”（见《竹书纪年》），学界历来有分歧。出土文献“清华简”《系年》也说是“共伯和立，十有四年”，即《系年》也承认是共伯和这位诸侯代理王政。看上去，是司马迁错了。当代的学者讨论《系年》，大多就是这样认为的。可是，贵族势力强大了，才有周王被驱逐，也正是在这样的情形下，才有共伯和在非常时期的代行王权。易言之，共伯和能“干王位”，一定要有诸多大小贵族的支持，否则以他外诸侯的身份入朝[①]，恐怕一天也坐不住。换句话说，共伯和能代行王权，或许就是周公、召公那样的大贵族出于某种政治目的的选择，如出于平衡的目的等。事实层面可能是“共伯和立”，但在历史逻辑的层面，却必定是诸多贵族大家族势力的联合，也就是“共和”。其实，司马迁的说法，才称得上是历史的判断。

回到本篇“太史公曰”。厉王被逐之后，天下大乱，以暴力行政，大政由诸侯出，于是五霸兴起。诸侯们开始淫荡、奢侈，不遵法度。这时候，乱臣贼子就纷纷出现了。请注意下面司马迁的观察。他说“齐、晋、秦、楚其在成周微甚”，即齐国、晋国、秦国、楚国原本在西周强盛时期，都不是封建大邦，“封或百里或五十里”，他们的封地也就是百里或者五十里，是小诸侯。遇到乱世来临，他们都兴起了。这些诸侯兴起又如何？没有带来文明的进步。说到这里，司马迁话头一转：“是以孔子明王道，干七十余君，莫能用，故西观周室，论史记旧闻，兴于鲁而次《春秋》，上记隐，下至哀之获麟，约其辞文，去其烦重，以制义法，王道备，人事浃。”五霸迭兴，天下大乱，按照孟子的话说，他们都是“以力假仁”，扩张自己的私利。这合乎司马迁的历史感受，虽有五霸兴起，可坚持道义的大权，已经不在王室，更不

---

①西周封建的大邦小国，分“内服”和“外服”。“内服”为王朝直属地区内的大小贵族。“外服”指“王畿千里”之外拱卫王朝的大小诸侯。这样的划分，见《尚书·酒诰》。共伯和的邦国应该称“共”，为“外服”诸侯。西周“内服”贵族势力最大的是周公家族、召公家族，此外还有一些家族势力也不小。这些家族势力，为了达致政治权力的平衡，选一个“外服”的诸侯来主政，未尝不是一个缓解贵族势力之间利益冲突的办法。

在这些霸主。

掌握道义的是谁？是孔子，是在野的士人，孔子就是个士人，是孔子坚持王道。他手中无实权，可是他有一支《春秋》之笔。司马迁说，孔子“西观周室”，即到皇家的档案馆去收集材料，“论史记旧闻”，把一些史料拿出来，然后以鲁国春秋时期的十二位君主为时间顺次，编次《春秋》。从鲁隐公即位起笔一直写到鲁哀公获麟（十四年）这一年。“约其辞文，去其烦重”，去除烦琐的、重复的内容，“以制义法”，就是制法度。而制法度又是以“是非二百四十二年之中，以为天下仪表”来做到的。《春秋》一书，因此而“王道备”，即所有的王道内容全在里边了。这段话告诉我们，司马迁所体会的“古今之变”的内涵就是：王道、人间的是非，已经不是掌握在王权手里了，天下人事是非的标准，掌握在孔子手中。这样的“古今之变”之所以巨大，是因为王道与权力分家。

然后，在这段“太史公曰”里，还说到了几位写作“春秋”一类著作的人，比如铎椒，他是楚威王时人，因为楚威王看不完《春秋左传》里的内容，就采集《春秋左传》里的一些最有政治借鉴意义的故事，辑成《铎氏微》。后来，赵国还有一位虞卿，“上采春秋，下观近势”，也写了八篇，成为《虞氏春秋》。秦统一之前的吕不韦也召集士人编纂《吕氏春秋》，再后来的孟子、荀卿、公孙固、韩非等，也都从《春秋左传》中采集一些材料写进自己的著作。至司马迁生活的西汉，研究《春秋》的则有“上大夫董仲舒推《春秋》义，颇著文焉”。这就是一个小小的著作史，是与权力“骨肉分离”的存续“王道”简史。王道和权力应该统一，但长期以来是不统一的。至此，我们可以更清晰地理解司马迁写作《史记》的真正用心：他是在为两者的统一而奋笔。

二、数百年间王道终是悬空的

再看《六国年表》。“太史公读《秦记》”，《秦记》就是秦国的“史记”，因为六国的史料被秦人烧掉了，司马迁那个时代只能看见保存下来的秦国的史料。就是说《六国年表》主要以《秦记》为根据。但是，《秦记》有个显著的缺陷，就是记事不标明年月。太史公曰：“至犬戎败幽王，周东徙洛邑，秦襄公始封为诸侯，作西畤用事上帝，僭端见矣。”这是说最终统一天下的秦，一开始就罔顾礼法，以地位低下的诸侯而祭祀上帝，这是僭越的。对此，太史公又说，“君子惧焉”。之后，秦国靠着武力，“逾陇（山脉），攘夷狄，尊陈宝（一块神石，形若雄鸡，秦为之立祠），营岐雍（此为西周故地）之间，而穆公修政，东竞至河，则与齐桓、晋文中国侯伯侔（相等）矣”。秦人趁着周王室东迁的时机，用了很短的时间占据了西周故地。而春秋时期，当时的情形是“陪臣执政，大夫世禄，六卿擅晋权，征伐会盟，威重于诸侯”。再后来就是战国，“田常杀简公而相齐国，诸侯晏然弗讨，海内争于战功矣。三国终之卒分晋，田和亦灭齐而有之，六国之盛自此始”。春秋时期缺乏秩序，更缺乏正义，战国时这样的情形更严重，列强“务在强兵并敌，谋诈用而从衡（纵横）短长之说起。矫称蜂出，誓盟不信，虽置质（设定信物）剖（两分）符（符节，信物的一种）犹不能约束也”。这个时期，流行的是谋诈的纵横之术，列国之间连基本的信义都不讲，是黑漆漆的年代。文明的坠落越发严重。就是在这样的情况下，秦国获得了最终的成功。为此，司马迁将秦的胜利，归之于“天助”（参本书上一章）。

秦以暴力取得天下，是不可指望其能行文明之政的。果然，太史公曰：“秦既得意，烧天下《诗》《书》。”说秦朝一得势，马上干起了反文明的勾当。联系《十二诸侯年表》中的议论，从周厉王开始的王道与政权分离，发展到战国，再发展到秦国的胜出，以武力、诈术打出的政权，其与王道之间的关系，就不只是分离，而是一方消灭另一方的势不两立了。秦朝统一天下后，把所有的《诗》《书》烧掉，就是明证。司马迁说秦烧书，“诸侯史记尤甚，为其有所刺讥也。《诗》《书》所以复见者，多藏人家，而史记独藏周室，以故灭”（《六国年表》）。什么是政治的文明？容得下不同意见，是最起码的文明标准之一。可是，秦人烧书，重点就在列国史书，即“诸侯史尤甚，为其有所刺讥”，其实列国史料言及秦，不仅有“刺讥”，还有一些秦人不愿看到的事实。对这些，用一把火解决问题，就是野蛮。

以上仍是从价值层面论秦。同时，司马迁也没有忘记自己的史家身份，于是就说出了在汉代颇不寻常的议论：

> 然战国之权变亦有可颇采者，何必上古。秦取天下多暴，然世异变，成功大。传曰“法后王”，何也？以其近己而俗变相类，议卑而易行也。学者牵于所闻，见秦在帝位日浅，不察其终始，因举而笑之，不敢道，此与以耳食无异。悲夫！

先是承认“战国之权变亦有可颇采者，何必上古”，这就是承认了谋诈也有其可取之处，不必拘泥于它的时代早晚。这是降到现实层面来论成败因果。之后的话，就更值得重视：固然“秦取天下多暴”，可是秦能成功，实在是因为它的政策和策略“议卑而易行也”，这是承认秦政策有其独特的一面。商鞅变法，以军功爵位刺激小民的战争热情，就是“卑而易行”。这样的议论，是在事功的层面论成败，因为战国就是一个以暴力诈术相争夺的时代，谁在这方面强，谁就获得胜利。尤其是“议卑而易行”句，表明司马迁在事功层面，对秦朝成功的由来看得十分清楚。作为史家，主观上，他虽认为王道高于一切，却又不能忽略秦以暴力获得天下所造成的“世异变，成功大”的铁硬现实，而且必须得对秦成功的前因后果，有深细全面的考究与记述。这里还提到了“法后王”，这是《荀子·儒效》的观点，司马迁引用荀子的观点，只是强调秦朝得势的客观缘由。在西汉，“过秦”即声讨暴秦是流行数十年的思潮。对秦只是嘲笑甚至斥责，都是消极无益的，司马迁提醒世人，秦朝在事功方面有值得注意的东西，是颇需要点逆潮流而动的气概的。

这段言论，绝不像有些学者说的是在赞美秦朝。司马迁认为秦统一，成功大，还说是“盖若天助”(《六国年表》)，是从现实的事功层面承认秦朝，不是从王道的角度肯定秦的统一。实际上，对司马迁而言，秦的成功很可能加剧了他“天道微哉”的迷惘之感。人的历史前行，到底是按照“议卑”的功利方向走，还是沿着王道的路数走？这样的困惑，就是在今天也有人在发问。可以相信，司马迁整个《史记》是高扬王道的，因而也可以说，他的历史观，恰好是与现实、功利的、正在发生着的“古今之变”相对立的。

《秦楚之际月表》非常独特，所录时段很短，秦楚之际只有八年。如此短暂的时段，司马迁之所以要单立一表，就是因为明白世变速度的迅猛。上古“虞、夏之兴，积善累功数十年，德洽百姓，摄行政事，考之于天，然后在位。汤、武之王，乃由契、后稷修仁行义十余世，不期而会孟津八百诸侯，犹以为未可，其后乃放弑”。古代积德累世，才能有天下。就连秦，《秦楚之际月表》的“太史公”说：“秦起襄公，章于文、缪（亦作“穆”）、献、孝之后，稍以蚕食六国，百有余载，至始皇乃能并冠带之伦。”可是，秦楚之际，“初作难，发于陈涉；虐戾灭秦，自项氏；拨乱诛暴，平定海内，卒践帝祚，成于汉家。五年之间，号令三嬗”。五年之间，权力三次转手。何以这样快？快慢变化中少了什么？少了“积德”。这是一大差异。同时，累积若干代的古代君王，都有封土，陈涉、项氏、刘邦，都是“无土”的人物，即起于下层卑贱，“然王迹之兴，起于闾巷，合从讨伐，轶于三代”。刘邦统一天下的事功却是要超过夏、商、周三代的。这又是因为什么？司马迁还是将其归之于幽昧的上天，无奈地称刘邦为“大圣”。期间，另一个历史大变出现：平民提三尺剑，即可打天下、坐天下。新时代开始，却同样与王道相去甚远。

综合上述，《十二诸侯年表》首言王道与政权分离，后两表，一言暴力取天下，一言“无土而王”平民取天下，王道越来越悬空，与真实发生的历史越来越远，天道的微茫之感也越发深重。

三、封建走向末路，历史又一大变

进入西汉，一百年左右的时间，司马迁安排了六篇表：《汉兴以来诸侯王年表》《高祖功臣侯者年表》《惠景间侯者年表》《建元以来侯者年表》《建元已来王子侯者年表》和《汉兴以来将相名臣年表》。最后一个表无“太史公曰”，且真伪存疑，不论。观这些表所记，汉兴以来的封建，私心过重，对待诸侯刻薄，而诸侯特别是刘姓王侯，骄纵者也多，显示出封建体制的过时及其弊大于利的情状。

《汉兴以来诸侯王年表》记录的主要是刘姓诸王。一开始，因为要打天下，刘邦也封了一些异姓王，如齐王韩信、楚王彭越等，随着汉朝得胜，刘邦马上就收拾了这些异姓王，只留下一个长沙王吴芮。异姓靠不住，刘邦就大封子弟，“非刘氏而王者……天下共诛之”，其实是私心作怪。司马迁说，考西周封建，一是“亲亲之义，褒有德也”，即封建亲人，也是选有德者。二是“尊勤劳”，即封赏那些对国家有功劳的人。这一点，司马迁认为汉家做得不好，失了封建的本义。汉代封建同姓诸王，还有一个缺陷，就是封地过大，这也违背了古制。于是，自己骨肉在封建不久，就“大者叛逆，小者不轨于法”，发展到严重的程度就是“七国之乱”。到汉武帝时期，采取主父偃的“推恩分子弟国邑”，就是“推恩令”，同姓诸侯的力量分散，减少了“叛逆”的可能。对此，司马迁是赞成的。说这样做“上足以奉贡职，下足以供养祭祀，以蕃辅京师”“强本干，弱枝叶……尊卑明而万事各得其所”。由此而言，司马迁对封建诸侯的制度持赞成的态度。因为封建的体制，在司马迁看来，是含着仁义的。

在《汉兴以来诸侯王年表》中，“太史公曰”说到了仁义：“形势虽强，要之以仁义为本。”此外，在《高祖功臣侯者年表》谈到虞夏商周时期的封建，“太史公”也说：“《尚书》有唐虞之侯伯，历三代千有余载，自全以蕃卫天子，岂非笃于仁义，奉上法哉？”这是论诸侯存续时间长短问题。虞夏的诸侯维持得长久些，从诸侯一面说，是诸侯能“自全”，也能“蕃卫”天子。这就需要诸侯以仁义的纲维约束自己。《惠景间侯者年表》中又说：“咸表始终，当世仁义成功之著者也。”意思是表谱写的那些因有仁义而成功的诸侯，也是从诸侯一面说。总之，司马迁总以仁义与封建相连，表明封建在司马迁心中的地位是相当高的。可是，汉初刘邦的“私心”已经败坏了封建的制度，到《高祖功臣侯者年表》中，司马迁对此有更明显的揭露。司马迁比较了西汉封建与“古者”的差别：“古者”封建的誓词是“使河如带（黄河窄得像一条带子），泰山若厉（泰山小得像一块磨刀石）。国以永宁，爰及苗裔”。古人强调长久，也是这样做的，于是有“唐虞之侯伯，历三代千有余载”。据说汉初刘邦封建诸功臣的时候，用的也是这样的语句。可是，百来年的时间，司马迁说，到他生活的汉武帝太初年间，“见（现）侯五”，即汉初封建的一百多个“功臣侯”就只剩下五家了。[1] 如此显著的差别，让司马迁十分感慨，写道：“余读高祖侯功臣，察其首封，所以失之者，曰：异哉所闻！”“异哉”的感叹，很明显是在提醒读者注意。司马迁交代了

---

①关于“见侯”的具体数目，学者有不同看法，如梁玉绳《史记志疑》就说“五”当作“六”，钱大昕也说武帝太初时的现存诸侯不止五个。

其中的原因，一方面是这些诸侯“子孙骄溢，忘其先，淫嬖”“坐法陨命亡国”。还有一方面，司马迁轻轻一说：“罔亦少（稍微）密焉。”这就是从天子一边说的仁义了。话只轻轻一说，却是对封建不能长久的重要揭示。轻轻一说，是因为不愿意触碰皇帝的隐私，为此马上又赶紧补了一句：“皆身无兢兢于当世之禁云。”这话看上去是责怪诸侯，其实是要遮盖一下“罔亦少密”的揭示。考诸《高祖功臣侯者年表》，到汉武帝时期，诸侯数量确实是明显地减少了。这是皇帝处心积虑的结果。元鼎五年，“坐酎金国除”的就有一百多个[①]。早就有学者认为，汉武帝这样收拾汉初以来的列侯，是要为他封赏新的列侯腾出空间。然而，所谓新封的功臣，汉武帝仍然是私心严重，较诸刘邦有过之而无不及，卫青家的孩子尚在襁褓中就封侯，不是比刘邦封羹颉侯更过分吗？如此近亲远疏、厚此薄彼，又谈得上什么仁义？《建元已来王子侯者年表》更显示，汉武帝封的王子侯一共一百六十二个人，不多久，“坐酎金失侯者百余人”，只剩下五十几人。封得容易，夺得也快。对此，司马迁的情绪应是复杂的。《建元已来王子侯者年表》的“太史公曰”很简单，其中值得注意的是“盛哉，天子之德！一人有庆，天下赖之”的句子。“一人有庆”指的是皇帝实行的“推恩”制，以后，诸侯再也闹不起来了，是所谓的“天下赖之”。实际的情况是这样一个“古今之变”：千百年的封建体制，一个“推恩令”，就将封建变为一种旧制度的躯壳了。

---

①酎金，王朝祭祖，诸侯要贡献一定数量的祭祀用金，称酎金。元鼎五年，朝廷故意以酎金成色不好而削夺诸侯爵位。

小结：史家的立场

这就是巨大的“古今之变”。实行了两千多年的封建制，[①]最终被郡县制所取代，如此变化当然是巨大的。客观上，《史记》的本纪、世家以及西汉之前的四篇表，都在显示这样一个大的历史变迁。但是，司马迁对于这样的变化，可能并不赞成。这可以从上述他对“推恩令”的看法得知。司马迁赞美上古诸侯的延续时间久远，同时，他又是贾谊“众建诸侯而少其力”观点的信从者。[②]即他相信，皇帝的权力应与诸侯的权力达致平衡，王朝才能长久。这是从客观情况说。主观上，天子不应该以私心封建，应当尊有德、奖功勋，更不应该以“密网”待之。同时做诸侯的也应该自我约束，尽心“蕃卫”。这才是封建之中必有的意蕴。司马迁眼见的现实则正好相反，天子诸侯双方都缺少了这样的精神，天子更为过分。封建就很难以两汉的态势存续了。这期间，史家也应该有无尽的惋惜。惋惜什么呢？惋惜封建所含的价值，

---

①两千多年的说法，是依据司马迁的看法，其实真正的封建制是西周实行的。夏商时代的子弟各有领地，是一种渐变的领土扩张，像一滴水落在绵纸上向外洇。西周大封建则是在十年、几十年的时间里，像抛掷手榴弹那样，迅速地将大量诸侯撒向华夏大地。这些诸侯，占据战略要地，以武装殖民的方式控制四方，从而令周王朝一统天下。西周的封建，到了司马迁时代，只有千年的光景。

②贾谊“众建诸侯”云云，见《汉书·贾谊传》中记载的贾谊给汉文帝的上疏。后来这篇文字又被冠以“治安策”之名，广为流传。其实，贾谊的观点也有来历，那就是《吕氏春秋·慎势》篇所言：“王者之封建也，弥近弥大，弥远弥小，海上有十里之诸侯。以大使小，以重使轻，以众使寡，此王者之所以家以完也。”

即仁义。

对此，要稍微放远一点看。在秦王朝眼里，西周以来的封建，是绝对的乱源。这在《秦始皇本纪》中可以看到。《秦始皇本纪》载，秦初并天下，丞相王绾等就提出，要在新征服的燕、齐、楚远方地区封建诸侯王，“群臣皆以为便”，即群臣多赞成。廷尉李斯反对，曰：西周所封子弟同姓很多，延续到后来，关系疏远，“相攻击如仇雠，诸侯更相诛伐，周天子弗能禁止”，现在海内一统，应该设立郡县，是安宁天下的好办法，“置诸侯不便”。秦始皇肯定了李斯的主张。到秦始皇三十四年，儒生又向秦始皇提出：“臣闻殷周之王千余岁，封子弟功臣，自为枝辅。今陛下有海内，而子弟为匹夫，卒有田常、六卿之臣，无辅拂，何以相救哉？事不师古而能长久者，非所闻也。”其中“自为枝辅……卒有田常”云云，是秦汉之际主张封建者的基本思考，就是有自己子弟诸侯支撑，就不会发生战国时期齐国那样田氏篡夺政权的灾难，司马迁大概也有这样的考虑。儒生的建议，再次遭到李斯的反驳。反驳的理由与上次大同小异，封建会导致像战国那样诸侯厮杀的混乱。大不相同的是，李斯这一次不但视封建为乱源，也视儒生的言论为乱源。于是，李斯建议“焚书”。

秦朝统一不到二十年就被推翻。项羽搞封建，刘邦也搞封建。汉初的贾谊在其《过秦论》的第二篇也谈到，若是秦二世矫正其父所为，“裂地分民以封功臣之后”，就是可转危为安的举措之一。这大体就是司马迁之前关于封建的基本观念：封建，可以防止王朝人单势孤，在发生篡夺之事时孤立无援。当然，封建也是长治久安的策略。但是，司马迁还有另外的关注，那就是包含在封建中仁义的价值。

要理解这一点，还得要与当时变得越来越微弱的一条古训相联系，那就是“五帝官天下”的说法。所谓“官天下”，就是“公天下”。这样的说法在先秦时期颇为流行，如慎到，就有“古者立天子而贵之者，非以利一人也，曰天下无一贵，则理无由通，通理以为天下也。故立天子以为天下，非立天下以为天子也。立国君以为国，非立国以为君也”的主张（《慎子·威德》）。《商君书·修权》也说：“尧舜之位天下也，非私天下之利也，为天下位天下也。”类似的思想，居然在《五帝本纪》也能找到：“尧曰：‘终不以天下之病而利一人。’而卒授舜以天下。”[①]正是有这样的至高标准横在心头，在西汉诸“表”中，司马迁才对刘邦、汉武帝的私心封建不以为然，由此才可更加准确地理解司马迁所说封建的“仁义”内涵。“仁义”其实就是“官天下”，天子当贵，贵的是他可以利天下。反之，天下之有“一贵”，“则理无由通”。独断专行的权力，其具体的效果，在《史记》中也是有明显的表现的，司马迁在《循吏列传》与《酷吏列传》做了很好的对比。早就有人注意到，司马迁写良善的循吏中无西汉人，西汉特别是汉武帝时期酷虐百姓的官吏特别多，《酷吏列传》写杜周办案不循法律、只随皇帝意思办，有人指责他“君为天子决平，不循三尺法”，杜周反唇相讥：“三尺法安出？”这正道出了西汉多酷吏的根源。司马迁强调封建的“仁义”，正是有感于这样的残酷的现实。他的史书在这里又显示出与现实对抗的意味。

---

①《史记·五帝本纪》多采《尚书》《大戴礼记》，然而这句话，不见上述典籍，见《慎子》《吕氏春秋》中。由此可见司马迁采此语入《五帝本纪》的用心。

“古今”是在“变”，但司马迁的“通”绝不是乡愿式的顺着历史实际发生的变化去“通”。他一方面深察实际的历史变化，另一方面又想以理想挽救价值衰退的狂澜。于是，《史记》读来就有一种理想与现实的冲突，史家对理想的坚持，更令这冲突变得激烈。

第八讲

《史记》言黄帝

——读《五帝本纪》

《五帝本纪》在《史记》中十分关键。这不单因为它是全书第一篇，更重要的是五帝的历史，是王道之源，是史家心中政治文明的至高点。简而言之,《五帝本纪》寄寓着司马迁的最高的政治理想。这与儒家以尧舜为“大圣”的看法一致。这里我们先谈关于黄帝的记载。

一、为什么从黄帝开始

从材料上说,《五帝本纪》的主要材料来自《尚书》的《尧典》《皋陶谟》等，其次是《大戴礼记》的《五帝德》《帝系》，后者主要是讲“五帝”的世系。《史记》从黄帝开始，这与儒家经典《尚书》不同,《尚书》的《尧典》篇从帝尧开始，继而是舜、禹等。

《史记》何以从黄帝开始?《五帝本纪》的“太史公曰”:“学者多称五帝，尚矣。然《尚书》独载尧以来。”学者们经常称五位远古的帝王，这个事情很早了，可是如果去看《尚书》,《尚书·尧典》确实从尧开始，然后是夏、商、周。司马迁接着说:“而百家言黄帝，其文不雅驯，荐绅先生难言之。”“百家”，就是指从战国以来各种关于黄帝的言说，见于各种篇籍著述。“不雅驯（训)”指战国秦汉间许多关于黄帝的传说，如说黄帝“四面”

（四张脸），如说黄帝一天“御女十二”，以及黄帝“且战且成仙”以及最终在鼎湖龙接升天等，乌漆墨黑。其中特别是关于黄帝成仙、永生不死这样的对秦始皇、汉武帝之流有巨大诱惑的传说，《史记》一概视之为“不雅驯”，是有教养的士大夫所不言的。

这里首先显示的是史家对材料真伪的判断，也就是《伯夷列传》所说的“考信”，司马迁对关于黄帝的“百家言”就显示出这样强烈的理性精神。这也是史家求真的必有素质。其次，就是对秦始皇、汉武帝迷信成仙说的针砭。继续看《五帝本纪》这段文字：“孔子所传宰予问《五帝德》及《帝系姓》，儒者或不传。”司马迁的态度是，要谈黄帝，本来有一篇文献可据，那就是记载孔子答宰予之问的《五帝德》。司马迁说，这篇文献因为历来不受儒生重视，所以大家知道的少。宰予，即宰我，《论语》中出现过。此外就是《帝系姓》，即记载古帝王世系的文献，写的是季康子问孔子古史的材料。

这就有一个问题，以今人的观点看，《五帝德》《帝系姓》的记载可靠吗？《论语》也有孔子讲古史的记录，如《论语·泰伯》篇：“子曰：‘大哉尧之为君也！巍巍乎！唯天为大，唯尧则之。荡荡乎！民无能名焉。巍巍乎，其有成功也；焕乎，其有文章！’”赞美尧，说尧效法上天；赞美禹，说禹“恶衣服而致美乎黻冕，卑宫室而尽力乎沟洫”。另外，在《论语·宪问》中还有一段南宫适与孔子关于古史的问答：“南宫适问于孔子曰：‘羿善射，奡荡舟，俱不得其死然。禹、稷躬稼而有天下。’夫子不答。南宫适出，子曰：‘君子哉若人！尚德哉若人！’”《论语·泰伯》赞美古帝王从尧开始，与《尚书》相同。《论语·宪问》中的羿和奡，虽为远古传说人物，其年代却不早于黄帝。就是说，孔子教学，也有古史方面的内容，而且教古史的宗旨在“尚德”。另外一点在此也很重要，《论语》显示，关于孔子教学的可信的记录中，孔子是不谈黄帝的。可是，后来的儒门中竟有一两篇“言黄帝”的文献，这又是怎么回事？这样的问题，在今天是一定要问的。可是在司马迁所处的时代还不能这样做，相反，他在《史记》中要尽量“网罗”这样的文献。司马迁对文献的真伪判断，大体而言，基本是“不语怪力乱神”的，即荒诞不经者不予采信。至于文献的年代、学派的归属等与史实有重大关系的文献问题，还没有引起注意。这也是时代局限。

《尚书》和《论语》言古史，都从尧、舜开始，为什么《史记》要从黄帝写起？黄帝之前，还有所谓“三皇”（人皇、地皇、天皇），《周易》里不是还有“伏羲氏仰观宇宙”的伏羲帝？司马迁不从他们写起，最基本的原因是没有文献记载，现有的传言也没有足够多的具体事迹。这也是司马迁著史的一个基本立场：无征不信。司马迁说《史记》是要“网罗天下放失旧闻”，是“整齐百家杂语”，他记录历史，不像希罗多德那样根据自己旅行的亲眼所见、亲耳所闻[①]。司马迁也曾长途旅行，但他是史官，写作历史要根据前人的文献记载。写黄帝则不同，有儒家的文献。

还有一点，可以解释为什么要从黄帝写起。《五帝本纪》的“太史公曰”提道：

余尝西至空桐，北过涿鹿，东渐于海，南浮江淮矣，

①有学者考究，希罗多德的《历史》，三分之二内容来自他的旅行见闻。这与《史记》相去甚远。

至长老皆各往往称黄帝、尧、舜之处，风教固殊焉，总之不离古文者近是。

这是一种考信精神，也是司马迁与后代那些写正史的史家的一大不同。文献中有关于黄帝的诸多记载，在广大的民间又如何？司马迁年轻时曾游历天下，[①]就是要验证自己从书本得来的历史知识，这还不仅限于与黄帝相关的事。结果发现，虽然黄帝的记载不见于《尚书》这样的“经典中的经典”，可是在各地，关于黄帝、尧、舜的民间传说，却流布甚广。这是一种“口碑”，也是普遍的信念。风俗、教化不一样的各地长老，即一些保存文化记忆的贤达之人，口耳相授，一直流传着关于黄帝、尧、舜的传说。这是一种无形的“经典”，显示的是“在野”的精神力量。也就是说，司马迁发现，黄帝、尧、舜的传说塑造了广大地区人民的历史感。各地“风教固殊”，可就在千差万别的风俗习惯中，又可以见出大家承认自己是黄帝、尧、舜的传人的一致性。人皇、地皇、天皇以及伏羲等，都没有这样的影响，这不是耐人寻味的吗？可以相信，正是这样的证验，才使得司马迁《史记》从黄帝写起。[②]

司马迁在写黄帝时，写了许多事情，最后说到黄帝生命的结束，毫不含糊地说：“黄帝崩，葬桥山。”这与司马迁时代流行

---

①关于司马迁早期游历天下的经历，见《史记·太史公自序》，后来他作为太史令，又曾随汉武帝出游过许多地方。

②这里也要注意，通观《史记》，在考信与“网罗天下放失旧闻”方面，存在着不一致的地方。如后面我们要谈的《赵世家》中关于“赵氏孤儿”的故事，“网罗”的兴趣就大于考信的精神。但无论如何，《五帝本纪》中对黄帝传说的考信是精彩的。其所显示的精神，在后世又是被发扬光大的。

的，也是汉武帝迷信的黄帝铸鼎升仙之说大不同。其实这也是司马迁写黄帝的用心之一，就是对汉武帝迷信的揭穿。如前所说，封禅本是儒家之说，汉武帝封禅与儒家的一个重要不同是学黄帝求仙。黄帝与封禅，在儒家的说法中原先是没有任何瓜葛的。司马迁郑重地写黄帝之死及死后的葬处，冷冷地朝汉武帝的信念射了一箭。同时，这也是对“历史”之学的一种确定，历史的记录，不是记神仙之类，而是叙说国王人生的事情。黄帝是人，就必定有生死，皇帝带头煽动成仙的迷信，史家则要对此正本清源。

还有，不要忘记汉初政治是遵从黄老清静无为的主张。将黄帝与老子等道家相联系，从而发展为黄老之学，也发生在战国时期的齐国。黄老之学讲的是“君人南面之术”，讲究的是君主少作为，让大臣多作为；君主要长生久视、耳聪目明，这样就可以不受蒙蔽，从而驾驭、督责臣下。当然，其中也包含着清净无为的内涵，适合汉初大战乱后社会的休养生息。这也是《史记》始言黄帝的原因之一。

二、关于黄帝的文献

《史记》从黄帝写起，是因为有文献的依据，那就是今见于《大戴礼记》中的《五帝德》和《帝系》。

《五帝本纪》头一句就是：“黄帝者，少典之子，姓公孙，名曰轩辕。生而神灵，弱而能言，幼而徇齐，长而敦敏，成而聪明。”这段话来自《大戴礼记·五帝德》，都是四字句，韵律和谐，很容易背。人们说《老子》有一个口传阶段，句子流畅，还押韵，都是便于记忆的表现。《五帝德》也应作如是观。其中的黄帝为“少典之子”云云，也见于《国语·晋语四》。不同的是，《晋语》说少典还生了炎帝。

这又涉及《大戴礼记·五帝德》的来源问题。记载中的宰予，《史记·仲尼弟子列传》载其曾为齐国“临淄大夫”，就是他曾在齐为田氏服务。[①]春秋以前的齐国与战国的齐国不一样，以前的齐国贵族姓姜，建立者为姜太公；战国的齐国被田氏夺了权，改姓了田。田氏是从哪来，从古老的陈国（在今河南省淮阳市）来，《诗经》里就有《陈风》。说起陈国的渊源，可以追溯到舜。文献记载，舜的后代到西周时期有两支，在周代都建立了诸侯国，一个是陈，还有一个是遂。田氏的祖先就来自陈。春秋早期陈国发生内乱，陈君主之子公子完避乱至齐。当时的齐国是齐桓公在位，任命公子完为工正，管理齐国的制造业。一来二去，公子完的后代就成了齐国的田氏。陈国一带的人本来善于制陶，田氏管理齐国的制造业，积累了不少财富，家族势力日益强盛。到春秋后期，西周以来的封建老贵族普遍堕落，表现之一就是酷虐民众。春秋晚期齐国著名的人物晏婴到晋国去，对晋国大臣说到过齐国的政治惨状：在齐国，卖鞋子的都失了业，卖假肢的却赚了钱：老百姓动不动就受刖足之刑。就在这样的时候，田氏贵族却对齐国百姓“大斗出，小斗入”，即用容量大的斗借粮食给民众，用标准容量的斗（容量比田氏借出的斗小）收回粮食。还说：海产品在海边什么价，运到齐国还什么价；山货在山上什么价，在齐国市面上也什么价。总之，田氏在姜姓贵族虐待齐国民

①《韩非子·难言》说：“宰予不免于田常。”意思是宰予被田常（恒）所杀。对此，后人多不相信。

众的时候，千方百计邀买人心，大多数老百姓都心向田氏，最终田氏干掉姜姓君主时。一国大权，就这样顺溜溜地转移到田完子孙手里，齐国也就变成了田氏的齐国。

如上所说，陈国贵族本是五帝之一的舜的后裔，所以，当田氏的齐国确立后，他们要建立自己祖先崇拜的谱系，就把自己的远祖追溯到了黄帝。有一个出土器物叫“因脊敦”，“因脊”就是婴齐，战国时叫婴齐的人不少，齐威王名婴齐，是田齐早期的王，“因脊敦”就是齐威王制作的，器铭上有“高祖黄帝”的文字，说明田齐以黄帝为遥远的始祖。其他的战国诸侯，则未见有谁这样说过。

这就可以回答，为什么《国语》上明确记载少典氏生黄帝和炎帝两人，而在《五帝德》里却只说一个黄帝了。顾颉刚先生在他的《中国上古史研究讲义》里说，《国语》里把共工、齐和许都算作炎帝子孙，可见炎帝这一支不小。可是到了一些战国的文献中，炎帝这一支就不提了。原因是“炎帝这一族战国时太不占势力”。而且，就《五帝德》而言，若真与宰予有关，那么做过田齐大臣的宰予不言姜姓，就更是有其现实缘故的了。这是我们说《五帝德》可能出自齐国的原因。也有些旁证，田氏本源自陈，笔者曾在《管子》中发现过一份古老的历法，很可能是失传的古老的“颛顼历”（颛顼也是五帝之一）。这东西，也很有可能是田陈公子完从陈国出奔时带到齐国的文物，到了战国时期把他们重新翻出来，加以整理。《五帝德》也可能如此。这当然是推测，需要继续研究。司马迁对《五帝德》没有去考究，直接把它采入了《史记》。这也算是有文献的依据。

三、黄帝：和平政治的开创者

具体到黄帝的作为，《五帝本纪》写了什么呢？

先是说黄帝与炎帝、蚩尤打仗获得胜利。《五帝本纪》说，黄帝建立他的政治事业时，面对的是这样严重的问题：神农氏政治衰落。这暗含着的意思就是在黄帝之前还有帝王，司马迁并不否认在黄帝之前有人类文明，族群有君王。神农氏衰，麻烦出现："炎帝欲侵陵诸侯。"炎帝在这里是害群之马，然后黄帝就开始修德振兵，除了武装人民之外，还教熊、罴、虎豹参战，在阪泉与炎帝交战，炎帝败。马上又有蚩尤作乱，于是黄帝又"征师诸侯，与蚩尤战于涿鹿之野"，擒杀蚩尤。

黄帝战炎帝、蚩尤，这是多好的史诗题材？然而，中国古代的先民并没有把这样的宏大的战争敷衍成任何的口传文学。而在《五帝本纪》中，司马迁所写的黄帝事业的高峰，也绝不是他的战争。黄帝的战争的意义，在《五帝本纪》是实施和平的政教，用精神黏合剂将炎、黄两大族群打造成一体。黄帝统治下的和平政治，才是《史记》要宣明的主调。这与古希腊人希罗多德以表现希腊、波斯战争为主的《历史》，与修昔底德以表现雅典斯巴达战争的《伯罗奔尼撒战争史》截然不同，也与视战争为历史发展动因的古罗马塔西佗的历史观判然有别。[①]《五帝本纪》写了黄帝的游走，表明黄帝初步划定了疆域。然后，又写他"置

①［德］穆启乐：《古代希腊罗马和古代中国史学》，黄洋编校，北京：北京大学出版社，2018年，第14—15页。

左右大监，监于万国”，即各地的族群之间不要再闹战争，对广大地域上成千上万的族群，黄帝的办法不是将异己的族群加以征服，变为奴隶，他的做法是加以监理，不要再出害群之马，这就是“左右大监”的作用。其结果就是“万国和”。之后，又怎么办？用精神活动把大家统一起来，于是就有了“鬼神山川封禅与为多焉”的事业。封禅用的是汉代的词，用词不准确，意思却很清楚：黄帝注意用宗教精神力量凝聚统一大家，于是建立了包容更广的新宗教。单用监管，是强制，建立文教，用文化的力量融通大家，才可永久地凝聚大家。黄帝，也因此被视为华夏的文教昌明始祖。

然后《五帝本纪》又说：黄帝“获宝鼎，迎日推筴。举风后、力牧、常先、大鸿以治民”。“获宝鼎”带有明显的西汉痕迹，汉武帝就因得了一尊前代的宝鼎，以为是大吉祥物，于是改年号“元鼎”。不过，司马迁说黄帝“获宝鼎”，是说黄帝的权力上升到顶峰。更值得注意的是“迎日推筴”，就是创制天文历法。古人有了农业，就有了对天文历法的追寻。远古时期的追寻可能是看物候，比如看候鸟来去，看植物花开判定时令，还有就是看一天的太阳从哪个山头冒出，以便确定时令。近年在山西襄汾县发现的陶寺遗址，就有世界上最早的天文观象台，就是依据东方日出不同的方位，确定一年的四时变化。《山海经》中多次提及月亮从哪个山头出，从哪个山头落。学者研究，这也属于古人观天象确定时令的记载。到西周，就可以看见人们依据月亮的相貌划分一个月内时段的今文术语，如“生霸”“死霸”等。前面说过，最古老的“天人之学”就与天文历法有关，中国追求天文历法的精准的文化实践非常古老，因此，司马迁把这样的学问推到黄帝时，也不能算全无根据。要从事农业生产，就必须要有天文历法。天文历法与古老的农耕文化相随相伴，历法的进步，就可以理解为农耕文明的进步。

同时，黄帝开始举贤才。举贤才，是儒家重要的政治理想之一，司马迁生活的时代，汉武帝也开始将举贤才确定为一种制度。汉武帝一辈子做了许多错事，但有一件事，却对后来两千年中国文化有积极的影响，那就是把儒家举贤才的理想落实为“察举”之制。后来“察举”变为“科举”，从民间直接选拔治国之才的制度，一直延续到清末。《五帝本纪》将这一理想的实现上推到黄帝，说黄帝举“风后、力牧、常先、大鸿”协治天下。这未尝不可视为司马迁以黄帝的往事为汉武帝的“察举”张本。有贤才治理天下，“时播百谷草木，淳化鸟兽虫蛾”，以此发展事业。此外，黄帝“劳勤心力耳目，节用水火材物”，这些都在强调黄帝战胜炎帝、蚩尤之后的重大之事，一句话，建立和平的政治。就像当代一些比较史学家所发现的那样，司马迁及其所代表的中国历史书写的倾向，是注重对和平政治的描绘，对战争，则远不如古希腊史学家那样感兴趣。

四、黄帝的后裔主宰天下

黄帝还有一个很有意思的事，就是他的后代多。《五帝本纪》说黄帝的正妃生了两个儿子，“其后皆有天下：其一曰玄嚣，是为青阳，青阳降居江水；其二曰昌意，降居若水”。后来的帝王，都出自这两大支。帝颛顼、帝喾、帝尧、帝舜，还有大贤人皋陶，以及夏、商、周的始祖，都从这两支出。这样的说法是从《五帝德》抄过来的。荒唐吗？不荒唐。孤立地看，觉得不可思议，可是若了解一点人类学的知识，就不觉得那么不可理解。美国人类学家摩尔根写有一本《古代社会》，是研究北美的易洛魁人的远古社会的书，写于19世纪。书里有一个观点，即印第安古老的部族，一个大的族群、大的部落，它的领袖往往都从一个大族中出，至于出自哪一支，并不确定。参看这样的人类学研究，发现原来《五帝本纪》里讲黄帝的后人，讲的是一个大的族群，分了两支，族群领袖都从这两大支出。就像舜，虽为黄帝的远孙，却早沦落为“庶民”，但仍可以其自身的贤明而有机会继承尧的位子。这是一个远古现象，不是完全不可思议的。司马迁说他所到之处，都说是黄帝后裔，原因或正在此。

接着下边就开始讲黄帝的后人，《五帝德》言黄帝之后第二人就是帝颛顼，第三为帝高辛，第四是帝尧，第五是帝舜。

帝颛顼高阳，出自昌意这一支。读《楚辞·离骚》，诗篇一上来就是：“帝高阳之苗裔兮。”楚国人追忆他们的远祖是颛顼，也就是昌意这一支。关于帝颛顼，《大戴礼记·五帝德》的记载也是读来顺口：“洪渊以有谋，疏通而知事；养材以任地，履时以象天，依鬼神以制义；治气以教民，洁诚以祭祀。乘龙而至四海：北至于幽陵，南至于交趾，西济于流沙，东至于蟠木。动静之物，大小之神，日月所照，莫不祗励。”帝颛顼干了什么？具体的事，如打仗、扩张，都没有，而是通篇赞美他人很渊深，有谋略，聪明，能知各种事，能根据土地去生财。另外，他通晓天文历法，懂得鬼神的精神之事，能治天地之气，能教化民众，竭诚祭祀。他的足迹也很广，北到幽陵，南到交趾（极南边的地方，秦汉的交趾，在今中越交界以南的地带），西至流沙即西边荒远之地，东至蟠木，就是太阳升起的地方。较诸黄帝，领地的四方边界点，是颛顼确定的。在他的领导下，“动静之物，大小之神，日月所照，莫不祇励”。说他很神圣，很有本事，可具体却什么事也没干。注意，什么事也没干，才符合古帝王的特征。英国人弗雷泽的《金枝》，记载了不少人类学的调查。据此书，可知史前的领袖都选那些最聪明的人来做。遇到什么事，别人不知道，他知道，可以做帝王。有人生病了，别人掐诀念咒不管用，他一掐诀念咒，就管用；天不下雨，别人求雨不灵，他一求就灵，这样的人大家选他做帝王。《史记》记载的帝颛顼，与《金枝》里的记载有些是相合的。

帝颛顼生子叫穷蝉，穷蝉就是后来大禹的祖先。不过，颛顼死了以后，在位的帝王是黄帝的另一支后裔，玄嚣之孙帝高辛，又称帝喾。帝喾也是什么具体的业绩也没有，他最突出的就是有出息的儿子多。周人的始祖后稷，据说就是帝喾的元妃所生，殷商族群的始祖契是他的次妃所生，同时，尧也是他的儿子。就是说商周大量族群的始祖，都出自帝喾。这事情也是很奇怪，却可以理解。

怎么回事呢?《五帝本纪》关于帝颛顼的记述有一个遗憾，就是没有写帝颛顼的一件大事:“绝地天通。”《国语・楚语》的记载较为详细。而“绝地天通”最初的记载见于《尚书》的《吕刑》篇。楚昭王读《尚书》，不明白“绝地天通”什么意思，就问大臣观射父，观射父解释说：过去祭祀很乱，神权分散在普通人手里，结果弄得人神杂糅，整个世界混乱不堪。于是帝颛顼就把人和神分开，这就是“绝地天通”。其实就是把神权集中，挑选专门的巫觋人员，专门负责祭祀之事，从此一般人也就不能随便祭祀神。“绝地天通”看似改革，其实是权力的集中，意味着国家政治的演变。不过，这里要注意的是与“绝地天通”相伴而行的天文历法的进步。在古代的各种历法中，有一种被称为“颛顼历”，其特点是一年十个月，每月三十六天。《管子》中有《幼官》和《幼官图》，据闻一多等学者研究，所谓“幼官”是“玄宫”的误写，而“玄宫”及“玄宫图”就是一种古老的历法。如果有兴趣，可以看拙作《先秦文化史讲义》。简单地说，颛顼的改革，很可能与新的历法的建构相伴而行。这意味着什么？意味着农耕文明的进步。历法关乎农事，颛顼新历法，应该与五帝族群的农耕发达有关。而农耕文明发达，就会对其他族群有吸引力。上面说到的周人、殷商人始祖都是帝喾的儿子，很可能就是这吸引力作用的结果。

先说商人的始祖契，《殷本纪》说他是帝喾的儿子，可是在《诗经·商颂》中，却说是“天命玄鸟，降而生商”，按照《殷本纪》的说法，契是他的母亲吞了鸟蛋怀孕而生的。周人的始祖后稷，《诗经·大雅·生民》明确说是后稷的母亲“履帝武敏”，即踩了神的大脚印而生的。照上述的记载，两大族群的始祖都是“无父而生”。可怎么都变成了帝喾之子？这好像是一种矛盾，不可理解，可是史前也有一种情况，可以解释这里的矛盾，那就是大族群为了扩大自己的势力，收容一些弱小族群。摩尔根《古代社会》也提到印第安人有这样的做法，而在我国的古籍中也颇有记载。例如《史记·楚世家》中就记载楚国的首领曾“子事文王”，即给周文王做儿子，所以后来西周封建，楚国受封为“子男”之邦。这样的收容现象，可能从五帝时期就开始了。《诗经》说周人始祖后稷是“履迹”而生时，说的是这个族群最古老的记忆；周人奉帝喾为始祖之父时，其实交代出的是周人族群后来的经历，即他们曾因弱小而投奔到五帝的大族群之下，变成帝喾的后代。由此，五帝族群的日益发展壮大，也就可以大体了解了。

五帝族群的辉煌时代，是尧舜时期。

第九讲

尧舜的事业，政治的最高典范

——读《五帝本纪》续

"《尚书》独载尧以来。"司马迁如是说。是的，中国历史最古老的记录是《尚书·尧典》，而此篇所记，正从帝尧开始。《尧典》所记载的，既有文明的缔造，又有文明的再造。前者主要表现为天文历法的制定，后者则表现为治理大洪水冲毁的世界。另外，《尧典》中也记载了舜和大禹的事迹。《史记·五帝本纪》关于尧舜的记载基本沿袭《尧典》，[①]只是将西汉读者已觉难解的一些生僻字做了"今译"。一改帝颛顼、帝喾的"无具体事业"样态，沿袭了《尚书》的《史记·五帝本纪》记载了帝尧的几件大事：其一，创制更先进的天文历法；其二，治理大洪水；其三，将大位禅让给贤人舜。这三件大事，第一件和第三件都做成了，即帝尧完成了新的天文历法的创制，也堪称伟大地将最高权力传给舜。至于治理大洪水，则完成于舜。有这两大事功，帝尧在司马迁眼里，也堪称与舜齐名的最伟大的君主。

一、尧的三大事业

《史记》先沿袭了《五帝德》对他的抽象赞美："帝尧者，放

① 据文献记载，《尚书》中原有《舜典》记录舜的事迹，秦汉之际丢失，现在看到的《舜典》不是原来的文献。

勳。其仁如天，其知如神。就之如日，望之如云。富而不骄，贵而不舒。黄收纯衣，彤车乘白马。”之后，又大体抄录了《尚书·尧典》对帝尧的赞美：“能明驯德，以亲九族。九族既睦，便章百姓。百姓昭明，合和万国。”这些都强调尧首先是一个道德榜样。然而，尧也有其了不得的事功。

尧做的第一件大事情就是创制新的天文历法。《五帝本纪》说：“乃命羲、和，敬顺昊天，数法日月星辰，敬授民时。”其具体做法是派遣四位负责观天象的官员，到东西南北四个最遥远的边界点，观测日出日落的时刻，以此确定四季及一年的天数，得出的结果是一年为“岁三百六十六日”，其实就是三百六十五天余若干小时，古人举成数，就成了三百六十六天。前面说过，有农耕，就有天文历法的观测，新的历法意味着农耕文明的进步。

追求天文历法的精确，是许久以来的事。而帝尧面临的最大的生存威胁就是“汤汤洪水方（旁，广）割，荡荡怀山襄（包，含）陵，浩浩滔天”，大洪水来了。大洪水是世界性传说，是不是真有一场大洪水，很难说，但也有当代的学者研究，距今四千年前，确实有一个雨水过多的年代。这从考古和文献记载中，都能做一些验证。例如，在今天甘肃发现的喇家遗址，此遗址很明显就是被突发的洪水冲毁的。文献方面，如《尚书·禹贡》篇有“降丘宅土”的说法，意思是因水大，老百姓都躲避到土丘上居住，等洪水疏解了，老百姓才从高丘上下到平地上宅居。今天黄河下游地区的山东聊城一带，有许多土丘，当地人称“崮堆”，当地的考古工作者用探杆探测这些土堆，发现土堆内有史前的陶片等物，原来土丘是人工堆积的，据对其陶片的考察，这些人工土丘的年代距今四千年左右，与传说的大洪水时代接近。

尧做的第二件大事就是治理洪水。要治理大洪水，就得有人专门负责。《史记》顺着《尧典》的叙说写道：“尧又曰：‘嗟，四岳，汤汤洪水滔天，浩浩怀山襄陵，下民其忧，有能使治者?’皆曰鲧可。尧曰：‘鲧负命毁族，不可。’岳曰：‘异哉，试不可用而已。’尧于是听岳用鲧。九岁，功用不成。”这段话的意思是，帝尧向负责四方事务的官员询问，谁可以去治理洪水，四方的官员（即四岳）的意见都以为鲧可以。但是尧觉得鲧这个人性格刚愎乖戾，喜欢抗命违教，容易败坏善类，不可用。可是四岳的意见一致，尧少数服从多数，只好保留自己的观点，放手让鲧去负责治水。实际的效果正如帝尧所预料，鲧办不好这样的大事，九年洪水不治，百姓灾难重重。这是一个不成功的人事任命，《史记》写帝尧的事迹，完全可以不照着《尚书》去录写，可是司马迁这样做了，这是为什么呢？要写一个“诸葛亮斩马谡”的错误人事决定吗？不是。后来杀掉鲧的也不是帝尧。司马迁之所以照录这段故事，应该是他看到了其中最值得珍惜的东西，那就是大事来临时君臣能共同商议。这与司马迁生活年代的“乾纲独断”不同，带有原始的民主色彩。在鲧被任用这一点上，虽然真理并未掌握在多数臣僚手中，可臣僚有发言权，而且有多数的决定权，该是司马迁最在意的吧！

尧做的第三件事情就是选贤能，这是司马迁最重视的一点，也是历来儒家、法家乃至墨家最看重的一点。尧老了，说谁能继我的大位？他问四岳。帝尧有儿子丹朱，朝堂上也有很多地位高的人，但帝尧没有传给儿子的意思，他知道自己的儿子不行，他想从四岳中寻找接班人，但四岳拒绝。《五帝本纪》写：“尧曰：‘悉举贵戚及疏远隐匿者。’众皆言于尧曰：‘有矜在民间，曰虞舜。’”这段话中，“矜”读“鳏夫”的“鳏”，男人无妻或丧妻称鳏。诸多臣僚都说，他们在民间发现一个贫贱单身汉，就是虞舜。他古老的血脉可以追溯到黄帝。尧听从众人的推荐，开始采取诸多方式来试证舜是不是君王的适合人选。

帝尧先是把两个女儿嫁给舜，看他是不是能把夫妻关系处理好；然后派舜去负责管理民众的事务，民众事务办得很好；派舜到各种职能部门办事，各种事都办得很好；派舜去接见四方来宾，四方来宾都恭敬肃穆。最后一项考验，是将舜放到深山老林，让他在山林河流之间独自行走，可是舜在山林中经历暴风骤雨也不迷路。这样，帝尧终于决定把大位传给舜。

关于尧决定把大位交给舜这件事，有诸多文献记载。《史记》在讲这件事时有一句话，却不见于记录这件事的其他文献，这句话是“尧曰：‘终不以天下之病而利一人’”。意思很明确，帝王的权力是为天下人服务的。将大权交给不肖的儿子，是自私利己的行为，帝尧不干。这正是帝尧贤能的地方。这句话是司马迁加的。与这句话意思相近的话，其他文献也有，如早期法家文献《慎子》《商君书》等。如《慎子·威德》：“古者立天子而贵之者，非以利一人也。曰：天下无一贵，则理无由通，通理以为天下也。故立天子以为天下，非立天下以为天子也；立国君以为国，非立国以为君也。”《商君书·修权》也说：“尧舜之位天下也，非私天下之利也，为天下位天下也。”看来《商君书》“尧舜之位天下”的话，给了司马迁以启发，司马迁便把后人评价尧舜的话，干脆当成尧的言论。这是司马迁有意的移用，是毫无可疑的。司马迁这样做也有其道理，早期法家的言论很有可能也是从尧舜禅让的记载中得出的观点。

不仅是早期的法家，儒家也有类似的主张，那就是“举贤才”。《论语·子路》：“仲弓为季氏宰，问政。子曰：‘先有司，赦小过，举贤才。’曰：‘焉知贤才而举之？’曰：‘举尔所知。尔所不知，人其舍诸？’”《论语·颜渊》还说：“舜有天下，选于众，举皋陶，不仁者远矣。汤有天下，选于众，举伊尹，不仁者远矣。”孔子生活在周王朝“父传子，家天下”的时代，按照“举贤才”的主张推测，江山可以为你姬姓所有，可是治理天下，就应该任用贤才，这样才是真正的长治久安之计。当然最好是像尧舜那样以天下为计，禅让贤才。儒家因此把夏、商、周视为“小康”，与尧舜时代的“大同”即“天下为公”是有差距的。这是不是孔子的看法可以存疑，但孔子之后的儒家是确有这样的想法的。传世文献和出土文献如“上博简”，都有一段孔子与学生的对话，应该是孔子之后的儒家写的。对话谈到大禹、契和后稷为什么都要接受舜领导的问题。

据传说，大禹是因为他的妈妈吞食神秘的草籽怀孕而降世的；而契即殷商族群的始祖，是妈妈吞食了玄鸟的卵而降生；周人的始祖后稷，是妈妈踩了巨人的脚印受孕而生。若是按照古希腊神话的说法，这样降生的人都是“半神”。按照中国古代的说法这叫作“感天而生”，可是在《尚书·尧典》《尚书·皋陶谟》等文献记载中，他们都是舜的大臣，而舜的父亲是瞽叟，是真正的人。“感天而生”就是神之子，学生问孔子，这几位神之子为什么要做一个人之子的大臣呢？孔子的回答很简洁干脆：因为舜贤明。不知道孔子是不是真的说过这样的话，但在《论语·雍也》中确有“仲弓可使南面”之言为孔子所说。“南面”，就是执政一方，而仲弓是“犁牛之子”，出身卑贱。其实孔子有这样的话，不用“作《春秋》”诸侯就可“害之”了。儒家如此，早期的法家也如此，还有就是墨家，墨家主张“尚贤”，甚至有“选天子”之说，这些都是百家争鸣时期政治思想中最富价值的观点。这一点，司马迁继承了。所以他才让尧说出“终不以天下之病而利一人”的话。

关于尧舜的禅让，今人有自己的理解。从真实性上说，今人的理解可能更合乎上古历史的事实，可是，今人不能因自己对历史的理解而轻视抹杀古人的理解中所含的价值追求，尧舜禅让显示的是最高执政者的政治德行：传贤不传子。不传子，即天下为公。今人若以自己的理解，去藐视司马迁所看重的东西，那可真是不知好歹的浅薄了。因为贤明在位，是永恒的政治道理。在今天看，这虽然不是理想政治的全部，却是其最重要的内涵之一。今天应当努力的是如何实现，即将其从理想变为切实可行的制度。

二、舜的举贤才、成大业

舜是帝尧事业的完成者，也是自黄帝以来文教政治达到顶峰的君主。大洪水泛滥，四岳推荐鲧，帝尧不同意，但由于四岳“强请试之，试之而无功，故百姓不便”。而后舜被举荐，在舜等待嗣位的考察期，尧就果断地“殛鲧于羽山”，这个“殛”有人解释为流放，有人解释为按律诛罚。羽山，在东方。同时，内部有“淫辟”的共工，有冥顽不灵专做坏事的驩兜，在“江淮、荆州”一带有制造事端的苗民，在舜的建议下，这些人也被流放到四方的边地。

在驱逐坏人的同时，舜还奖掖善类。《五帝本纪》说："昔高阳（即颛顼）氏有才子八人，世得其利，谓之'八恺'（恺，和）。高辛氏（帝喾）有才子八人，世谓之'八元'。"这十六个人率领的族群，能做事，有美好的名誉，帝尧不能任用，舜任用了他们。"昔帝鸿氏（黄帝）有不才子，掩义隐贼，好行凶慝，天下谓之浑沌。少皞氏有不才子，毁信恶忠，崇饰恶言，天下谓之穷奇。……缙云氏有不才子，贪于饮食，冒（贪图）于货贿，天下谓之饕餮。"这些人，"天下恶之，比之三凶"。帝尧不能治他们的罪，舜则将其流放远方，从此天下凶恶之徒得到应有的下场。在惩治坏人时，舜还修订了以"慎罚"为基本取向的刑法。

舜正式成为君王后，更是大张旗鼓地任用贤人，如委任大禹治水，委任后稷去负责农事，委任契去管理民众，向民众教化人伦，委任皋陶为司法官，还委任伯益去驯化草木鸟兽，委任垂管理百工，委任伯夷负责典礼，委任夔为典乐等。一下子舜就新任用二十二位大贤。任贤，还需要对政绩的必要考核，《五帝本纪》说，舜规定："三岁一考功，三考绌陟。"即三年对所有官员进行一次大的考评，由此"远近众功咸兴"。《论语》对舜的事业有高度的评价，《颜渊》篇载："樊迟问仁，子曰：'爱人。'问知，子曰：'知人。'樊迟未达。子曰：'举直错诸枉，能使枉者直。'樊迟退，见子夏曰：'乡也吾见于夫子而问知，子曰："举直错诸枉，能使枉者直"，何谓也？'子夏曰：'富哉言乎！舜有天下，选于众，举皋陶，不仁者远矣。汤有天下，选于众，举伊尹，不仁者远矣。'"舜举贤人的用人路线，可以让那些心术不正的人失去可觊觎的机会，因而远去。在《论语·卫灵公》，孔子又以无为二字评价舜的政治："无为而治者，其舜也与！夫何为哉？恭己正南面而已矣。”关于这段话的最好解释，见于马王堆帛书中关于舜的言论，马王堆帛书记载孔子与学生谈论舜的政治，说舜举了那么多的贤才，自己就可以不做具体的事情。是的，关于古代的君王，儒家也讲究无为，与道家不同的是，儒家崇尚的无为是举贤任才，如大禹负责去治水，后稷负责去种庄稼，君主还要做什么？恭恭敬敬地坐在君位上保持自己的公正无私就可以了。古代的理想政治犹如象棋，老帅就在田字格里不动，冲锋陷阵的有车、马、炮。

在这些贤人的治理下，舜的国家各项事业蒸蒸日上，《五帝本纪》说：“方五千里，至于荒服。南抚交阯、北发，西戎、析枝、渠廋、氐、羌，北山戎、发、息慎，东长、鸟夷，四海之内咸戴帝舜之功。于是禹乃兴九招之乐，致异物，凤皇来翔。天下明德皆自虞帝始。”文教兴旺，对周边广大地区的人民有吸引力，即今之所谓“软实力”的号召力，是司马迁所向往的“天下格局”，他认为在舜的领导下是实现过的。

三、舜，人伦的榜样

在中国古人的心目中，政治就是文教，文教中最重要的就是人伦。舜，正是人伦的榜样。尧问四岳等大臣，“众皆言于尧曰：‘有矜（单身汉）在民间，曰虞舜。’尧曰：‘然，朕闻之。其何如？’岳曰：‘盲者子。父顽，母嚚，弟傲，能和以孝，烝烝治，不至奸’”。任家人再不好，舜都以孝悌之道相待，他们家之所以“烝烝治，不至奸”，也就是家人还有点样子，不至于闹到散伙，只是因为舜孝悌。这段话特别有趣的地方在于，舜生活在一个坏人坏事多的家庭。交友，可以选择，生在什么样的家庭，则不可选择，古人称这样不可选的人际关系为“天伦”。生在好家庭，当孝子，容易；若生在坏家庭，则很难。舜就是在这“很难”的情况下使家庭维持一个蒸蒸向上的局面。就是说，古人塑造舜这样的大孝形象，用的是“典型环境下典型人物”的手法。舜，是家庭生活的模范，而且是“不幸的家庭”中的生活模范，舜的“典型环境”是逆人性的。关于这方面，古老的经典《尚书》原本有《舜典》，应该记载了不少这样的事，可惜《舜典》散佚，只有从《孟子》对舜的谈说中见其一斑。《史记》写舜，也从《孟子》中选取了材料。

《五帝本纪》说，舜的父亲是瞽叟，前妻留下舜，后妻生了象，舜的父亲因为怕老婆，就千方百计向着象。象也在这样的家庭教养下性格变得很坏。父亲、母亲、弟弟，一家中的大多数，“皆欲杀舜。舜顺适不失子道，兄弟孝慈。欲杀，不可得；即求，尝在侧”。舜的日常生活仍是艰难的，因为大家都想杀他。但是，舜有超常的智力，用北方话形容就是他“贼着呢”，家人想杀他，根本无从下手；家人需要的时候，马上出现在眼前。《五帝本纪》对舜的孝悌还有一种形容：“常欲杀舜，舜避逃；及有小过，则受罪。”在《孝经》之类的文献中，就变成“大杖则逃，小杖则受”，父亲拿大棍子打，是要杀他，他赶紧逃。老子杀死儿子，论孝悌之道，也是有罪过的，舜不能陷父亲于不义。至于用小棍子打，便是当一般惩罚，舜也就撅起屁股挨着。最坏的是弟弟象，不但惦记哥哥的琴等财产，还惦记嫂子。前面说过，尧不是要考验舜，把自己的两个女儿嫁给舜吗？象看着嫂子不错，惦记上了。于是与父母合谋害舜：舜去修房顶，他们就在下面撤梯子，这样就有可能摔死舜；让舜去淘井，象就和老爸一起朝井里填土，这下舜跑不了吧？没想到舜早有预料，提前打了一道斜井，象的土还没填好，舜已经顺着斜井回自己屋里与两位夫人说话去了。象填好了土，觉得这回算计老哥方法周全，尽善尽美，铁定无疑能害死舜，就赶紧与老爸瞽叟俩人分舜的东西，分舜的人。《孟子·万章上》记这一段绘声绘色："象曰：'谟盖都君咸我绩。牛羊父母，仓廪父母，干戈朕，琴朕，弤朕，二嫂使治朕栖。'象往入舜宫，舜在床琴。象曰：'郁陶思君尔。'忸怩。"真是一段写生的圣手文字！象对老爸说，这一回，谋害大哥都是我的计，言外之意我的愿望必须满足，牛羊归父母，仓库归父母，舜的干戈归我，琴归我，朱红的弓归我，两位嫂子归我。看来象只是好点色，并不太贪财，而且又要琴，又要干戈，还是有点文武方面的趣味的。麻烦的是，当他兴冲冲地去哥哥屋里迎接嫂子时，人家舜大哥已经在那里弹琴了。谋杀又一次失手。象也不含糊，把早就准备好的表情收起来，换了一副面孔说："一会不见，正浓郁地想念大哥呢！"边说还边有忸怩之态。舜回答好啊好啊，全然不计较父亲与弟弟的作为。

这就是人伦大贤的榜样。在好家庭做孝子算什么？在都想干掉自己的家庭里做一个孝子，才算好样的。这就是古人塑造舜大孝的手法，是含着一种特定的模式的。明乎此，就明白"二十四孝"的人物，何以要"爬冰卧鲤"那样感天动地，原来这路数是从"舜大孝"那里套过来的。

这就是我们读《五帝本纪》应该注意的。尧有再造天文历法、平治洪水、选贤才的伟大功德，舜继续尧的事业，在选贤才方面较诸尧又有更大的成就。同时，选贤才还是平治天下的根本大法。《礼记·礼运》论述“大同”理想是“天下为公”，其中重要的一条，就是“选贤与（举）能”。任用贤才，符合最高的政治道德，即“天下为公”的理想。同时，举贤才也是政治兴衰的关键，得贤则兴，失贤则衰。舜，正是因为举贤才用大禹，才终于完成了尧没有完成的治理大洪水的工作。读《史记》至此，可以恍然大悟：为什么《史记》那样重视人物。《史记》列传之体，就源于对贤人的看重。

尧创制新的天文历法，传贤不传子，任用大臣治理大洪水。就政治的文教而言，这万分重要，可还不是全部，甚至可以说还差不少。到舜主政，则任用伯夷典礼，任用夔“教穉子（穉子，贵族子弟）”。《五帝本纪》是这样写的：“舜曰：‘嗟！四岳，有能典朕三礼？（三礼：天神、地祇、人鬼三方面）’皆曰伯夷可。舜曰：‘嗟！伯夷，以汝为秩宗，夙夜维敬，直哉维静絜。’伯夷让夔、龙。舜曰：‘然。’以夔为典乐，教穉子（国子），直而温（正直而温和），宽而栗，刚而毋虐（刚正而不酷虐），简而毋傲（简便而不傲慢）；诗言意，歌长言，声依永（永即长），律和声，八音能谐，毋相夺伦，神人以和。夔曰：‘于！予击石拊石，百兽率舞。’”这段文字，炳炳烺烺，韵律和谐，是从《尚书》抄改过来的。[①]其立意不外是强调舜对尧的事业的发展，即舜发展出了政治的文教，用伯夷典礼，天地山川鬼神等精神方面的事业，有了专门的负责机构。用夔典乐更重要，典乐而教“穉子”，

---

①抄改，是司马迁使用《尚书》材料的一般方法，因为《尚书》记录的是距司马迁时代已近千年的文字，又特别佶屈聱牙。为了方便读者，针对一些字句，司马迁抄录时做了必要的改变，如《尚书》的“教胄子”，司马迁就改写成了“教穉子”等。

即年轻的贵族子弟学习各种德行，其实就是用音乐诗歌的力量塑造中和的性格，最早体现出了“诗教”。舜的时代，才真正是中国文教昌明之始。帝尧的勋业，是治理生存空间，以历法协调人与自然的关联等。舜的事业，则举贤才，兴礼乐，才是“尧舜事业”的完成。

舜也在个人德行上树立了榜样。有趣的是，舜的榜样树立在平凡琐碎的家庭生活中。舜与尧一样，可以视之为“文化英雄”，当然若与古希腊神话中的文化英雄如普罗米修斯比，若与古罗马的文化英雄如“王政”时代的努马、图利乌斯比，舜在家庭生活中所显示的道德，简直算不上什么“英雄”，可在中国人的人生观中，舜是糟糕家庭中的大孝子，是完成了难而又难的事，是人生的大榜样。这一点，也是舜优于尧的地方。尧有不肖子丹朱，舜有不悌的弟弟象，尧有不肖子是尧的责任，“子不教，父之过”，而象的不肖，舜本无责任，责任在瞽叟。舜以兄之道对待象就可，对其进行教训则不是舜的义务。尧只有外在的伟大功业，舜则可称得上是“内平外成”。但是，舜与尧一样，最后遵从民众福利至上的原则，也将大位传给了大禹，而不是他那才智平庸的儿子商均。①

以上就是尧舜的政治，他们有内在的德行，有美好的功业，

---

①商均，是舜的“不肖子”，但《尚书·尧典》《尚书·皋陶谟》对商均如何不肖，并无多言，而且，后来汉魏的文献还说，商均就是西周陈国的祖先。另外，当代神话研究学者袁珂在《山海经校注》中，还认为商均即多有发明的“倕”。倕，见《尚书·皋陶谟》。无论如何，舜也有不太好的儿子，与尧一样。《论语》说“尧舜其犹病诸”，大概也指的是他们的家庭教育与理想标准还有距离吧。圣人是人，只要是人，就有难达理想之境的遗憾。这是很有意思的古代“圣人观”。

有文教的建立，在他们的治理之下，“内平外成”，天地和谐。这就是司马迁所尊崇、向往的美好政治，也可以说司马迁表达了普遍的政治追求。尧舜的政治是十分崇高的，或者可以说，他们二人的政治是上古时代人们心目中最合乎理想的政治，因而尧舜的事业，尧舜的伟大德政，就成为一个终级标准。德国学者穆启乐在比较司马迁《史记》与罗马史家塔西佗《历史》异同的著作中说，塔西佗站在罗马“共和”的立场批判自己身处的帝制时代，而司马迁则没有这样的立场，因为中国古代历来都是王权专制，不像古代罗马，有早期的“共和”与奥古斯都之后的帝制。穆启乐说中国古代历史没有从“共和”到帝制的转变，这没错，说司马迁只有王权专制的标准，则是不确当的。其实，王道与霸道的差别，司马迁还是很清楚的，只是言语上不这样说。在他的心目中，五帝政治的水准就是王道，而西周之后，以势力相争夺取政权，较诸王道，相差甚远，需要王道的改善。就是说，司马迁关于什么是理想政治的标准，是建立在对五帝时期历史的描述上的。他正是秉持着这样的标准，去评判后来的政治。合之则赞，反之则贬斥。而五帝之后是三代，三代还大体维持了王道的格局。那么，我们就来看看司马迁对夏、商、周的记述。

四、三代的更替：有德者居之

汉武帝继位不久，就在元光元年（公元前134年）发布诏书，昭告天下：汉帝国的未来，是要“上参尧舜，下配三王”。“三王”就是指夏、商、西周厉王之前。检讨司马迁《夏本纪》《殷本纪》和《周本纪》三篇的记载，有德者居之，无德者失之，是历史更替的基本规则。王朝兴替的过程，就是一个从上天又回到上天的过程。从西周开始，就有“皇天无亲，惟德是辅”的观念。这也是《易传》所讲的“天地之大德曰生”。尧正式把大权交给舜，《五帝本纪》说：“诸侯朝觐者不之（前往）丹朱而之舜，狱讼（打官司）者不之丹朱而之舜，讴歌者不讴歌丹朱而讴歌舜。舜曰‘天也’，夫而后之中国践天子位焉。”大禹继承舜的大位时，《五帝本纪》也说：“禹亦乃让舜子，如舜让尧子。诸侯归之，然后禹践天子位。”这样的手法，来自《孟子》，而孟子正是将诸侯不朝觐丹朱而朝觐舜视为“天意”的。天意所衷，就是因为功业德行。如此，当大禹年老，按照《夏本纪》的记载，也是想传位给益，而不是自己的儿子启。可是，《夏本纪》说：“诸侯皆去益而朝启，曰‘吾君帝禹之子也’。于是启遂即天子之位。”由此，家天下的“小康”时代开始。

夏朝之兴，是由于大禹治水的功德。《史记》还详细记载了禹开辟出的“九州”的情况。司马迁把《尚书·禹贡》全文抄改入《夏本纪》。同时，还记载大禹的“三过家门而不入”的公诚之心。记载他对帝舜的劝告：“於，帝！慎乃（你）在位，安尔止（举止）。辅德，天下大应。清意以昭待上帝命，天其重命用休。”这都是禹的大功大德。《夏本纪》记录禹以及夏启的事，占据了大量的篇幅。之后就是历代夏王的谱系，到了最后一代暴君夏桀，内容略多了一些。一篇本纪，头粗尾巴细。到了夏桀，《夏本纪》说：“帝桀（按照古代谥法，“贼人多杀曰桀”）之时，自孔甲以来而诸侯多畔夏，桀不务德而武伤百姓，百姓弗堪。……汤修德，诸侯皆归汤，汤遂率兵以伐夏桀。桀走鸣条，遂放而死。”又是一次百姓自觉的“归”，归即追随，这也就是失德者失去民心乃至政权。头粗尾细的结果，正显示出失德者会迅速失去政权。

大禹治水发生在尧舜时期，《殷本纪》一上来就说殷商的始祖契受命为司徒，“帝舜乃命契曰：‘百姓不亲，五品不训，汝为司徒而敬敷五教，五教在宽。’封于商，赐姓子氏”。契的十五代孙就是商汤，关于商汤之德，也都有记载，典型的一例是“网开三面”的故事：“汤出，见野张网四面，祝曰：‘自天下四方皆入吾网。’汤曰：‘嘻，尽之矣！’乃去其三面，祝曰：‘欲左，左。欲右，右。不用命，乃入吾网。’诸侯闻之，曰：‘汤德至矣，及禽兽。’”能泽及禽兽，自然对人仁厚，所以天下归心。

《殷本纪》所记商代史与《夏本纪》不同，就是殷商几起几落，贤人辈出。商汤死后不济，太甲在位，大贤是伊尹。太甲不称职，伊尹将其禁闭在桐宫，有三年时间是伊尹掌握着国王大权，太甲改过自新，伊尹又将大权还给太甲。这在古人看来是圣贤行为。之后，有盘庚迁殷，即把都城迁到今天安阳一带，殷商迅速强大。之后若干年就是一代贤王武丁，武丁举贤才，于是有傅悦（悦，一般写作“说”）。这时候殷商幅员广大。五百年的王业，是因为不断出现贤王贤才。这是司马迁《殷本纪》告诉我们的。当然，今人最关注的，是《殷本纪》所记载的殷王世系，居然可以得到甲骨文记载的验证，大致没有错误。

《周本纪》也是从周人的始祖后稷写起，记录他在尧舜治理洪水时与大禹合作，负者种植庄稼，立下了“立我烝民”的大功，舜赐后稷建立自己邦家的权力。他的后代也世代作农官，到后稷的儿子不窋，因为夏代的衰落，失去了官守，自窜戎狄。到公刘那一代，又毅然将周人族群内迁至豳地（今陕北彬县、旬邑一带），恢复了农耕文明的生活。再过若干代，到公亶父（周文王祖父，又尊称太王）迁移岐山，占据“堇荼如饴”的肥田沃野，周人开始强大。周文王更是积德行善。《周本纪》说：“遵后稷、公刘之业，则古公、公季（季历，文王之父）之法，笃仁，敬老，慈少。礼下贤者，日中不暇食以待士，士以此多归之。”《周本纪》记载周人发达，还有一个特别之处，是讲周文王因德行而受命于天：“西伯（即周文王，殷商曾册封他为西伯，管理西部诸侯）阴行善，诸侯皆来决平。于是虞、芮之人有狱（打官司）不能决（两国相邻，争一块田地），乃如周。入界，耕者皆让畔，民俗皆让长。虞、芮之人未见西伯，皆惭，相谓曰：‘吾所争，周人所耻，何往为，只取辱耳。’遂还，俱让而去。诸侯闻之，曰‘西伯盖受命之君’。”这就是周文王以良好德政感化诸侯的故事。《史记》说，正因有此感化力量，诸侯都以为这是周文王受命于天的表现。《诗经·大雅·皇矣》更是对文王的受命于天有具体的描述。有德政，才可以受命于天。这是西周天命观的特点，即敬奉上天，不能只表现为对天神地祇的各种祭祀仪式，而是要表现出对民众好，才是有德政。可以说，自西周起，中国人的天命观是十分强调人间的道德实践的。《周本纪》写周文王以前，主要是讲积德。到周武王灭商，建立西周王朝，首先“褒封”，即封建那些古代帝王的后代，紧接着就是封建功臣。“封建”主题体现得甚为明显。之后，就是周武王深谋远虑，选定新的都城，周人发源陕西，但是周武王认为，周人要做天下的主人，修建都城必须在天下中心。这一点，武王之后由周公做到了。之后就是写周武王的弃武崇文：“纵马于华山之阳，放牛于桃林之虚；偃干戈，振兵释旅；示天下不复用也。”史家崇尚的和平政治的总体格调，又在这里重新高扬了一次。

对贤人政治的畅扬，则表现在对周初周公、召公之德的记录。而且，周公、召公之德，不仅在《周本纪》有记，在《鲁周公世家》和《燕召公世家》中也有浓墨重彩的记述。在周公、召公等现成的治理下，第一个太平盛世出现，那就是“成康之际，天下安宁，刑错四十余年不用”。换句话说，四十余年无犯罪现象，是文教政治的极大成功，为后来所艳羡，汉武帝“下配三王”，“四十年刑错”应该是他想达到的文治效果之一吧？

之后的西周昭王征伐南方，死于汉水，后周穆王订立新的刑律，总体上王朝发展呈颓势，一直到周厉王、周幽王。其间值得注意的是一些大臣的抗议，这在夏、商是没有的。前有周穆王时期的祭公谋父对穆王征犬戎的规谏，强调“先王燿德不观兵”，仍然是西周以来抑武尚文的表现。后有芮良夫，对着“专利”的周厉王提出：“夫利，百物之所生也，天地之所载也，而有专之，其害多矣。”天地所生万物，不是哪个帝王可以私有的财产。实在是辉耀千古的言论。

综述这些，是要强调司马迁对“好政治”亦即王道的看法，这决定着他如何书写历史，是其历史观极为重要的组成部分。“五帝”是纯然的王道，夏、商、周则是王道不终，于是有新王朝积德而起。有德者获得天命，无德者丧失大权。天道与王道是合一或者大部分合一的。于是，三代王朝的兴替，就是天命的发放与收回，王朝的更迭，便是从上天回到上天的过程。

但是，周厉王之后，如前所说，王道与王朝彻底两分。这是司马迁所困惑的。然而对王道的坚持，他却是毫不犹疑的。

第十讲

王朝选择的思想

——读《秦始皇本纪》

两周之际，秦国建立，用了五百年的时光终于统一天下。可是从秦始皇到秦二世，十四年时间短暂得如同小视频，祖宗的基业被迅速荡光，这究竟是因为什么？原因很多，思想的愚昧与政治上的傲慢，不能不说是最直接的原因。看秦国的历史，战国时秦孝公选择了法家重功利的思想，使秦迅速地强大；统一天下后，选取的是“终始五德”，迅速走向灭亡。其间的对比十分鲜明。

一、水德的自许

秦统一天下，靠的是武力。统一之后，坚信的还是武力。因而，它在思想上也选择了最糟糕的那部分。大家知道，春秋战国是一个思想的黄金时代，百家争鸣，对于治理天下、管理民众，有许多的见解被提出来。到底采取哪一种为自己的政权作理论的装点，选择哪些思想作为国家政治、经济生活的指南？选一家，大概不够用，所以需要综合。秦统一天下后，秦始皇又是如何选的，如何综合的？要看《史记·秦始皇本纪》这一段：

始皇推终始五德之传，以为周得火德，秦代周德，从所不胜。方今水德之始，改年始，朝贺皆自十月朔。衣服旄旌节旗皆上黑。数以六为纪，符、法冠皆六寸，而舆六尺，六尺为步，乘六马。更名河曰德水，以为水德之始。刚毅戾深，事皆决于法，刻削毋仁恩和义，然后合五德之数。于是急法，久者不赦。

文中“始皇推终始五德之传”几句，交代出秦始皇采取的思想，来自邹衍的“阴阳五行说”，其要义在于从天地法则确定秦王朝的合法性。这也是其来有自。夏、商建立之初的情形不甚明了，西周建立后提出了“天下”“天命”的观念，“天下”观念的内涵是包容一切，即周人的政治要统御天底下所有的“海隅苍生”（《尚书·益稷》），但同时天下观又是分层次的，就是王朝不能一刀切地对待远近不同的人。大体而言，距离越远的族群，王朝管制越松，最偏远的人，只要承认周王朝的存在就可以。要包容，必须宽大。这是“天下”观念的特点之一。“天命”观念是说明周人何以战胜强大的殷商而治理天下。其要点在于说明周人累世积德，善待民众，善于修齐治平，所以上天才把原本发放殷商人手中的大权夺回来，交给周人。这就叫“革命”。不是周人夺殷商的大权，而是顺应上天的意志夺取“无道”王朝的权。这两项观念，说它们是周王朝为自己所作的缘饰，但在很大程度上，也是周人处理天下人群问题的指针，突出的证验在对待被征服的殷商遗民这件事情上。按照古代希腊罗马的做法，征服一个邦家，先要杀一批，这在西周确有其事。继之而来，按古希腊罗马的习惯，就是将男人按照年龄及身体情况分为若干，按同样的标准，女人也分成不同的群体。干什么？卖为奴隶。有关这一点，按照文献记载，周人没有这样做。据《左传·定公四年》“使帅其宗氏，辑其分族，将其类丑，以法则周公，用即命于周”的记载，殷商遗民被拆开了，不过这拆开又是以宗族为单位的，每一个宗族都有自己的领袖，率领本族贵贱人等，臣服于周人。西周初期大封建，周贵族到各地建立新邦，需要各色人等，尤其是手艺人，所以有“殷民六族”被划分到鲁国，这些人也住在鲁国的城邑之内，而且有自己的土地庙。据《左传》记载，殷民还有“七族”被划归卫国。此外，据北京琉璃河董家林村考古遗址发现，燕国封建之初，也有大量殷遗民随周人定居于此。遗址墓葬中的金文显示，燕国建立不久，那些殷商遗民的上层就得到周人对他们的赏赐，也做了主子。有这样的包容，才有真实的天下气象。所以，到西周中期，各种证据显示，殷商遗民与周人之间的隔阂、分别开始消失，到春秋战国，就很难分彼此了。新观念，伴随的是大举措、大气象。这样的大举措、大气象，才是中华文化中最值得纪念的。

秦始皇选择“终始五德”之说，全然是得势后的装点门面。因为秦人积累五百年最终完成统一大业，遵循的是功利主义，即一切措施都围绕猎取天下转，而商鞅变法实行二十等的军功爵制，以战场杀人换取富贵，激发出的是无限的战争热情。胜利了，总要为自己权力的合法性做点说明，于是就采取了邹衍的说法。而“终始五德”说与西周人“天命”观念的一个极大的不同，就是“五德”的轮回，全然由神秘的上天决定，非关民意。强大的秦王朝，也有恐惧，但对象不同，它恐惧的不是民心、民意，而是神秘的上天。更要命的是，秦始皇在采取“终始五德”之说时，还“创造性”地加上了秦人对万民轻蔑与贱视的内涵。

继续看《秦始皇本纪》这段文字：“方今水德之始，改年始，朝贺皆自十月朔。衣服旄旌节旗皆上黑。数以六为纪，符、法冠皆六寸，而舆六尺，六尺为步，乘六马。更名河曰德水，以为水德之始。”按照邹衍这个“算命先生”的算法，周王朝在五行中为火，即为火德。那么，以五行相克的算法，水克火，秦朝就是居水德。水德为阴，颜色发黑，于是最尊贵的颜色为黑；把一年的头一个月定在十月，是所谓“改正朔”，与天地更始。因为水在五行中为阴，政治生活中涉及数学的，就以“六”为尊，各种尺度以“六”为节制。学者研究秦始皇时期刻写在各地的石刻文字，句数上基本都是“六”的倍数，看来是颇为当真的。这些其实都不打紧，要命的是王朝对邹衍之说的发挥：“刚毅戾深，事皆决于法，刻削毋仁恩和义，然后合五德之数。”这就事关秦朝政治对“海隅苍生”的治理原则了。“刚毅戾深”就是要强要猛，一切以法度、法条为准，不能讲究仁义，以为这样就可以合水德。猛厉地执行法度、法条，从商鞅变法以来就是如此，军事化的管制，是秦获胜的重要原因之一。现在，这一切又都披上了“五德”的外衣。《史记》对行水德之法的效果，做了简要的说明：“于是急法，久者不赦。”大秦帝国罪罚重，犯人也就尤其多。

二、傲慢的政治情绪

这样事关国家政治方向的思想，与秦作为兼并胜利者特有的傲慢政治情绪有关。《史记·秦始皇本纪》载秦始皇二十六年：

> 丞相绾、御史大夫劫、廷尉斯等皆曰：“昔者五帝地方千里，其外侯服夷服，诸侯或朝或否，天子不能制。今陛下兴义兵，诛残贼，平定天下，海内为郡县，法令由一统，

自上古以来未尝有，五帝所不及。

武力征服天下、取得胜利，让秦王朝开创基业的君臣觉得自己有资格蔑视历来被视为圣王的五帝。于是，就有《秦始皇本纪》载秦始皇二十八年的故事。秦始皇出游，“乃西南渡淮水，之衡山、南郡。浮江，至湘山祠。逢大风，几不得渡。上问博士曰：‘湘君何神？’博士对曰：‘闻之，尧女，舜之妻，而葬此。’于是始皇大怒，使刑徒三千人皆伐湘山树，赭其山”。读这段文字，要注意中间的一个“小气口”，就是皇帝“逢大风”，询问得知干扰他的是“舜之妻”后勃然大怒。这表明秦始皇还是对天地神灵有所畏惧的。然而听说神祇与五帝相关，他就可以放开胆子发怒了，因为他秦始皇的功劳是五帝所不及的。①三千刑徒“赭其山”，罪犯囚徒穿赭色之衣，涂赭湘山，是把五帝的家属也当作秦朝的犯人了。傲慢的情绪，也体现在秦始皇三十五年修阿房宫的设计上（考古表明阿房宫未建成，秦即灭）。《秦始皇本纪》记载：

---

①不过，秦始皇三十七年最后一次巡游天下，“十一月，行至云梦，望祀虞舜于九疑山”，对五帝之一的舜举行了祭祀典礼。要注意的是，在此之前，《史记·秦始皇本纪》载：“三十六年，荧惑守心。有坠星下东郡，至地为石，黔首或刻其石曰‘始皇帝死而地分’。”继而，《史记》又载：“秋，使者从关东夜过华阴平舒道，有人持璧遮使者曰：‘为吾遗滈池君。’因言曰：‘今年祖龙死。’使者问其故，因忽不见，置其璧去。使者奉璧具以闻。始皇默然良久，曰：‘山鬼固不过知一岁事也。’退言曰：‘祖龙者，人之先也。’使御府视璧，乃二十八年行渡江所沉璧也。于是始皇卜之，卦得游徙吉。”就是说，始皇最后一次出游是避凶的。那么出游中，对五帝之一的舜表示一下礼敬，未尝不是病笃乱投医的表现。

始皇以为咸阳人多，先王之宫廷小，吾闻周文王都丰，武王都镐，丰镐之间，帝王之都也。乃营作朝宫渭南上林苑中。先作前殿阿房，东西五百步，南北五十丈，上可以坐万人，下可以建五丈旗。周驰为阁道，自殿下直抵南山。表南山之颠以为阙。为复道，自阿房渡渭，属之咸阳，以象天极阁道绝汉抵营室（星辰名）也。

这段引文的要点在最后一句，“天极阁道绝汉抵营室”云云，表明天地之间已经搁不下他们了。有如此傲慢的政治情绪，才有把万民蔑称为“黔首”的事情，才有以严刑峻法对待小民以及“急法，久者不赦”。

如此的傲慢情绪，在历代的开国君臣那里也极为少见。《殷本纪》言商汤伐夏桀，“还亳，作《汤诰》”，其中有：“告诸侯群后：‘毋不有功于民，勤力乃事。予乃大罚殛女，毋予怨。’曰：‘古禹、皋陶久劳于外，其有功乎民，民乃有安。东为江，北为济，西为河，南为淮，四渎已修，万民乃有居。后稷降播，农殖百谷。三公咸有功于民，故后有立。……先王言不可不勉。’”这样的政治态度与秦人相去何止天壤？《周本纪》载周武王伐商纣，“武王至商国，商国百姓咸待于郊。于是武王使群臣告语商百姓曰：‘上天降休！’商人皆再拜稽首，武王亦答拜”。之后，又敬告上天：“殷之末孙季纣，殄废先王明德，侮蔑神祇不祀，昏暴商邑百姓，其章显闻于天皇上帝。”言外之意，周王朝要将被商纣蔑弃的“先王明德”恢复起来。这些，自然是自以为功盖五帝的秦始皇所不屑的。就是说，秦人统一天下后，其傲慢是空前的，在整个古代王朝，大概也是绝后的。作为一本完整的书，

《殷本纪》《周本纪》和《秦始皇本纪》在《史记》中是前后卷，比较地对照阅读这些章节，在历史变动中，价值的跌落才会越发分明。对比中，史家无言地强调着这样的差别。

三、所谓邹衍的思想

傲慢很容易陷于愚昧。秦之所选的邹衍思想，其实正代表着先秦诸子之学的愚昧与堕落。就让我们来看看《史记》关于邹衍思想的记录。《史记·孟子荀卿列传》中有关于邹衍的记载：

> 其次驺衍，后孟子。驺衍睹有国者益淫侈，不能尚德，若《大雅》整之于身，施及黎庶矣。乃深观阴阳消息而作怪迂之变，《终始》、《大圣》之篇十余万言。其语闳大不经，必先验小物，推而大之，至于无垠。先序今以上至黄帝，学者所共术（习），大并世盛衰（大致的盛衰），因载其禨祥度制（事例），推而远之，至天地未生，窈冥不可考而原也。……称引天地剖判以来，五德转移，治各有宜，而符应若兹。……然要其归，必止乎仁义节俭，君臣上下六亲之施始也滥耳。王公大人初见其术，惧然顾化，其后不能行之。
>
> 是以驺子重于齐。适梁，惠王郊迎，执宾主之礼。适赵，平原君侧行撇席。如燕，昭王拥彗先驱，请列弟子之座而受业，筑碣石宫，身亲往师之。作《主运》。其游诸侯见尊礼如此，岂与仲尼菜色陈、蔡，孟轲困于齐、梁同乎哉！故武王以仁义伐纣而王，伯夷饿不食周粟；卫灵公问陈，而孔子不答；梁惠王谋欲攻赵，孟轲称大王去邠。此

岂有意阿世俗苟合而已哉！持方枘欲内圜凿，其能入乎？或曰，伊尹负鼎而勉汤以王，百里奚饭牛车下而缪公用霸，作先合，然后引之大道。驺衍其言虽不轨，傥（若不是）亦有牛鼎（干预政治）之意乎？

这段引文有以下几点值得注意：第一，言“其次驺衍，后孟子”，即邹衍的学术是在孟子之后。孟子之学的根本在王道、仁政，为此他反复从天道的必然性来论证在当时的实现可能。但是，仁政也罢，王道也好，在当时都被视为迂阔不着边际，备受冷落。假如我们将孟子的仁义、王道视为“正说”的话，那么邹衍“要其归，必止于仁义节俭”闳大不经的“怪迂”之术，便可视为实出无奈的“巧说”“诈说”。正道而流于诈，岂不是堕落？当然，这是学术思想在特殊遭际下无奈的下策。

第二，邹衍“称引天地剖判以来，五德转移，治各有宜，而符应若兹”，其具体内容，应该就是《吕氏春秋·应同》所讲的那一套天人感应：“凡帝王之将兴也，天必先见（现）祥乎下民。黄帝之时，天先见大螾大蝼。黄帝曰：‘土气胜。’土气胜，故其色尚黄，其事则土。”《吕氏春秋·应同》还说夏禹出世则是“草木秋冬不杀”，禹曰：“木气胜。”于是黄帝之德为“土”，夏之德为“木”。依此类推，轮换不已。还有一点应当指出，邹衍的“终始五德”之说主“五行相生”，即土生木、木生火的顺序。《史记·封禅书》言：“自齐威、宣之时，驺子之徒论著终始五德之运”，《史记集解》引如淳之说：“今其书有主运，五行相次转用事，随方面为服。”其说相当可靠。

第三，邹衍在当时可以产生那么大的影响，究其原因绝不在其“牛鼎之意”，而是他的“终始五德”之说和“主运”之术。所谓“终始五德”，应该是对各种政权的五行属性的判断，就像秦人将自己断定为金、木、水、火、土五行中的“水德”一样。换言之，就是用五行推测未来哪家政权获胜。“主运”应该是讲运势，也是以“运”来预测未来的胜者。如此，邹衍走到哪里都受到达官贵人的欢迎就好理解了。当时的君主们没有一个不做着“朝诸侯，莅秦楚”的大梦，所以他们要恭敬虔诚地迎接邹衍。说穿了，各诸侯对邹衍之所以大感兴趣，是把他当成了“算命先生”。这倒也恰如其分，阴阳家本来就是术士。术士的学问，时间久了就会露馅[①]。《史记》说得好：“王公大人初见其术，惧然顾化，其后不能行之。”稍晚于司马迁，在汉朝廷举行的“盐铁”会议上，儒生则更直接地说：“邹衍非圣人，作怪误，荧惑六国之君，以纳其说。此《春秋》(指《公羊传》)所谓‘匹夫荧惑诸侯’者也。”“荧惑”两字实在也不冤枉邹衍。

邹衍及阴阳家的学问，实在是孔子一路学问走下来一个不得已的选择。孔子想以“仁”道救世界，周游六国，“干七十余君”而无人理睬。之后，孔子的再传、三传弟子，有人就变成早期的法家人物。早期法家著作《商君书》里提到，儒家想使人“仁”却没有办法，想教人“爱”也没有办法。法家的“法”则迫使人不得不“仁”，不得不“爱”。但是，早期法家试图以“法”限制权力，遭到了失败，商鞅在秦惠王时被车裂，就是因为他以法治了秦惠王师傅的罪。既然在现实层面没有办法约束权力，到

①这不是说邹衍不学无术，他曾在平原君处与公孙龙辩论并且压倒多数公孙龙弟子，即可说明问题。事见《史记·平原君列传》裴骃《集解》。

邹衍之辈，就只好以悠谬闳大之言“荧惑”震骇王公大人了。这可真是千方百计，无所不用其极。观念性的力量能用的差不多都用了，权力的恶，当权者的恶，何尝因此而有丝毫的改善！道德之论在当权者是“大声不入于里耳”，当权者对法度的破坏也始终“从我做起”。当权者对阴阳家的学问的态度倒有所不同，那就是社会权贵买椟还珠，将仁义节俭的“本意”完璧归赵，对“天人感应”那一套，却如获至宝。再后来流氓盗贼做了皇帝，也可以造谣说他在母亲坐胎时就出现过乌云翻滚、神龙现世的神异鬼话。这等伎俩传到民间，则是为许多的游手好闲之徒预备了混饭吃的家什。邹衍的学说，意味着诸子学说无奈之下的堕落。

四、权力的漠视理性

这样的堕落，不是没有遭到理性的驳斥。在邹衍的思想出笼后，荀子在《荀子·天论》中就对“天人感应”说予以猛烈的批判。正如司马迁所说，邹衍生活的年代后于孟子，略早于荀子。《天论》一上来就说：“天行有常，不为尧存，不为桀亡。应之以治则吉，应之以乱则凶。”这是强调世界自由及客观的规则，人事的善恶，影响不了客观的天。荀子说：“故明于天人之分，则可谓至人矣。”天人两分，是荀子天人关系的主要亮点。这是从根本上断除天有神秘的意志，断除天有意预兆人世吉凶祸福妄念的观点。在荀子看来，天没有神秘的意志，无法主动干扰人事兴衰，人事上的成败，都是人自己的行为决定的。《天论》说：“治乱，天邪？曰：日月星辰瑞历，是禹桀之所同也。禹以治，桀以乱，治乱非天也。时邪？曰：繁启蕃长于春夏，畜积收臧于秋冬，是又禹桀之所同也。禹以治，桀以乱，治乱非时也。地邪？曰：得地则生，失地则死，是又禹桀之所同也。禹以治，桀以乱，治乱非地也。”天与治乱兴衰没有任何关联。再看这样的文字：

> 星队（坠）木鸣，国人皆恐。曰：是何也？曰：无何也，是天地之变，阴阳之化，物之罕至者也。怪之，可也。而畏之，非也。夫日月之有蚀，风雨之不时，怪星之党（傥，偶然）见，是无世而不常（尝）有之。上明而政平，则是虽并世起，无伤也。上暗而政险，则是虽无一至者，无益也。夫星之队，木之鸣，是天地之变，阴阳之化，物之罕至者也。怪之，可也。而畏之，非也。

简直痛快至极！

应该说，这样的言论是百家争鸣时代最理性的光彩。略有这样的理性精神，就不会被邹衍那一套哄得团团转。可是，秦始皇之流——掌握了最高权力的帝王，却专挑邹衍的学说加以改变，而荀子的思想却又是一个“大声不入于里耳”。这与其说是智力上的障碍，不如说掌权者特有的愚昧。秦以武力取天下，但是要确定自己的合法性，就一定得仰仗一个“天”，这个“天”是“水克火”（在这一点上，与邹衍的五行相生说不同，但不妨碍都属于迷信）的。这个“天”，不要什么“德”，它是物质的相生相克，反而不需要以人世的德行努力来换取。人间的政治只要按照水德的“深戾”、水德的“刻削”办事就是合乎天“德”了。这正合依靠武力统一天下的秦的心思，他们获得胜利，照着五行水德的德行为政，就万事大吉了。根本上，还是胜利者的傲慢，没有把天下苍生、天下苍生的福祉、天下苍生的感受，以及天下苍生的可能具有的力量放在眼里。值得深思的是，秦人的选择，没有随着秦王朝迅速地垮台而成为过去，汉帝国在武帝时期，居然也选择了“天人感应”，只不过把“天人感应”与儒家的“仁术”结合在一起，形成混杂不清的“新儒学”，其理论的代表性人物就是董仲舒。后来西汉帝国的政治实践表明，“儒学”的部分没有实现多少，“天人感应”的部分则导致最后王莽的出现，并取代汉家的大权。

秦汉的这种相似，还表现在“秦皇汉武”都好求仙这一点上。秦始皇求仙，是游走，是派人到海上，这些汉武帝也继承了，可称秦始皇的异代知己、好兄弟。求仙，汉武帝也有一点自己的“发明”，就是借助封禅来求仙。总之，都不想早死。还好，那时候皇帝的求仙，多是巡游四海，特别是东海，仙药也不像后来那么生猛，所以，他们还没因为吃仙药而早死，这就是“秦皇汉武”比后来一些皇帝幸运的地方了。读《史记》有大时间段落上的对比，西周建国之初，当权者在政治上是如何想的，其实与秦始皇的政治思想选择，正有着遥远的对比。因其时间距离较远，所以常常被忽略。

总之春秋战国百家争鸣，许多明亮的思想皇权不选，专选神仙说、“五德”说这些乱七八糟的东西。百家争鸣的思想黄金时代，对皇权而言，根本就是无所谓。

五、韩子的信奉者

秦人早在战国秦孝公时，就选择了法家之术，即所谓“商君之法”。或者说，秦始皇采信“终始五德”，并作了“刻削”对待万民的发挥，其实就是将阴阳家的学说与商鞅严刑峻法的精神相结合。选择“商君之法”成就了秦在军事上的强悍。不过，法家在商鞅之后，还有发展，还出现过大的思想家，那就是韩非子。秦始皇、秦二世都是韩非子学说的“铁粉”。《史记·老子韩非列传》：“人或传其书至秦。秦王见《孤愤》《五蠹》之书，曰：‘嗟乎，寡人得见此人与之游，死不恨矣！’李斯曰：‘此韩非之所著书也。’秦因急攻韩。韩王始不用非，及急，乃遣非使秦。”这是秦始皇见到韩非子《说难》《五蠹》篇后的钦羡，在《史记·秦始皇本纪》关于秦二世的记载中还有如下的段落：

赵高说二世曰：“先帝临制天下久，故群臣不敢为非，进邪说。今陛下富于春秋，初即位，奈何与公卿廷决事？事即有误，示群臣短也。天子称朕，固不闻声。”于是二世常居禁中，与高决诸事。其后公卿希得朝见，盗贼益多，而关中卒发东击盗者毋已。右丞相去疾、左丞相斯、将军冯劫进谏曰：“关东群盗并起，秦发兵诛击，所杀亡甚众，然犹不止。盗多，皆以戍漕转作事苦，赋税大也。请且止阿房宫作者，减省四边戍转。”二世曰：“吾闻之韩子曰：‘尧舜采椽不刮，茅茨不翦，饭土熘，啜土形，虽监门之养，不觳于此。禹凿龙门，通大夏，决河亭水，放之海，身自持筑臿，胫毋毛，臣虏之劳不烈于此矣。’凡所为贵有天下者，得肆意极欲，主重明法，下不敢为非，以制御海内矣。夫虞、夏之主，贵为天子，亲处穷苦之实，以徇百姓，尚何于法？朕尊万乘，毋其实，吾欲造千乘之驾，万乘之属，充吾号名。且先帝起诸侯，兼天下，天下已定，外攘四夷以安边竟，作宫室以章得意，而君观先帝功业有绪。今朕即位二年之间，群盗并起，君不能禁，又欲罢先帝之所为，是上毋以报先帝，次不为朕尽忠力，何以在位？”下去疾、斯、劫吏，案责他罪。去疾、劫曰：“将相不辱。”自杀。斯卒囚，就五刑。

这一大段文字，大体可分为三层意思。第一层意思是赵高劝二世远离大臣，其中“天子称朕，固不闻声”的“固不闻声”句有异文，异文作“固闻声”，少一个“不”字。其意思，按照司马贞《史记索隐》的说法是：“言天子常处禁中，臣下属望，才有兆朕，闻其声耳，不见其形也。”即“只闻其声，不见其人”的意思。无论哪一种写法，《史记》所记，都是在强调天子要让臣下感觉到神秘，而这一点正来自韩非子的法术主张。韩非子是后期法家的代表人物，其学术的特点是吸收黄老之术入法家，因而，除了严刑峻法等方面承续着早期法家的内容外，也有十分明显的新特点，那就是崇尚阴谋隐秘的新法术。《老子》中就有“国之利器不可以示人”之说，黄老道家更主张君主要耳聪目明，督责暗查臣下，从而驾驭之。韩非子吸收了这些又有所发展。在韩非子的学说中，有一点就是强调君主要特别防范大臣盗用君主的权力作威作福。他有一个说法：大臣原本是狗，一旦盗取君主权力，就可变为虎。而且，想盗取君权的不止大臣，还有所有身边的人，包括大小老婆、嫡庶的孩子以及近侍人员等。韩非子认为，这些人要盗取君权，最常见的手段是掌握君主的好恶，投其所好，避其所恶，以此获得亲信。获得亲信，就等于大权在手。要防范这样的情况发生，君主应该怎么办？韩非从《老子》的“道”那里获得启发，“道”就是“无”，因此，君主应该像“道”那样，无形无相，无声无色，无气无味，就是尽量不要被臣子、手下及身边的人找到君主的好恶偏向。于是，躲避大臣，不让大臣更多了解自己，就是君主防范大臣盗用自己权力的办法。所以，赵高对秦二世的奉劝，其实是有韩非子法术的学问作理论依据的，而这样的理论依据，看二世口称“韩子曰”，说明二世也是能领会的。

笔者曾在《先秦文化史讲义》中说，先秦几大流派的思想，可归纳为三大理想主义：儒家的道德理想主义、道家的生命理想主义和法家的权力理想主义。儒家的道德理想主义大家一般都了解一些。道家强调得道的“真人”(《庄子》讲的多）入水不湿、入火不热乃至“御六气之辨（变）”等，都是一种理想。至于韩非子的法家的权力理想主义，是指他相信权力可以包打政治社会乃至生活中的一切，即以韩非子防范大臣等盗用君主权力这一点而言，他的设计是君主要做到无形无相等，请问现实生活中哪一位活人能做到这一点？这不是理想主义吗?《史记》恰恰在这一点上，暴露出韩非子“缜密思维”的巨大漏洞。赵高的“高招”就是证据，他让秦二世避开大臣等臣下，赵高就成了君主与臣下之间的“通道”，于是赵高就可以“指鹿为马”了。请看,《史记·秦始皇本纪》如下的故事:“(二世）三年……赵高欲为乱，恐群臣不听，乃先设验，持鹿献于二世，曰:‘马也。’二世笑曰:‘丞相误邪？谓鹿为马。’问左右，左右或默，或言马以阿顺赵高。或言鹿，高因阴中诸言鹿者以法。后群臣皆畏高。”

这就是应验。要说在皇帝面前，一般大臣哪敢顺从赵高而不惧皇帝？可是，政治生活的逻辑就是这样吊诡，你皇帝总也不见大臣，偶然见你一面，坚持真理就等于死，皇帝躲避大臣，就等于把大权拱手交给赵高。赵高才是天天见的“皇帝”。所以，只能顺着赵高说。司马迁写这段故事，有声有色，很可能是个“段子”，未必真的发生过。因为类似的故事最早出现在燕国，就是在燕王哙禅让大权于子之时，子之要测验燕国大臣对自己的忠诚度，用的就是与《史记》所载的赵高十分类似的手法。此事见于《战国策·燕策》。不过，秦朝堂是否真的发生“指鹿为马”的事，不是重点，司马迁写这个故事，要强调的是君权恰好为赵高盗用，赵高等于由一只狗，变成了一只虎。

第二层意思是“右丞相去疾、左丞相斯、将军冯劫进谏”二世，内容有减轻民众“戍漕转作事苦”、减少赋税、停止阿房宫的修建等几个方面。这些意见，都被二世拒斥。二世一句“吾闻之韩子曰”，表明他胡亥也是念过书的，且父死子继，都是韩非子的信徒，“尧舜采椽不刮，茅茨不翦，饭土增，啜土形，虽监门之养，不觳（粗略）于此”的言语就出自《韩非子·五蠹》篇。二世从韩非子那受启发而来的观点是：当皇帝无论如何都得活得“肆意极欲”，哪怕洪水滔天。其实韩非子没有这样的观点，这也是二世的“创意”。稍加品味这样的皇帝的“肆意极欲”论，与秦始皇将秦定为水德一脉相承，都认为秦朝大权是上天神秘运作的结果，与小民苦不苦、乐不乐没一点瓜葛。其实也是商纣王“我生不有命在天乎”的新版。倒退，竟可至于此！下面“朕尊万乘，毋其实，吾欲造千乘之驾，万乘之属，充吾号名”的言论道出的是后来许多皇帝心敢想，却不敢说的心里话。继之而来的“且先帝起诸侯，兼天下”云云，则又是乃父傲慢情绪的延续。

之后就是最后一层意思，二世对几位重要大臣“群盗并起，君不能禁”的斥责乃至下狱。若问“念过书”的秦二世何以混到如此地步，主要原因也不难找，他已经被那个赵高实行隔离了，全然不知道自己的处境之危险。韩非子的“术”，终是害人不浅。

汉初的贾谊作《过秦论》，其中一部分就说到，如果秦二世对父亲的做法改弦更张，秦国也应该还不至于那样快地灭亡。这绝对是“历史假设”。有一句俗话放在这里或许可以说明点问题：身子掉井里了，靠耳朵挂得住吗？自战国时秦强大起，就蔑视小民。统一天下后，更是傲慢到了天上去。还能指望二世做出改变？还有那位赵高，有记载说他是赵人，出土文献说他从小生活在秦的隐宫，有人说隐宫为劳教之所。赵高有女婿，一定是有女儿的。那么，他做宦官，应该也是受了刑顺便当的。那么，他对秦王朝或许因受刑而怀恨，于是就有理论有主张地将二世往坏里引。据说清朝灭亡后，人们论“排满”之功，居功第一的竟然是西太后。按照这样的逻辑，二世、赵高，当然还有统一天下的秦始皇，亡秦的功臣，前三名一定是他们几位的了。

第十一讲

力可拔山，却独坐孤峰顶

——读《项羽本纪》

项羽和刘邦都是英雄。汉魏之际的古书《人物志》讲英雄，说："是故聪明秀出，谓之英；胆力过人，谓之雄。"不难看出，"英"智慧多一些，"雄"胆气更强盛一些。项羽多"胆气"，刘邦偏"聪明"。不过，在今天，若说起"英雄"这个词，首先想到的肯定是项羽，他的"力拔山兮"更富于今天所理解的英雄气概。这就要说到司马迁对历史人物"文学的"书写了。刘邦提三尺剑打天下，固然是英雄，但是当了皇帝后，身上不亮堂的东西一股股地冒出来，难免不讨人喜欢。这也是司马迁书写的效果。

对项羽的书写，司马迁是花了大心思的。司马迁看项羽，没有站在汉王朝胜利者的立场，把与刘邦争天下的项羽当作"历史的错误"，处理为历史大车的挡路者。恰恰相反，司马迁清楚展示了这样一点真实：只有项羽推翻了秦，才有刘邦获得江山。就是说，关于项羽，《史记》准确地写出了他能干什么和不能干什么。简单地说，"诛暴秦"是项羽能干的，而且非他莫属，因为秦是一大堆势力，需要强力击垮它，这力量项羽有。可一旦进入"后"诛暴秦的时代，项羽的麻烦就来了，招招皆是败招。这就是"力拔山兮"的项羽。他在秦汉之间的作用，《史记》借助《垓下歌》作了大线条的勾勒：一条大汉，站在地平线上，两膀一较劲，把秦的这座大山拔了。这就是项羽对历史的贡献。这样的贡献，确定了人物的历史地位，人物的骨架也就有了，史家还要用文学的笔墨，对人物设色传神。两者合在一起，就是《史记》书写的项羽形象，真有点空前绝后。说到《项羽本纪》，可是两千来的古文名篇，笔者求学的时候，就见过老先生讲这篇文章，全文都是一边背诵一边讲解的。

一、孤独的天才

道家有一个说法叫“百谷王”，见传世本《老子》第六十六章：“江海之所以能为百谷王者，以其善下之，故能为百谷王。”江海能容纳百川，所以能成其大。谷，在此就是川的意思。要做“百谷王”，需要俯得下身姿。这一点，刘邦能做到，项羽做不到。不单做不到，项羽为人还处处与这一道理相反，所以，他就像一个独坐孤峰顶上的人，很高，也很孤冷。何以这样说呢？刘邦有三大功臣——萧何、张良和韩信。萧何是刘邦的老底子，他之外，张良老早就认识项羽和项羽的叔父项梁，但张良选择了追随刘邦，而非项梁、项羽。《留侯世家》说：“项伯常杀人，从良匿。”张良对项家的人还有救命之情，另外张良还受过项梁的委任。这都没有让张良选择项氏。张良看人很高明，他智谋高强，拿自己的谋略跟当时各路的诸侯讲，“皆不省”，当然也包括项梁、项羽。好在那是一个君择臣、臣也择君的年头。张良跟刘邦说自己的计谋，刘邦，只有刘邦，一听就懂。所以，张良由衷地说：“沛公殆天授！”（《留侯世家》）张良跟定了刘邦，项羽的天下大概就丢了一大半了。

韩信不像张良那么会看人，在项家混了不短的时光。《淮阴侯列传》说：“项梁渡淮，信杖剑从之，居戏下，无所知名。项梁败，又属项羽，羽以为郎中。数以策干项羽，羽不用。”项氏叔侄都没瞧得起韩信，无奈，他归了刘邦。刘邦一开始也没有看出韩信有什么好，好在有萧何极力推荐，刘邦眼光一般，耳朵却灵，听得进劝，于是韩信得大用。这两个人，项家哪怕能得一个，用一个，也好啊！全被自己推到敌人那儿去，要讲跟自己过不去，也真有他们爷俩的！于是项羽手下能出点主意的，就只有一个老头子范增。项羽还是不能用，把范增赶回家，范增气得发疽而死。这在范增也是脚底下的水泡——自己走出来的。

不能用人，那是因为太骄傲。骄傲的项羽确实也有其可骄傲的资本，他有天才的资质。《史记》刻画人物，有一个办法很传神，就是俗话所谓“三岁见大，七岁看老”的法子，可以称之为“预示”法。项羽一出场，《项羽本纪》写道：“项籍少时，学书不成，去学剑，又不成。项梁怒之。籍曰：‘书足以记名姓而已。剑一人敌，不足学，学万人敌。’于是项梁乃教籍兵法，籍大喜，略知其意，又不肯竟学。”“学书”指的是识字，而识字关乎读书，属于“文”的方面。“学书不成”，看大看老，这位少年天性不“文”，耐不得这方面的烦，于是历史文化，修、齐、治、平的各种经验与教训，都与他水米无干。这就是“刘项原来不读书”这句梗的由来。刘邦也不读书，但是有张良等一群谋士能臣替他读，前面说过刘邦能听，耳朵好使。项羽则像个“无孔铁锤”，是实心的铁蛋子，很硬，很重，很有打击力，可就是闭塞，没有谁能提醒得了他，能帮到他。这在项羽也有其家族传统的原因，《项羽本纪》交代得很清楚，他们是楚将项燕之后。可项梁还是项燕的儿子呢，他还知道教项羽写字，项羽就不知道，而且不学“书”的小歪理儿还说得气象不凡，终是异于常人。年岁不大，“文化无用”的成解，却早就铁定在心了。“学万人敌”，才是他天生的兴趣，可又如何呢？还是个有始无终（项羽一生整个就是有始无终）。初步接触“大喜”，但也只是“略知其意，又不肯竟学”。不过，项羽的“略知其意”，也可能像霍去病的不肯学“古兵法”，而注重“方略如何”（《史记·卫将军骠骑列传》），反而见出一种聪明。总之，这孩子不好学，是学渣，叔父很生气。

但是，终于有一天，项羽身上独特的胆气，他的大过人处，惊到了叔父。这就是“秦始皇帝游会稽，渡浙江”那一次，叔侄俩一起去观秦皇帝的阵势。看着看着，项羽脱口而出：“彼可取而代也。”这话，没人教他，是项羽天性灵光的爆出，当然也夹杂着他平日耳濡目染的仇秦情愫。无论如何，这话一出口，就把叔父项梁吓坏了，下意识地用手去掩项羽的口，还说了一句：“毋妄言，族矣！”这也是出乎本能，但比侄子的本能及下意识，可就差得太远了。这件事让“梁以此奇籍”。《史记》写到这里，用了一点技巧：就是让项梁正视了项羽一下，即下面这句的交代：“籍长八尺余。”然后，《史记》赶紧补充说：“力能扛鼎，才气过人，虽吴中子弟皆已惮籍矣。”楚霸王项羽，终于露了些峥嵘本色。

有意思的是，刘邦也说过与项羽“取而代也”相类的话，只是用词口气不同。那是刘邦到咸阳出差，看见秦始皇的堂皇，想到自己的差距，顺嘴冒出一句：“嗟乎，大丈夫当如此也！”项羽说那话，无意之间显示他的老贵族心理：国家是他们的。而且，可以料想，项羽说这话时是攥着拳头说的，满带着恨意。还有很重要的一点，“代也”表明，项羽很清楚自己的贵族身份，也很自信。而刘邦说这话，更多的是羡慕，当是流着哈喇子说的，没有项羽的那种根，也没有那种贵族的自信。这里有霸王与汉王的区别。在《项羽本纪》中，为项羽的“霸王”气概着色，司马迁用了反复渲染的手法。

“彼可取而代”之后，是项氏起事时项羽显出的杀气。项梁举义，先干掉的是会稽太守。在他的一个眼色下，“籍遂拔剑斩守头。项梁持守头，佩其印绶。门下大惊，扰乱，籍所击杀数十百人。一府中皆慑伏，莫敢起”。顷刻之间杀数十百人，满身带血的项羽，站在那里简直就是一尊煞神。谁说项羽的“一人敌”（剑术）没有学好？“皆慑伏，莫敢起”之类的话，在《项羽本纪》中出现几次。如在斩杀宋义后：“当是时，诸将皆慑服，莫敢枝梧。”又如巨鹿大战后：“于是已破秦军，项羽召见诸侯将，入辕门，无不膝行而前，莫敢仰视。”又如垓下之战时项羽高歌之后：“项王泣数行下，左右皆泣，莫能仰视。”最奇妙的是“汉之四年”，项羽与刘邦在广武（今河南荥阳附近）数月对阵，“楚挑战三合，楼烦辄射杀之。项王大怒，乃自被甲持戟挑战。楼烦欲射之，项王瞋目叱之，楼烦目不敢视，手不敢发，遂走还入壁，不敢复出。汉王使人间问之，乃项王也。汉王大惊”。这就是项羽煞气夺魂魄的表现。项羽一瞪眼，对方“目不敢视，手不敢发”，关键是狙击手并不知道对方是项羽。司马迁写“霸王”之气概，无以复加。

这多少有些神话色彩。但是，我们想，这是司马迁出于偏爱的夸张吗？不是，项羽的神话，是巨鹿之战打出来的。他的英雄气概，是关于他的英雄传说的基础。司马迁的生活时代可能晚了点，料想在司马谈时代，一些参加过楚汉战争的老一辈人还在，他们体会过项羽那教人闻风丧胆的霸王煞气。“汉之元年”，刘邦“还定三秦”，即从汉中返回关中，秋风扫落叶般收拾了楚霸王封建在此地的诸侯，率领五十余万人的五路大军直扑彭城。这时，项羽在齐（今天的山东一带）平定田氏的反叛。刘邦大军批吭捣虚，很是得计。然而，项羽的厉害他们马上就会知道。《史记·项羽本纪》对此有精彩的叙述：

> 项王闻之，即令诸将击齐，而自以精兵三万人南从鲁（今曲阜）出胡陵。四月，汉皆已入彭城，收其货宝美人，日置酒高会。项王乃西从萧（今安徽萧县），晨击汉军而东，至彭城，日中，大破汉军。汉军皆走，相随入穀、泗水，杀汉卒十余万人。汉卒皆南走山，楚又追击至灵壁东睢水上。汉军却，为楚所挤，多杀，汉卒十余万人皆入睢水，睢水为之不流。

项羽以三万军对五十余万，何等不成比例！萧在彭城之西，项羽突然从这个方向杀出，又是何等出其不意！五十万大军，败军不禁扫帚扫，溃败中二十万人转瞬被歼，恰如汤沃雪，幸存下来的那些人，后半生一说起项羽就头皮发麻、肝胆乱颤，不是正常的反应吗？项羽的煞气在这些老将士口中被放大传播，不是正常的吗？但是，除了这些口传的信息，司马迁写项羽，还有古老的文学传统供其采撷。《史记·宋微子世家》载有一则南宫长万的故事，说南宫长万杀了宋湣公，大臣仇牧得知，带兵前来，长万一巴掌打过去，仇牧的牙齿脱落飞出去，钉在了门扇上。并不说南宫力气大，而是描绘他一巴掌把人的牙齿打出去，钉在门上。这是司马迁从《公羊传》那里抄录过来的。这样的例子，在《史记》中着实不少，如用《吕氏春秋》所写养由基善射为李广的箭术增色等。

这次彭城之战，说起来张良也是随刘邦到彭城的，韩信也在军中为将，可刘邦的军队照样丢盔弃甲、屁滚尿流，刘邦连老婆、老丈人也保不住。这说明，若论正面与项羽硬碰硬，汉家军队张良、韩信在不在都一样。这就是项羽。后来兵困东城时，项羽说是“此天亡我，非战之罪也”，他嘴里的“战”，就是指这些年的正面交锋。正面交锋，天下没有谁是他的对手。项羽说“天亡我”，有无限的怨恨。确实，就是这次彭城之战，在杀死汉军二十余万之后，“围汉王三帀。于是大风从西北而起，折木发屋，扬沙石，窈冥昼晦，逢迎楚军。楚军大乱，坏散，而汉王乃得与数十骑遁去”。若没有这阵奇怪的天昏地暗、飞沙走石冲撞楚军，刘邦肯定是完了。今天看这是巧合，在古人看来，这就是老天爷显灵、上帝在场。项羽说，老天要“亡”他，不是也有其根据吗？[①]项羽真郁闷。

但是，当时失去民心的秦王朝，就需要项羽这样的大英雄，大神力。他的英雄煞气只是到了巨鹿之战才尽显其中历史的价值。虐待民众、一团漆黑的王朝，就需要生铁般的力量来撞击之，捅破之。历史是不可假设的，可是笔者总难免要想象：靠张良的计谋，靠韩信的将才，他们要怎样谋划指挥，要等何种的时机，才可让刘邦的军队毕其功于一役，推翻秦朝？可是，对项羽来说，就简捷迅猛，快刀斩乱麻。项羽打仗与其叔叔项梁有一点不同，就是项梁带兵西进好夺取地盘。楚军过淮河之后，进击襄

①其实，即使这一次刘邦及其军队被干掉，江山也不会是项羽的。这是由项羽自身决定的。

城，攻占东阿，屠城城阳，占领濮阳，拿下定陶等，都是在攻城略地，扩张地盘，可又像是建立根据地。项梁也想迅速西进，还想约着田荣的齐军一起，难免拖延时间，失去战机。实际的情况也是给秦将章邯留了时间和机会，楚军因此失利，项梁战死。楚军兵权一时间还落入了小聪明兼沾沾自喜的宋义手中。沧海横流，英雄本色。宋义见秦军主力围住赵国，畏惧与秦军直接对抗，还说了一堆诸如坐山观虎斗之类的废话。项羽看出宋义不行，于是迅速行动，“项羽晨朝上将军宋义，即其帐中斩宋义头，出令军中曰：‘宋义与齐谋反楚，楚王阴令羽诛之’”。夺回兵权，手上做，嘴上说，干净利索。之后，项羽战神的本色呈现，没有任何犹豫，将八千子弟兵带过黄河，带到决定历史兴亡的主战场：巨鹿。《史记》用了最出彩的文字，记录了这一重要历史时刻项羽的作为：

> 项羽已杀卿子冠军（即宋义），威震楚国，名闻诸侯。乃遣当阳君、蒲将军将卒二万渡河（指漳水），救巨鹿。战少利，陈馀（此时被困城内）复请兵。项羽乃悉引兵渡河，皆沉船，破釜甑，烧庐舍，持三日粮，以示士卒必死，无一还心。于是至则围王离，与秦军遇，九战，绝其甬道，大破之，杀苏角，虏王离。涉间不降楚，自烧杀。当是时，楚兵冠诸侯。诸侯军救巨鹿下者十余壁，莫敢纵兵。及楚击秦，诸将皆从壁上观。楚战士无不一以当十，楚兵呼声动天，诸侯军无不人人惴恐。于是已破秦军，项羽召见诸侯将，入辕门，无不膝行而前，莫敢仰视。项羽由是始为诸侯上将军，诸侯皆属焉。

这段文字如火如荼，是古文战况描写最精彩的文字，可分三层。第一层正面表项羽：项羽先让当阳君黥布和蒲将军打前阵，试一试水，这是项羽用兵细致的地方，战争天才作战如绣花，细心得很，是他天分上带来的。之后，写正面大战：项羽的军队马上围困王离的军队，因为他与章邯不在一处。王离，还有下文的苏角（也作苏爵）的部队，都比章邯先到，负责围困赵国。章邯之师的主要任务是守护粮道，巨鹿城下，有一条运粮的甬道，通向黄河。项羽围住王离，先被楚军打击的正是章邯的军队，王离被杀要晚一点，差不多隔了一个月。就是说，这场战役时间并不短。可是，看司马迁的叙述，巨鹿之战像一场登陆的台风，席卷扫荡，猛烈异常。先写围王离，之后以主要笔墨写与章邯的战斗："九战，绝其甬道。"杀人须从喉咙着刀，打仗打的是后勤，项羽这是要断秦军的粮。绝其甬道之后，杀苏角，又杀王离。于是引起秦军阵营大乱："涉间不降楚，自烧杀。"乱作一团。你看司马迁这句子造的，"项羽乃悉引兵渡河"之后，紧接着的是三个三字句，节奏紧，顿挫强，气势大。"绝其甬道"之后，又是三个三字句。顿挫的三字句，与其他句式长短相间，文章的节奏是随着战争的态势变的。第二层，司马迁把笔宕开，侧面烘托，即以描述当时"壁上观"的"诸将"眼中看到的战斗场景，还有观战在诸侯心理上所引发的"无不人人惴恐"的震颤，来表现项羽及其军卒的勇猛。第三层，又回到以项羽为主的线路上，文章法度，第二层是"开"，这一层则是"合"，大开大合，才有描写的风雷激荡。"项羽召见诸将"，项羽霸王地位确定，巨鹿之战就是项羽"取威定霸"的"霸王之战"。在这段文字中，除了句式长短变化之外，司马迁还用了"消极的修辞"手法，那就是故意把句子造得啰唆，如“楚战士无不一以当十，楚兵呼声动天，诸侯军无不人人惴恐”的“无不”就是例子。后来班固《汉书》写项羽这一段，就将这些“啰唆”删掉了。可是，文字的气势也减了许多。司马迁的文字生龙活虎，这一段可为代表。

巨鹿之战，是“力拔山兮”的大战。项羽的《垓下歌》是后来项羽受困垓下时唱的，也有学者说，是司马迁为给项羽增色特别为他制作的，版权当归司马迁。但无论如何，这首短撅撅的“楚歌”，[①]配得上项羽，也只有项羽能唱。巨鹿一战，章邯破了胆，秦朝可战的军队，也就丧了胆。秦朝尸居余气，灭亡就只是时间问题了。“力拔山兮气盖世”，正是形容项羽巨鹿一战的历史作用。如果是项羽的自评，则十分准确；若是司马迁的着色，那也是十分精彩的“笔补造化”。

二、八千子弟，复仇之师

看《项羽本纪》，巨鹿之战为项羽人生事业的转捩点，之前的项羽是英雄好汉；之后，面对更为复杂的形势，项羽处理问题武断跋扈，净是败招。一场巨鹿之战将秦朝置之死地，可以说，当时反秦的各路兵马，除了项羽及其军队，没有谁敢与章邯的秦军主力硬碰硬地干一仗。但是，巨鹿之战以后的项羽，仿佛换了个人。究其原因，多种多样，其中支撑项羽及其军队英勇无比的是一股子仇恨，亦即项羽及其八千子弟兵是复仇的军队，这一点，

---

①“楚歌”是流行于秦汉之际的一种诗歌体式，一般章句短小，讲究气魄，有酣畅淋漓的特点。除项羽《垓下歌》之外，刘邦的《大风歌》以及《史记·刺客列传》中荆轲的《易水歌》，都是“楚歌”的代表作。

首先应当注意。就是说，项羽与刘邦不同，他首要的目的不是来争取天下，而是复仇的。这是项羽与刘邦及其集团的显著差别。

“秦灭六国，楚最无罪。”这是《项羽本纪》中经由范增之口说出的。他还说：“自怀王入秦不反，楚人怜之至今，故楚南公曰‘楚虽三户，亡秦必楚’也。”确实，楚怀王被囚死在秦。秦以友好为谎言，将楚怀王骗入本国加以囚禁。楚怀王上秦人的当，是因为他蠢，可是他一旦被囚死，楚人就不记他的蠢，只记秦人的恶。再经亡国之痛，楚怀王之殇，会强化楚人对秦人的恨。这样的恨普遍流行于楚人心中，就是所谓“民心可用”。先想到要加以利用的是范增。他投奔项梁的第一个大主意，就是劝立楚怀王已经沦落为放羊娃的孙子熊心为怀王，以此号令楚人。这在项梁，当然是一拍即合，项梁早就恨秦，付诸准备颠覆秦朝的行动。《项羽本纪》说项梁“每吴中有大繇役（徭役）及丧，项梁常为主办，阴以兵法部勒宾客及子弟，以是知其能”即是证据。南楚故地民间充斥的反秦情绪及异动，甚至连秦始皇也感到了。《高祖本纪》载秦始皇东游的目的之一，是望气的术士对他说“东南有天子气”，要压一压才好。其实需要“压”的何止东南！秦朝的倒台，除了它自身自取灭亡的诸多原因之外，还有一个重要的因素，就是六国贵族后裔对失败心有不甘。对秦怀揣着仇恨的，绝不仅仅是楚国人，文弱如“妇人好女”的张良，作为韩国贵族后裔，不也从朝鲜半岛找来会抡大铁锤的刺客，在博浪沙击打秦始皇出游的专车吗？还有齐国田氏的后裔，像田荣、田广、田横这些人，也都在图谋着。秦始皇知道“压”东南的“王气”，其实最当先做的是收拢天下人心。但是，人心这事，几百年了，秦人最不在乎。他们相信颁定郡县制，车同轨、书同文，再加上“收天下之兵，聚之咸阳，销锋镝，铸以为金人十二”，就什么都筑牢了，就可以万世太平了。

正是心内的一股仇恨，再加上他天纵的胆气、天纵的力量、天纵的英雄本色，使得项羽在整个反秦的过程中英勇无畏、所向披靡，气势无人能及。所以仇恨郁积在项羽身上，江东八千子弟兵就有八千份仇恨，他们有着同样的目的：诛暴秦，推翻秦朝统治。有这样的“气场”，在推翻秦朝的过程中，项羽的气势、谋略、手段都十分强悍，也称得上高明。只是一旦将秦国打败后，他和楚军的一腔仇恨，也就化作了消极的暴戾恣睢之气，作为一个军事政治的团伙与暴秦并无两样。首先的一个事例就是屠杀章邯的降军。

当时，章邯的二十万军卒投降项羽。与项羽军队一起西进，走到今河南陕西交界的地带，在一个叫作新安的地方，楚军恨秦的那股子气又开始发作，只是这次的发作是下作的泛滥，是肮脏而发乎“本能”的。《项羽本纪》说：“诸侯吏卒异时故繇使屯戍过秦中，秦中吏卒遇之多无状。”那些住在秦国都城中的百姓，依凭天子脚下高人一等的心理，有意欺辱外来之人，楚军中不少人受过这份欺负。《项羽本纪》又说：“及秦军降诸侯，诸侯吏卒乘胜多奴虏使之，轻折辱秦吏卒。”这就是有仇的报仇，有冤的伸冤了。对这些降卒，楚军毫无军纪可言。于是，项羽的军队，变成了白起的军队。《项羽本纪》接着说：“秦吏卒多窃言曰：‘章将军等诈吾属降诸侯，今能入关破秦，大善；即不能，诸侯虏吾属而东，秦必尽诛吾父母妻子。’”要注意，这只是一种议论，未必全都这样想，至于是否做了这样的事，也无证据。但是，结果马上来：“诸将微闻其计，以告项羽。项羽乃召黥布、蒲将军计曰：'秦吏卒尚众，其心不服，至关中不听，事必危，不如击杀之，而独与章邯、长史欣、都尉翳入秦。'于是楚军夜击阬秦卒二十余万人新安城南。"究其罪责，首在项羽。任怨恨的情绪滥发，是因为项羽与秦一样，只相信暴力解决一切。因此也就没有未来，因为他连一点胜利者应有的姿态都没有。到项羽成事，历史在这方面的成功的例子有的是，就是他天生不愿去接触了解。他关于"学书"的谬论所显示的天性，终于拘限了他。

这是历史摆在项羽前面的第一个复杂的问题，即如何处置降卒降将。巨鹿之战虽重大，却相对简单，而所谓简单，就是敌我分明，对项羽而言，猛攻猛打、直工直令就好。处置战败投降者，则要复杂得多，因为涉及战胜者的心胸、策略，以及对未来大的规划和战略。白起坑杀降卒，是因为秦实行军功爵，即以斩首多寡计功行赏。虽然恶，却有其动因。项羽杀降卒二十万，只是因为一点担忧，不努力消除之，而是采取简单的杀人消灾的方法，在这一点上与"水德"之秦一样，都是不相信人心的力量。二十万人被坑杀，《项羽本纪》说："独与章邯、长史欣、都尉翳入秦。"项羽的心计，由此也可见一斑。他有情，而且陷溺于自己的私情。上述三人中，章邯是降将，"见项羽而流涕"，一泡眼泪，足令项羽将章邯视为自己人，马上封他为雍王。这就是项羽。章邯的两行泪，以及后边鸿门宴刘邦几句好话，就可以软化这位生铁人物。讲人情，原来是他项羽的阿喀琉斯之踵。至于那位都尉翳，就是董翳，他劝说章邯投降，项羽顺便也把他当成了心腹，大封建时立他做翟王。至于长史欣，与项家的关系更深。在《项羽本纪》一开始，司马迁就讲了这样的故事："项梁尝有栎阳（秦县名，在今西安市阎良区）逮（逮捕入狱），乃请蕲（秦县名，在今安徽宿州市）狱掾（主管监狱的官吏）曹咎书抵栎阳狱掾司马欣，以故事得已。”是说项梁在栎阳犯了案，做请托，可以老远找到蕲县的典狱官曹咎那里，再由曹咎写信给栎阳司马欣，把事情摆平。司马欣就成了项家的恩人。这时他作为长史，为章邯办事，在项羽就可谓旧情加新亲了。项梁那件案子被摆平，王夫之《读通鉴论》有过评论：王朝法越重，小官吏手中的权力就越大。而且，这些小官吏还可以构建全国性的网络，一起干徇私舞弊的事。

之后，项羽继续犯下暴行。项羽引兵西进，“屠烧咸阳秦宫室，所过无不残破”，如此行径，是以秦国人“大失望”。对比《高祖本纪》中对于刘邦入关的记述，他首先约法三章，“杀人者死，伤人及盗抵罪”；对待前来投降的秦王子婴，又表示要宽容不杀；之后又能与民休息，封住秦府库，这虽然是张良、樊哙的建议，但刘邦能够听取还是很重要的，所以秦国百姓“唯恐沛公不为秦王”。可项羽却是“杀秦降王子婴，烧秦宫室，火三月不灭；收其货宝妇女而东”。

烧杀掠抢之外，项羽的另一个败招就是对那位放羊娃楚怀王下手。这位怀王不是个完全没有本事的人，项梁死后，他曾夺取兵权并交给了宋义。他还“与诸将约，先入定关中者王之”。项羽很想入关，但怀王听从诸长老的建议：项羽太凶猛，动不动就屠城，而“沛公素宽大长者，可遣。卒不许项羽”（《高祖本纪》）。这也使项羽很讨厌这位怀王。更让项羽耿耿于怀的是，刘邦先入关，“项王使人致命怀王。怀王曰：‘如约’”，在他项羽“力拔山兮”战巨鹿之后，居然还胆敢偏向刘邦。项羽不再忍这位傀儡了，在封建过诸侯之后，他专门处理怀王。先尊他“义帝”，就是“假的帝王”，“义帝”之“义”，犹如“义肢”“义父”之“义”，不是真的，不是亲的，也就是可以不听他的。之后，《项羽本纪》说：“使人徙义帝，曰：‘古之帝者地方千里，必居上游。’乃使使徙义帝长沙郴县。趣义帝行，其群臣稍稍背叛之，乃阴令衡山、临江王击杀之江中。”

义帝被杀的消息传到中原，正值刘邦从关中杀出来到洛阳伊阙一带。新城的一位三老[①]董公拦住刘邦，说义帝被项羽杀死是不义，刘邦何等通达，一听董公之言，马上大哭，为义帝发丧。丧事办了三天，刘邦也严格按礼法为义帝哭了三天，且“发使者告诸侯曰：‘天下共立义帝，北面事之。今项羽放杀义帝于江南，大逆无道。寡人亲为发丧，诸侯皆缟素。悉发关内兵，收三河士，南浮江汉以下，愿从诸侯王击楚之杀义帝者’”。老话说，福至心灵，刘邦就是。他出关中本无名分，就是为了争江山。此时，项羽把名分递过来了，刘邦欣然接受，俨然成了天下道义的主持者。项羽，帮刘邦的忙也太大了，拆自己的台也太狠了。

在这些败招之余，还有一个历史的细节值得注意：项羽及八千子弟，除了复仇，还有一个执念，就是回到楚国故地。在烧杀咸阳之后，《项羽本纪》载：“人或说项王曰：‘关中阻山河四塞（东有函谷，南有武关，西有散关，北有萧关），地肥饶，可都以霸。’项王见秦宫皆以烧残破，又心怀思欲东归，曰：‘富贵不归故乡，如衣绣夜行，谁知之者！’说者曰：‘人言楚人沐猴而冠耳，果然。’项王闻之，烹说者。”一句“衣绣夜行”道出项羽狭隘的地方观念，其实是老封建贵族的地方意识：他是楚人，荣辱

①秦制，乡设三老，负责乡间民众教化之事。西汉承袭了此制。

都得在楚地显。西周以来的天下观念、九州意识，在他这里都是零。狭隘且土气。[1]

三、政治上的弱智

巨鹿之战后的项羽，政治上的智商如同小孩子，可能连一些小孩子也不如。这是司马迁有意亮出的。汉之四年，在广武，项羽与刘邦的军队对峙，因为刘邦灵活机智，联络各方，项羽方面已是苦苦支撑。为了解决东部彭越对楚军后方的骚扰，项羽引兵去打陈留、外黄。《项羽本纪》说："外黄不下。数日，已降，项王怒，悉令男子年十五已上诣城东，欲坑之。外黄令舍人儿年十三，往说项王曰：'彭越强劫外黄，外黄恐，故且降，待大王。大王至，又皆坑之，百姓岂有归心？从此以东，梁地十余城皆恐，莫肯下矣。'项王然其言，乃赦外黄当坑者。东至睢阳（今商丘一带），闻之皆争下项王。"这是项羽为数极少的听从他人建议的事，恰恰这样一个好主意，出自一位十三岁小孩子之口。实在太讽刺了。也就在同一年，连年武力厮杀，连项羽也觉

①刘邦也遇到过同样的问题。《史记·刘敬叔孙通列传》："娄敬说曰：'陛下都洛阳，岂欲与周室比隆哉？……夫秦地被山带河，四塞以为固，卒然有急，百万之众可具也。因秦之故，资甚美膏腴之地，此所谓天府者也。陛下入关而都之，山东虽乱，秦之故地可全而有也。夫与人斗，不搤其亢（喉咙），拊其背，未能全其胜也。今陛下入关而都，案秦之故地，此亦搤天下之亢而拊其背也。'高帝问群臣，群臣皆山东人，争言周王数百年，秦二世即亡，不如都周。上疑未能决。及留侯明言入关便，即日车驾西都关中。"刘邦及其手下多崤山以东（即当时所谓"山东"）人，也有衣锦还乡的心思，但刘敬（原姓娄，刘邦赐姓刘）一进言，再加上张良的支持，刘备马上定都关中。

得烦了，“楚汉久相持未决，丁壮苦军旅，老弱罢转漕。项王谓汉王曰：‘天下匈匈数岁者，徒以吾两人耳，原与汉王挑战决雌雄，毋徒苦天下之民父子为也。’汉王笑谢曰：‘吾宁斗智，不能斗力’”。这也是没长大的表现，楚汉之争，岂是一场决斗可以了结的？项羽提出这样的要求，刘邦“笑谢”，即笑着回答。刘邦先是被这样奇葩的想象力逗笑，之后忍不住笑地回答：我们还是斗智吧！据此可知，项羽的政治智力实在有待成熟。

前面说过，如何处置战败者，是历史留给项羽的难题，项羽明显没有处理好。这还包括他在咸阳的所作所为，其实都是历史大考“挂科”的表现。更大的难题是未来天下应该如何安排。要说项羽在这件大事上毫无主张，也不对，他还是能想到办法的，那就是封建。战国七雄，是封建的。封建诸侯之上的，是霸主，霸主行霸道，是靠力气。项羽觉得自己拔掉秦这座大山，自然就是霸主，就可以封建。

秦朝之所以不封建，遵行的是法家的主张。李斯等人早就反思过，西周封建，延续至春秋战国，天下大乱。封建在法家和李斯一些人的眼里是天下大乱之源（这方面的记载见《秦始皇本纪》和《李斯列传》）。这方面的讨论，要说项羽应该知道，也难为他。他要封建，完全是因其楚国贵族的出身，而且，当时的许多六国后裔，大概也都想恢复过去的秩序。更重要的是那些平民起家参与推翻秦朝的人物，封王封侯，也是他们的最大的期望。举例而言，如韩信，受了刘邦派遣拿下齐国之地后，马上自立为“三齐王”，后来觉得不合适，才上报刘邦，说自己要做“假三齐王”，即代理三齐王。还有《项羽本纪》记载，汉之五年，项羽与刘邦约定以鸿沟为界“中分天下”之后，项羽军队归彭城，张良、陈平都劝刘邦不要放走项羽“养虎自遗患”，于是刘邦军队追击项羽，至固陵，“而信、越之兵不会。楚击汉军，大破之”。即韩信、彭越的军队都没有如约而至，导致刘邦军队大败。刘邦纳闷，张良告诉刘邦：“楚兵且破，信、越未有分地，其不至固宜。君王能与共分天下，今可立致也。”结果，果如张良所言。李斯等认为封建制已经过时，理论上是有道理的。可是，世道人心的力量往往要比理论的作用力量大。秦汉之际的历史，是封建大回潮时期。即使是刘邦，在消灭了项羽的势力，消灭了韩信、彭越、黥布等当初所封建的诸侯之后，也还是要把天下一半多的土地封建给自己的子弟功臣。

这就是说，项羽的封建正是受了这样的世道人心的影响。可是，问题在于，要建立起他楚霸王主导的政治秩序，绝不是简单地封建一下就可以的。西汉用了一百年的心力，把封建势力的颠覆作用摆平，那是既有骨肉之间的战争，又有策士尽心尽力的谋划才做到的。以此相较，项羽的封建，还是像小孩子分东西，如大刀切西瓜，自己挑一块大的，其余按照他的喜好大小不等，分给各位。细看项羽的封建标准，他私人的感觉位居第一。这可以举项羽所封建的申阳和张耳为例：“申阳者，张耳嬖臣也，先下河南，迎楚河上，故立申阳为河南王，都雒阳。……赵相张耳素贤，又从入关，故立耳为常山王，王赵地，都襄国。”先封张耳的嬖臣申阳，是因为他曾“迎楚河上”，即亲自接过项羽的大驾。张耳受封，是因为他贤，贤而排在申阳之后，是因为他只不过“从入关”，不如亲自接驾那样让项羽受用。这就是项羽封建时所持的尺度。在这样的尺度下，“成安君陈馀弃将印去，不从入关，然素闻其贤，有功于赵，闻其在南皮，故因环封三县”。

终于还是给了陈馀三个县，是抹抹他的嘴巴，让他别闹。陈馀虽贤，还令项羽有所顾忌。至于齐将田荣，“数负项梁，又不肯将兵从楚击秦，以故不封”。推翻秦王朝后天下的安置，多重大、多复杂的问题，就这样被项羽砍瓜切菜一样草草地办了。封建方案一出，陈馀马上派人联络田荣，说：“项羽为天下宰，不平！”反叛就先从这两个人起。从此霸王的天下四下起火、八方冒烟。楚霸王成了救火队长，最后也燃成了火。

四、说鸿门宴

整篇的《项羽本纪》，写项羽总是由刘邦陪衬着，两人一路走来，由协同作战的友军，发展为竞争的对手。这竞争的胜负，其苗头，在项梁死、楚怀王掌权时就露出来了。怀王与诸长老选择刘邦“扶义而西”，就为鸿门宴埋下伏笔。巨鹿之战，项羽“拔了山”，可先到咸阳的却不是他，是刘邦。而且，从道理上说，先入关为王，是事先由诸侯的共主怀王定的，项羽也没有反对。[①]可是，从实际说，若没有项羽在巨鹿那场硬仗，刘邦进得了咸阳？就是进了，能待得住？这也是巨鹿之战后大家心知肚明的事。刘邦项羽，各占其理。且天下英雄中，两人都是功绩不

①在楚怀王取得楚军兵权后，《史记·高祖本纪》说：“当是时，秦兵强，常乘胜逐北，诸将莫利先入关。独项羽怨秦破项梁军，奋，原（愿）与沛公西入关。”就是说，因为当时秦军主力还未经巨鹿之战的重大损失，入关是危险的。所以，除了项羽，没有谁愿意与刘邦同行。刘、项二人在当时怀王诸军中的表现可以想见了。项羽的勇猛一般大家都知道，刘邦的不凡是需要读这些文字细心体会的。此外，项羽在封建诸侯的同时，处置“义帝”（怀王），而不对刘邦下死手，也可以从这些文字中得到答案。

凡。于是，在推翻秦朝之后，刘邦与项羽的关系，就是当时最要紧的“天下大事”。这“大事”要解决，主导权在项羽，巨鹿之战后，他的威势大，如日中天。所以，鸿门宴写在了《项羽本纪》里，成为《史记》中最惊心动魄的段落之一。“鸿门宴”也就成了家喻户晓的词语。

鸿门宴的叙述，始于项羽入函谷关。刘邦早前一个月进入咸阳，公布得民心的政策，即“约法三章”，还在张良、樊哙的劝说下，展现了他“财物无所取，妇女无所幸”（范增语）的王者范儿，弄得咸阳老百姓生怕他不在这里为王。一个顺带的动作，就是关闭函谷关。这个动作，正惹恼了项羽。《项羽本纪》说项羽“行略定秦地。函谷关有兵守关，不得入。又闻沛公已破咸阳，项羽大怒，使当阳君等击关。项羽遂入，至于戏（河流名，发源于骊山，流入渭河）西”。[①]这应该是刘邦得意下的疏忽。先入关中为王，这是约定了的。可是，就算是自己称王，东方来的友军想进入咸阳，也没有理由阻拦。所以，当张良问刘邦谁为他出这个主意的时候，刘邦意识到错误，顺嘴说了一句，是“鲰生说我曰‘距关，毋内诸侯，秦地可尽王也’”，“鲰生”，就是“浅薄的家伙”。边回答边骂人，在张良面前权当悔过。

刘邦不但悔过，还马上认清了形势：自己就是再占理，也得低头。他知道自己的军队根本不是项羽的对手。《项羽本纪》说，刘邦的军队十万，驻军霸上（今白鹿原一带）；项羽则有四十万军队。所以，在项伯向刘邦方面提供消息的第二天，刘邦赶紧带

---

①据《楚汉春秋》（一部比司马迁《史记》早的记录楚汉战争的书，今只保存片段）说，项羽一方首先到达函谷关的将军，正是范增。

人见项羽。司马迁是这样写的：

> 沛公旦日从百余骑来见项王，至鸿门（地名，今陕西临潼骊山脚下，处于当时的交通要道上），谢曰："臣与将军戮力而攻秦，将军战河北，臣战河南，然不自意能先入关破秦，得复见将军于此。今者有小人之言，令将军与臣有郤（隙）。"项王曰："此沛公左司马曹无伤言之；不然，籍何以至此。"

刘邦好谩骂，一辈子好骂人，但此次除外。你看刘邦见项羽，一开口就是一个"臣"字，一下子就在项羽面前摆正了自己的站位，体段何其柔媚！又多让项羽舒心！接着就是含蓄地强调，自己与将军各有分工：一个战河南，一个战河北。其实是在提醒：这分工，是当初有约定的。然后，说自己"不意能先入关"而且还"破秦"。这话，项羽也信。因为当时没人愿意先入关，反而是项羽自告奋勇要与刘邦一起西进。简短的几句话，要点就在"不自意"三个字，不多不少，点出了自己的"不忘初心"，就让项羽放心、消气。更重要的，他这样说，实际是提醒项羽：我刘邦不会像与楚怀王约定的那样，因先入关就想在这里为王。刘邦暗示出这样的意思，项羽自然也就放下猜测，放松了警惕，顺口就把线人曹无伤给贱卖了。在这短短的几句对话中，项羽内心中柔嫩的部分，再清楚不过地显示出来了。骄傲的人都清高，不愿承别人一点人情。所以，他赶紧撇清：不是我乱猜疑你，是你的人说我才信。这不是心善得发愚吗？是，这就是项羽性格的一个方面。司马迁不断揭示，只是有时候读者不留心看。两位竞争者，很像两位"老战友"，一番推心置腹，刘邦的安全就铁定了。可是，文似看山不喜平。司马迁深谙此理，叙述的文字，反而越发让人感到不安。《项羽本纪》继续叙说：

> 项王即日因留沛公与饮。项王、项伯东向坐。亚父南向坐。亚父者，范增也。沛公北向坐，张良西向侍。范增数目项王，举所佩玉玦以示之者三，项王默然不应。范增起，出召项庄，谓曰："君王为人不忍，若入前为寿，寿毕，请以剑舞，因击沛公于坐，杀之。不者，若属皆且为所虏。"庄则入为寿，寿毕，曰："君王与沛公饮，军中无以为乐，请以剑舞。"项王曰："诺。"项庄拔剑起舞，项伯亦拔剑起舞，常以身翼蔽沛公，庄不得击。

俗话说，不怕有坏事，就怕有坏人。这样说，是因为坏人比坏事本身还危险。范增就是鸿门宴上这样的危险之人。他看出刘邦不是一般人，所以，项羽军队被挡在函谷关时，他就对项羽说："沛公居山东时，贪于财货，好美姬。今入关，财物无所取，妇女无所幸，此其志不在小。吾令人望其气，皆为龙虎，成五采，此天子气也。急击勿失。"对比刘邦"居山东"和"入关"后的表现，是范增的目光敏锐处，"望气"云云，秦始皇相信这一套，他范增也用这一套，他要以"神道设教"，其实是铁了心要用"天象"杀刘邦。之后，酒席宴间又再三举玉玦以示意项羽动手，[1]应该是酒宴开始之前就约定好了的暗号。后来的小说和

①玦（jué）者，决也。谐音以表意，古人称此为"风人体"，如"枣栗子"以表"早立子"之义等，后来所谓"摔杯为号"反而没有这样风雅。

戏剧制造险境，将范增的做法稍作改变，成了“摔杯为号”之类的俗套。还有，他见项羽没有动手的意思，就派项庄去舞剑。不承想还有一位死了心要保刘邦的项伯，在那里裹乱，护着刘邦。

这就需要看一下范增这位项羽身边唯一谋臣的智量了。他一出场，就是楚国人的架势。说楚国人对秦仇恨最大，因此要项梁立楚怀王的后人。其实还是停留在战国思维。此计对号召楚国人起而造反，可以；若以此号令天下，楚之外的人又有谁会买账？范增的视野终不出楚国范围。这就可以理解为什么项羽在坑杀秦国降卒时，在咸阳干那些暴虐之事时，都不见他范增任何阻止的言语了。他本就是一支复仇之师的军师。即如鸿门宴杀刘邦的主意，也还是“一山不容二虎”的思维套路，楚之内，也只能是项羽一头独存。总体看来，在杀刘邦这件事上，范增根本就没有与项羽有过透彻的沟通，他对项羽讲的杀人理由，大不了就那几句“其志不在小”之类猜忌之言。这表明，范增始终不明白他所服侍的项羽是何许人也。骄傲的项羽，瞧不起人，也就不会轻易拿谁当对手看。尤其是在当下，巨鹿大战刚过，天下诸侯慑服，小小刘邦虽斗胆在函谷关挡了一下路，可马上低声下气地来输诚道歉，以项羽的心性脾气，他会把刘邦当成了不得的对手？还有，骄傲的人清高、爱名誉，从马上要进行的封建看，当时反秦的各路诸侯都随他入关，这次宴请刘邦，看《项羽本纪》司马迁只写了一个厅堂的酒席座次，料想还有其他酒席，也就是说在场的各路英雄应该还有不少。刘邦来输诚道歉，酒宴间，不清不楚地把他杀了，天下各路英雄怎么看，这像话吗？这是骄傲的项羽能做的事吗？范增可以杀刘邦，甚至他不经过项羽同意，就可以派人去干，但想让项羽做这事，他自己又清楚项羽的“为人不忍”，这样的谋划，简直就是馊主意了。

这场酒宴的座次，也很有意思，与经典文献如《仪礼》《礼记》中记录的宴饮座次不一样。周礼的座次，坐东朝西为主人位，坐西朝东为宾客位。若按周礼座次看，张良为主人，项羽、项伯为宾客，显然这不是按周礼的规矩安排的。项羽坐西朝东，最尊贵，或许是楚国人当时的规矩？而对着项羽的，是张良。张良虽然早就跟定了刘邦，可他名义上还是韩王成的臣下，对项家又有恩，或许这是他正对项羽的原因。不过，司马迁说，张良“西向侍”，即坐在陪刘邦的位置上。他应该是项羽请的陪客，而非作为刘邦手下坐在那里的。与刘邦南北相对的是范增。总之，司马迁记录这次宴会，从其一丝不苟地述说各位的座次情况看是郑重其事的，颇有大戏要开场的感觉。需要注意的是，那时候的酒席，还不是几个人围坐在一张大桌子，而是席地而坐，是分餐制，中间留出很大的场地。这样才有可以舞剑的空间。而且，从下文樊哙闹席看，周围还有许多的武士执勤。

因为是席地而坐，项庄的舞剑才具有很大的危险性。于是张良赶紧离席，招呼樊哙。樊哙闹席的场面，更是热闹非常：

> 于是张良至军门，见樊哙。樊哙曰：“今日之事何如？”良曰：“甚急。今者项庄拔剑舞，其意常在沛公也。”哙曰：“此迫矣，臣请入，与之同命。”哙即带剑拥盾入军门。交戟之卫士欲止不内，樊哙侧其盾以撞，卫士仆地，哙遂入，披帷西向立，瞋目视项王，头发上指，目眦尽裂。项王按剑而跽曰：“客何为者？”张良曰：“沛公之参乘樊哙者也。”项王曰：“壮士，赐之卮酒。”则与斗卮酒。哙拜谢，起，立

而饮之。项王曰："赐之彘肩。"则与一生彘肩。樊哙覆其盾于地，加彘肩上，拔剑切而啖之。项王曰："壮士，能复饮乎?"樊哙曰："臣死且不避，卮酒安足辞！夫秦王有虎狼之心，杀人如不能举，刑人如不恐胜，天下皆叛之。怀王与诸将约曰'先破秦入咸阳者王之'。今沛公先破秦入咸阳，豪毛不敢有所近，封闭宫室，还军霸上，以待大王来。故遣将守关者，备他盗出入与非常也。劳苦而功高如此，未有封侯之赏，而听细说，欲诛有功之人。此亡秦之续耳，窃为大王不取也。"项王未有以应，曰："坐。"樊哙从良坐。坐须臾，沛公起如厕，因招樊哙出。

这段文字最妙的地方是项羽与樊哙对峙的光景。"项王瞋目"是可以吓跑楼烦的硬弩狙击手的，此刻居然是樊哙"瞋目视项王"。项羽先是发乎本能地戒惕，继而是脱口而出的"壮士"。这光景，是一只小老虎对着一只雄狮。两位都是猫科，意态却不同。樊哙闯帷闹席，那是豁出去了，所以浑身的毛都奓起来，腰身也弓起来，怒怒的一副凶猛状。可是，项羽此刻根本无斗意，人家是在待客吃饭，安详得很。有人闹席，他当然要警惕，一旦知道是刘邦的人，也就不以为意，刘邦都不当敌人了，他的手下自然也无须多虑了。不过樊哙那副扬风奓毛的样子，还是令他很欣赏。松弛与紧张，狮子与小老虎，这样的对峙中的对比，是司马迁又一副笔墨。下面的那番"秦王有虎狼之心，杀人如不能举"的话，才是樊哙闯席的目的。而他越是不要命，他的这些为刘邦辩护的言论，越显得真诚不伪。刘邦君臣赴宴之前，一定是有过口径上的协调的。但演得这样真实，就是樊哙临场发挥得好。樊哙不知道刘邦早就解除了项羽的戒惕，又着实为刘邦的安危着急。听樊哙一番不平之言，“项王未有以应，曰：‘坐’”。“未有以应”是不需要“应”，因为此前与刘邦交流了。一个“坐”，言下之意很清楚：“踏实坐下吃点东西，什么事也没有。”料想项庄的剑，也舞着没劲了。

鸿门宴是《项羽本纪》中的好文字，好片段。近来也有人怀疑它只是个“段子”。历来有所谓司马迁“爱奇”之说，怀疑这也是司马迁的“小说家言”。看韩兆琦先生主持的《史记笺证》，就对“鸿门宴”叙述中的“漏洞”提出一些质疑，认为不可作信史读。其实，刘邦与项羽在鸿门会过面，是应予以肯定的。项羽没有因刘邦封闭函谷关，而对刘邦开战，其间一定有过双方的沟通。而且，巨鹿之战后天下霸主是项羽，入关虽晚，若说刘邦不来见见他，就很不合理。两人相见，又没有打起来，坐下来吃饭喝酒，很正常。而且，酒席宴间定谋制策，是古代常有的。所以，鸿门宴应该是有的，刘邦没有“如约”在关中称王，而是承认楚霸王项羽的地位，也该是这次见面确定的。至于酒席之间项庄是否舞了剑，樊哙是否闯了宴会，是否那样大闹，这些发生了没有，具体情形如何，《史记》或许是做了加工的。可是，先入关的刘邦却没有“如约”为王，刘邦方面有委屈，不是很正常吗？让樊哙当着项羽的面把委屈喊出来，就是司马迁的加工，也并不违背历史的真实。“诗比史真实”，这句话放在鸿门宴的叙事，照样可以。最重要的是，对刘邦集团而言，先入关给他们带来巨大的危机，而鸿门见项羽，危机得到化解，才有刘邦集团的未来。夸张地传说鸿门宴发生的事，应该是刘邦这方面的“文学想象”。

五、尾声：英雄的轰然倒地

“力拔山兮”的项羽，称得上历史大英雄。大英雄走下历史舞台，声响自然不同。这一点是司马迁特别经意描述的。项羽最后被消灭，绝不是灰溜溜的，相反，很像一座山的倒塌，轰轰烈烈。这是司马迁对项羽充满敬意的最后渲染。

这一悠长的尾声，是从《垓下歌》开始的。在垓下，项羽的残部被以韩信所部为主的汉军团团包围。有趣的不是刀枪厮杀，而是包围圈内外的歌声。项羽“夜闻汉军四面皆楚歌，项王乃大惊曰：‘汉皆已得楚乎？是何楚人之多也’”！这是汉家的心理战，也是文学艺术参与战争的重要事例。项羽的“大惊”，表明他意识到楚地已非其所有。这对项羽而言实在太伤了。灰心丧气应是有的，但大英雄此刻的心境终是别有意态：对着四面的楚歌，他也以楚歌相应：“力拔山兮气盖世，时不利兮骓不逝。骓不逝兮可奈何，虞兮虞兮奈若何！”四句短歌，只有一句表项羽的成功，其余三句全是无力、无奈。尽管如此，也堪称天地之声，叱咤风云，因为它可以引发无限的悲悯。也就在这样的时刻，《项羽本纪》交代：项羽“有美人名虞，常幸从；骏马名骓，常骑之”。英雄爱美人，爱宝马；爱美人风流，爱宝马神俊英武。所爱不多，可又何其风流！围困者、即将胜利者唱楚歌，受围困的失意者也唱楚歌。英雄气短，儿女情长，却也豪情盖世，如虎啸，似狮吼，响彻战场的暗夜，预示一代风流的结束。这是司马迁为项羽这个人物的图画作的最后的罩染，将其神俊绝伦的气概定格于非凡时代的天地之间。

之后，就是写东城快战。项羽“壮士骑从者八百余人，直夜溃围南出，驰走”，渡过淮河之后，“骑能属者百余人耳”。再“至东城，乃有二十八骑”。一直追赶项羽的是骑将灌婴。刘邦的军队有五千骑兵，统领者为将军灌婴。二十八对五千，无论如何，项羽气数已尽。可就在这样的情形下，《项羽本纪》又以传神之笔，写了项羽两件事。一是项羽为证明“天亡我，非战之罪”的“溃围，斩将，刈旗”，即快意地厮杀，出入汉军阵营，随心所欲。此时的项羽，就是要证明自己的勇猛，司马迁突出这一点，其实是为他的性格定格。一生到此，仍然相信自己的武力，是多深的执迷不悟。可是，若不如此执迷，若无此处将生命力量作最后展现，就不是项羽。

第二件事，则是写项羽的自尊。项羽因“愧于心”而不肯过江，失败中有不败的东西，令人尊重。他在长江岸边对乌江亭长如下的话，最是大英雄倒地时应有的身段：

> 项王笑曰：“天之亡我，我何渡为！且籍与江东子弟八千人渡江而西，今无一人还，纵江东父兄怜而王我，我何面目见之？纵彼不言，籍独不愧于心乎？”

最后的时刻，项羽还能想到八年前和自己一起渡江的八千江东子弟，想到他们的死，自己不愿苟活。“天之亡我”句，像是赌气，其实是认命。因此，项羽在苟活与人格之间，宁愿选后者，也保住了自己最后的尊严。长江边上的这段“独不愧于心”的对话，也感动了千百年来的人。因此，在那个男人太容易苟且渡江的南宋时代，李清照的《夏日绝句》“至今怜项羽，不肯过江东”就是对项羽“人杰”而“鬼雄”的最好的礼赞。

可是，项羽在东城快战之后，还能到达乌江边上吗？如上所说，此次围歼项羽残部的是骑将灌婴及所属部下，《史记·樊郦滕灌列传》记载：“项籍败垓下去也，婴以御史大夫受诏将车骑别追项籍至东城，破之。所将卒五人共斩项籍，皆赐爵列侯。”明确说是在东城“斩项籍”。项羽自刎的乌江，在今安徽和县乌江镇，其实就在长江边上。东城在今安徽定远县，两者相距七八十公里左右。项羽骑马，灌婴的手下也是骑兵，东城快战之后，项羽还能跑近七八十公里之后才被追上，实在匪夷所思。[①]因此可以说，鸿门宴大概是有的，而“乌江自刎”八成是虚构。何以有此虚构？出于人物的完整。这全然是文学家要考虑的，司马迁以这样写项羽作结，已经越过史家的局限，即他要为人物性格、形象的完整考虑。

《史记》有太多的篇章超越史学的界限，而《项羽本纪》应属最明显的。本纪为编年体，可是读《项羽本纪》，若不认真找年月顺序的标识，基本感觉不到。篇章突出的是人物的气性、见识、心胸方面。像鸿门宴写座次，写举玉玦，写舞剑，写樊哙的大闹，其实按照“历史”的书写，交代一下某年某月忽而在鸿门刘项见面，有人建议除掉刘邦，项羽不从之类，大概也就够了。项羽垓下突围之后，像《樊郦滕灌列传》那样写一下：某将某侯斩杀项羽于乌江，也可以作罢。可是，若真的那样写，《史记》也就不成为《史记》了。尽量写其行动、言语，让人物自己完成

① 对这一问题，前代有学者讨论过，如冯其庸在他的一篇文章中就认为项羽实际上死在东城，没有到达长江边上。

自己的表现，这就是文学的刻画，这就是《史记》。不如此，历史对人生的启迪，就难以深入人心。这样的风范，从《春秋》《左传》开始，到司马迁至高峰。幸运的是，司马迁《史记》的“文学”，还为后来史家所心仪，至于仿效的成绩，那就是另外的话题了。

第十二讲

「孤儿」与灵王

——读《赵世家》

以上读《史记》，读的是本纪，下面要读世家，挑选的是《赵世家》。为什么选择《赵世家》，一是因为其中所记的“赵氏孤儿”的事，一是因为赵武灵王。赵武灵王不但进行了很有价值的军事变革，他还好做梦，随后还是饿死的。我们就从赵武灵王说起。

一、赵武灵王的改革哲学

韩、赵、魏三家分晋，赵国最北。分晋后不久，魏、韩、赵三家都向东进，赵国的都城就从今天的山西太原一带迁到了今天河北的邯郸。但是，赵要直接向北发展很困难。因为它的正北方有一个中山国，更往北还有一个老牌的燕国。中山国的贵族不是中原人，据学者研究，他们为白狄，为姬姓。从这个姬姓看，似乎中山人与周人同源，就是说，不知多少年前他们与周人有亲缘关系。周人变为中原王朝的主人，是华夏文明的主要缔造者之一，而中山国的祖先，始终留在边地，徘徊在农耕与草原两大区域的交界地带，长期过着游牧生活。到春秋时期，这支白狄顺着太行山的重要通道井陉，进入今天的河北平原，在太行山东侧、滹沱河畔，建立其自己的国家，延续了两百多年。战国初期，中山国曾被魏文侯打败，一度亡国，后来又中兴，变得强盛，曾与韩、魏等一起称王，史称“五国相王”；又曾经在燕国发生子之之乱时进攻燕国。最终，中山国被“胡服骑射”的赵武灵王灭掉。

有中山国、燕国挡在北方的路上，赵国就开始向西北方向发展。最远到达九原，即现在的内蒙古包头地区。中山国是从西北向东南进取，由“狄”变“夏”；赵则相反，它是由东南向西北进取，“夏”而学“狄”，向游牧人群学其长处，那就是“胡服骑射”。近代人提出“师夷之技”，赵武灵王居然也可以向边地游牧人群学习，学习他们的骑兵军事技术，因而改变华夏服饰，穿起“胡服”，应该算是最早的“师夷”。其胆识和开放的气派，在当时乃至后来很久，是不是都称得上无出其右者？原因不是很难找，赵国人在向西北发展的时候，发现了草原人群特殊的能力可以帮助自己。但是，知难，行也不易，要将这样的认识变成改革的行为，那可就不是谁都做得了的了。

“胡服骑射”令赵国军事强盛，灭了中山国。赵国军事强盛，曾给秦国造成极大的威胁。这些，司马迁都写了。其中特别值得谈谈的是改革之初，发生在思想层面的争论。因为，“骑射”要改变多少代人的作战方式，这很不容易，“骑射”就得“胡服”，而服装的改变，有人就从“还是不是中国人”的高度予以质疑。

赵武灵王在位的第十八年，他跟谋臣楼缓谈到改革的意图。赵武灵王先跟楼缓谈了赵国的疆界，除了西北，三面皆有强敌环伺，面对这样的现实，赵国“无强兵之救，是亡社稷”。于是赵武灵王说：“夫有高世之名，必有遗俗之累。吾欲胡服。”这样就正式提出“胡服”的问题。楼缓的态度是赞成，但“群臣皆不欲”。

“群臣皆不欲”，这也可以理解。中原华夏的作战方式，从现有的资料看，从殷商时期就是车战为主。就考古发现而言，商朝多两马驾驶的战车。周代，从一开始就是四匹马驾的战车，《诗经·大雅·大明》写克商之战，姜太公驾驶的战车，是“牧野洋洋，檀车煌煌”，檀车，就是檀木造的四马战车，质地坚硬。后来的战车更是以四马为主。作战的士卒呢？一般是一辆战车上乘三人，中间一人为驭者，负责驾驶车马，左边为战车上级别最高的人，持弓箭，负责远射。右边的为车右，一般由大力士充当。野战，地势地形复杂，如战中很容易陷入泥潭之类。车右的责任之一，就是负责把车弄出来，恢复其作战能力。另外，车右大力士手持的武器是戈矛之类，负责近战时搏击对手。文献显示，春秋时期的战车，两方面对冲，接近时一律向左转。为什么？只有这样，你向左转，我也向左转，战车右侧的大力士才可以交战，各显其能。因为是车战，将士站立在战车上，所以，华夏武士的服装，上身盔甲，下半身就系皮裙一样的东西，一直可以拖到脚面上，《左传》称这样的装扮叫作“韎韦跗注”。这样的装扮适合车战，却不适合骑马，就像今天的女孩子穿个连衣裙不便骑自行车一样。

如此，赵武灵王说要“胡服”，即意味着他要改变赵国军队的以战车为主战武器的方式，他要在车战之外，组建自己的骑兵。组建骑兵，大家不会反对，但组建骑兵就得“胡服”，即改变服装，这事可就不易了。因为涉及服装这样重要的身份、文化标志的事情，容易发生意识形态层面的争执。就像清军进关，强迫大家留辫子，民国初又让大家剪辫子，都很难。

带头反对“胡服”的是赵武灵王的叔叔公子成。赵武灵王先是派人去说服叔叔，他是长辈，他不同意“胡服”，政策推行就很困难。赵武灵王说："子不反亲，臣不逆君，兄弟之通义也。[1]今寡人作教易服而叔不服，吾恐天下议之也。"

公子成也很客气，他向君主"再拜稽首"，先说了一些自己老了之类的客气套话，接着就说出了他之所以反对"胡服"的理由：

> 中国者，盖聪明徇（机敏）智之所居也，万物财用之所聚也，贤圣之所教也，仁义之所施也，诗书礼乐之所用也，异敏技能之所试也，远方之所观赴也，蛮夷之所义行也。今王舍此而袭远方之服，变古之教，易古人道，逆人之心，而怫（忤逆）学者，离中国，故臣愿王图之也。

公子成的这些话，有一个观念的制高点，那就是中原文教最昌明，各种技能都齐备，是远方人学习的榜样。现在提倡"胡服骑射"，是要学习他人，这样做是违逆的，是离散人心的。其中最要紧的话，是"今王舍此而袭远方之服"这句，含着"你要放弃中原人的文明"的意思，因而语气很严重。归根结底，公子成的话，就是我赵国身为中原之国，不需要向那些远方夷狄学习。

赵武灵王感到事情严重，马上亲自到叔叔家，要跟他谈谈关于服装的哲学。武灵王是这样说的：

> 夫服者，所以便用也；礼者，所以便事也。圣人观乡而顺宜，因事而制礼，所以利其民而厚其国也。夫剪发文

①此句中的"兄弟"，据徐广《史记集解》，有的文本作"元夷"。

身，错臂左衽，瓯越之民也。黑齿雕题，却冠秫绌，大吴之国也。故礼服莫同，其便一也。乡异而用变，事异而礼易。是以圣人果可以利其国，不一其用；果可以便其事，不同其礼。儒者一师而俗异，中国同礼而教离，况于山谷之便乎？故去就之变，智者不能一；远近之服，贤圣不能同。穷乡多异，曲学多辩。不知而不疑，异于己而不非者，公焉而众求尽善也。

这是一段极为通达之论，其最智慧的亮光，是点明这样一点：“服”是“便用”的，即服装只是属于“用”的，因此“便用”就是采用“服”的最终标准。中原人的中原式服装，适合中原人的身体，更是适合中原人生活方便的。这话一竿子戳到底，十分透亮。今天读来，很容易让人想起那个关于“安息日”的话头，即安息日是为人设的，而不是相反。这样的根本之点保住了，以下的话说服力就强，就是无可辩驳的。人有服装，是为了人的生活方便。至于什么样式，都要从人的“便用”即服装服务于人这一根本点出发。然后，博学的赵武灵王举了南方瓯越一带的“剪发文身，错臂左衽”，吴国的“黑齿雕题，却冠秫绌”[①]为例，这些服装样式、面料都不同，但没有文明与野蛮、高级与低下之分，因为它们在“其便一”，都是为了方便身体、方便活动而设计的。这只是文化上的差异，发展中的变化。关键的问题是如何认知这些差异。赵武灵王说，理智健全的人对这些差异能够包

①此句中的“却冠秫绌”,《战国策·赵策》作“鳀冠秫缝”，即“鱼皮为冠，长针缝衣”的意思。可从。

容，反而是穷乡僻壤的人少见多怪，那些学识鄙陋的人要从中辩什么高低。对于自己不熟悉的事情，不那么疑神疑鬼，见到与自己不同的东西，不以自己的视点、立场为判断是非的唯一标准，这才是客观公正之心。有这样的客观公正之心，才能去追求真正的尽善尽美，而不至于把抱残守缺误当善美。

然后，武灵王又跟叔叔具体谈了赵国的边境情况，强调没有“胡服骑射”，就难以应付面前的困境，会有亡国的危险。这样，一番思想的高论，触动了公子成，公子成同意了变革。他一带头“胡服”，其他反对者也就只好遵从新令，“胡服骑射”顺利进行。

赵武灵王这番关于改革的言论，在《史记·商君列传》也有大体相类的另一个版本。当然，辩论者变了，一方是商鞅，主张改革，反对方是秦国的甘龙、杜挚。看那番对立的言论，与赵武灵王、公子成的言论交锋有着高度的神似。其实，就有一个谁沿袭谁的问题。这样的现象，在上古文献中颇不少见。那么，是不是《赵世家》的这番言论沿袭的是秦国商鞅的呢？论时间，赵武灵王的改革要晚于商鞅变法。可问题是，文献早晚的问题往往不这样简单。《商君列传》那段议论是从《商君书》来的，而《商君书》的成书年代可就比赵武灵王改革晚了。所以，有学者认为商鞅与甘龙、杜挚那番对话，是后来学者整理编纂《商君书》时从赵武灵王那些对话中套过来的。

“胡服骑射”就是学习游牧人群的战争文化，加强和装备自己。如果心里横着一个游牧人群文化落后、服装不文明的执念，这一切都免谈。赵武灵王的高明就在于他有变通的文化理论。人类的文化，就是为了人的生存，为了人的生存便利、舒适。适合这样的“以人为本”的文化，才是真正的文明。也是为了实现这样的基本目标，不同地域、不同时代的人，才有了多姿多彩的文化。赵武灵王那个时代的中国服装，适于战车，不适于骑马，就需要改。至于认为“胡服骑射”就不“中国”了，就是违反祖先了，都是只注意到文化的形式，而忽略了文化的本质，只强调了文化的差别，而忘掉了文化的目的。一句话，赵武灵王在文化的根本与细枝末节的分别上，拎得清，见得明。文化终究是为人服务的，因而不能把某些文化的事项捧得神圣及崇高到不能改变的地步。从这一点上说，说赵武灵王是一位哲学家也不为过。

还有一点，就是赵武灵王善于做思想工作。赵武灵王的“胡服骑射”，较诸商鞅在秦国的变法，固然是局部的，也是不那么深刻的。可是，赵武灵王却不像商鞅，一般百姓说新法的不是，杀；赞美新法，照样惩治。赵武灵王变法是为了强兵，而商鞅的变法，在富国强兵之外，还有一个更大的念头，就是令民众绝对地服从。这就有大害处了。历史上的变法，有的文明价值高，有的低，有的甚至是反文明的。这需要辨别。赵武灵王能见出游牧文化在当时军事上的长处，他山之石，可以攻玉。这是他心胸、见地都了不起的地方。

赵武灵王变法，确实让赵国迅速崛起为强国。赵武灵王死后，到他的儿子赵惠文王时，秦人从太行山东进。赵惠文王问廉颇，廉颇说这仗没法打；问马服君赵奢，赵奢的意见大体是：狭路相逢，勇敢者胜。于是赵奢任赵国将军。他此次的作战，采取的是兵法中“后发而先至”的策略。带兵从邯郸出发不久，就蹲下来，不再前进，而且下令：谁要提意见，军法处置。就这样一直蹲了二十几天。秦军使者来，马服君一副害怕的样子。结果，秦使者前脚离开，马服君马上下达快速进军的命令，数日行进百余里，出其不意地出现在秦军面前，获得大胜。能迅速进军，出其不意，料想“胡服骑射”即骑马行军，应该是起了大的作用的。

二、武灵王的政治梦，异想天开

《赵世家》记载了许多梦，在诸多世家中，颇为奇特。赵武灵王好做梦，《赵世家》就记载了他在位十六年时一次“做梦娶媳妇”的事：“王游大陵。他日，王梦见处女鼓琴而歌诗曰：‘美人荧荧兮，颜若苕之荣。命乎命乎，曾无我嬴！’异日，王饮酒乐，数言所梦，想见其状。吴广闻之，因夫人而内其女娃嬴。孟姚也。孟姚甚有宠于王，是为惠后。”王梦见一位处女弹琴瑟唱歌，大致内容是：光彩照人的美人，容貌像苕花一样迷人。“命乎”句，司马贞《史记正义》将“命”读作“名”，大意是那些再有名的，也不如那位叫嬴的姑娘。再过几天，武灵王在一次饮酒的场合把自己这个梦说给大臣听，有一位叫作吴广（不是与陈胜一起造反的那位）的，是个乖觉的人，听出了味道，就把自己的漂亮女儿送给了灵王，这位女儿也叫嬴，真是巧得出奇。她后来做了武灵王的王后，赵惠文王就是她的儿子。

说武灵王好做梦，不仅是说他自己做了梦到“嬴”之类的梦，而且他还替自己的先人做梦。在记录武灵王的梦之前，《赵世家》还记载了武灵王七世祖赵简子的一个梦：“赵简子疾，五日不知人，大夫皆惧。”说赵简子五日不省人事，赵家人请老神医扁鹊给他号脉，扁鹊说很奇怪，早前秦穆公也曾有这样的症状，脉象与赵简子此时一样。扁鹊说，秦穆公醒来后，称自己上了天，上天告诉他晋国将大乱（指晋献公宠骊姬导致的内乱）云云。过了两天半，赵简子醒来，说他也梦见自己上了天：“我之帝所甚乐，与百神游于钧天。”赵简子述说自己在上天所见，说了好多后来都验证的预言，其中还有这样的梦境：“今余思虞舜之勋，适余将以其胄女孟姚配而七世之孙。”这一下子，整个梦的故事穿了帮。据常识可以断定，这场大梦就是赵简子七世孙武灵王替老祖宗代办的。

在赵简子这个梦里，他还梦见了一个小儿在上帝身边，另外还有一条“翟（狄）犬”。赵简子不明白这意味着什么。过了几天他外出，有人当道而立，是上天派下来向赵简子解释梦境的。当道者告诉赵简子，上帝身边的小儿，是你赵家的后代，那条翟犬，是代国祖先的化身，那梦的意思是，你赵简子的后代将来要占领代国（代，在山西、河北北部交界地带）。当道者还透露了这样的预言：“及主君之后嗣，且有革政而胡服，并二国于翟。”即赵简子的后代，就是赵武灵王，将来还会“胡服骑射”，将翟人的两个邦国（中山、楼烦）兼并。赵简子的梦里又出现了武灵王的影子，这就更印证梦是武灵王“做”的了！而且，通过这梦的最后部分可以了解，武灵王替祖先“做梦”的动力，就是为自己的“胡服”制造根据。上天赏赐翟，就是为了他的“胡服”。

武灵王“做”的赵简子的“梦”，在文献来历上值得追究。赵简子的这场梦，记录者是董安于。赵简子做梦昏迷，是董安于问扁鹊这是怎么回事，而晋国董姓源于史官，即管理典籍。《左传》记载晋国的董氏原本是从洛阳周王室来晋国的史官。几代人以后，到董安于这一辈，已不再为晋国服务，而成了赵氏的家臣。家臣而又有史官背景，且《赵世家》还交代："董安于受言而书藏之。"即董安于把赵简子这场梦以及扁鹊所说秦穆公的梦境的事都记录了下来，并妥善保存。把一场梦跟一位史官联系起来，其实是为了增加梦的可信度。当初赵简子是不是有这场梦，令人怀疑，但如果是赵武灵王为了给自己"胡服"的改革造舆论，把一份据称是董安于记录的祖宗梦公诸于世，好像他的改革是天意命定的，且与祖宗进取北狄的政治路线一致，这应该就是武灵王替祖宗做梦的动机。前面从理论上说"胡服"改革的必要性，显示出武灵王智慧，那么，利用梦话来为自己的改革造舆论，则显示他利用鬼神的能力。赵武灵王真称得上"灵"。

基于上述对武灵王的观察，笔者很愿意相信，《赵世家》中"赵氏孤儿"的故事，也很可能是在赵武灵王这位"梦想家"时代出现的。不过，这个话题先放一下。先看赵武灵王因好做梦的性格，给他自己的人生带来的下场。

好做梦，可以说是能突发奇想。赵武灵王在进行过"胡服骑射"的改革后，突发奇想，把君主权力的一半交给儿子，就是娃嬴所生的那一位，也就是后来的赵惠文王。《赵世家》说："二十七年五月戊申，大朝于东宫，传国，立王子何以为王。……武灵王自号为主父。主父欲令子主治国，而身胡服将士大夫西北略胡地，而欲从云中、九原直南袭秦，于是诈自为使者入秦。秦昭王不知，已而怪其状甚伟，非人臣之度，使人逐之，而主父驰已脱关矣。审问之，乃主父也。秦人大惊。主父所以入秦者，欲自略地形，因观秦王之为人也。"看这段文字，文王果然奇特，非比寻常。赵武灵王提前交权，是想专心军事，更奇思妙想的是直接从"云中、九原直南袭秦"的构想，是要从北方直接兜着秦的臂背打。此计若能实施，那可就真有秦国好看的了。更令人惊奇的是武灵王还诈称自己是赵国使者，直接去见秦昭王。《赵世家》说，他这样做，一是看看秦昭王的人品、能力，再是想实地观察一下秦国地形。这不单是“灵”，简直就是“神”了！

天马行空，想象力超凡的大英豪武灵王，提前让儿子上位，要说也不算很异想天开，关键是这样的大问题得处理好。武灵王在处理这件事上，居然夹杂了儿女情长，实际的效果就变成给自己找死路了。武灵王先有一位王后，生公子章，后来娃嬴又给他生公子何，就是惠文王。武灵王宠爱娃嬴，又宠爱娃嬴的儿子，甚至到了想要提前交班的地步。这也未尝不可，麻烦的是他又觉得对不起公子章。在一次君臣聚会上，见公子章神情黯然，武灵王不由得心神颤动，动了俗人的情感。他先是封公子章为安阳君，还让一位很不安分的大臣田不礼辅佐他，现在见公子章黯然神伤，干脆又想让公子章也有“王”的名分，把代这片地方全都交给他。这不是制造乱子吗？是的，“沙丘之乱”马上就爆发了。

惠文王四年，主父（武灵王交班后称主父）与惠文王一起游沙丘，公子章、田不礼等就把沙丘围了。公子成和李兑等率兵救主父和惠文王，公子章败阵，就跑到主父的宫门前要求避难，主父居然开门接纳。后来公子章死了，公子成、李兑的人应该解围，让主父也出来吧？不是那样简单，这是政治，是举手不让步、抬腿不留情的你死我活。公子成、李兑有他们担心的事，那就是秋后算账。所以，找点什么借口就一直围下去了。惠文王因为年纪小，从围困中被放出，赵武灵王一直被困着。《赵世家》说他饿得难受，“探爵鷇而食之”（掏房檐里没长毛的小家雀吃），最后还是饿死了。“胡服骑射”，从云中、九原袭击秦国，堪称天才的想象；提前传位给儿子之余又想把另一个儿子封为王，又是何等地糊涂。天才和傻瓜，就这样在好做梦的武灵王身上梦幻般地闪现，就这一点而言，赵武灵王在史传上也堪称很“神”的一位。他的谥号在“武”之后还要加一个“灵”字，就是因为这样的神奇。

三、“赵氏孤儿”是传奇

《赵世家》的材料丰富，论篇幅的长度，是世家里最长的，《晋世家》《楚世家》都没它长，还长过了《秦本纪》。这有原因，原因之一就是有不少的“梦”，另外还有一段传奇，就是“赵氏孤儿”的故事。这段故事，很大程度上是战国人“梦见”春秋时期的事，意味深长。

关于这个故事的来源，顾颉刚先生有一个说法：是司马谈访问赵国后裔冯王孙得到的。当年长平之战，韩国的将领冯亭把上党地区交给了赵国，从此冯亭后人一直生活在赵，汉初的冯唐、冯王孙，都是冯亭的后代，与司马谈同时。所以，“赵氏孤儿”的故事很可能是司马谈从冯王孙处听来的。也就是说，这个故事源于赵国。故事本身，一是带有强烈的赵国色彩，二是带有强烈的战国色彩。这是我们要重点讲的。

什么是“赵国色彩”呢？就是为得了势的赵氏涂脂抹粉。“孤儿”的故事，在《晋世家》也有原型，但差异巨大，它也是“三分真实，七分虚构”。这是《史记》很有意思的现象。同样一个关于赵的事件，在《晋世家》是一种写法，在《赵世家》是另一种写法。《晋世家》依据《左传》写，《赵世家》则采用大义人救

“孤儿”的传说。同时，《韩世家》也有“赵氏孤儿”的记载，只是简略些。本来是韩、赵、魏三家分晋，《韩世家》记载“孤儿”的事，是因为韩、赵关系特殊。分晋之前的韩、赵、魏三家，颇有点像后来《红楼梦》里的薛、王、史、贾四大家族，他们曾联合反对其他贵族之家，曾是荣辱与共，看《左传》，赵和韩关系尤为密切。据《左传》《国语》，春秋时韩家有一位家族之长韩厥，就是“蓄养”在赵家的。所以，《韩世家》记载“孤儿”的故事，似乎可以推测，就是因为两家关系曾经很亲密。

前面我们谈到《史记》的“立体”结构，在《赵世家》的“孤儿”书写中，我们看到了这种“立体”结构的优点，那就是有利于保存那些相互矛盾的史料。如果是一条时间线索的平面记录，也可以列举相互矛盾的史料，但这样做，史家必须给出一个是非的判断。但“立体”的结构就不必如此。它需要的是细心的读者去对比，去发现其中的矛盾，且由读者自己去判断相互矛盾的材料的是与非。就像笔者现在做的一样，笔者认为这是得了势、建立了赵国的赵民为自己的祖上“洗白”。这样的行径本身，就是含有历史信息的。如果再仔细审视这段“洗白”文字的内涵，这段史料自身的时代特点也是很有历史及文学的信息含量的。“立体”的历史书写是开放的，其保存材料的多样性是能够促使读者自己思考的。

现在就来看看“赵氏孤儿”的故事在《赵世家》与《晋世家》中的不同。看明白其中的不同，“孤儿”故事的赵国色彩也就清晰了。关于“赵氏孤儿”，《赵世家》是这样记述的：

晋景公之三年，大夫屠岸贾欲诛赵氏。初，赵盾在时，梦见叔带（赵氏的祖先）持要而哭，甚悲；已而笑，拊手且歌。盾卜之，兆绝而后好。赵史援占之，曰：“此梦甚恶，非君之身，乃君之子，然亦君之咎。至孙，赵将世益衰。”屠岸贾者，始有宠于灵公，及至于景公而贾为司寇，将作难，乃治灵公之贼以致赵盾，遍告诸将曰：“盾虽不知，犹为贼首。以臣弑君，子孙在朝，何以惩罪？请诛之。”韩厥曰：“灵公遇贼，赵盾在外，吾先君以为无罪，故不诛。今诸君将诛其后，是非先君之意而今妄诛。妄诛谓之乱。臣有大事而君不闻，是无君也。”屠岸贾不听。韩厥告赵朔趣亡（趣亡，赶紧跑远点）。朔不肯，曰：“子必不绝赵祀，朔死不恨。”韩厥许诺，称疾不出。贾不请而擅与诸将攻赵氏于下宫，杀赵朔、赵同、赵括、赵婴齐，皆灭其族。

赵朔妻成公姊，有遗腹，走公宫匿。赵朔客曰公孙杵臼，杵臼谓朔友人程婴曰：“胡不死？”程婴曰：“朔之妇有遗腹，若幸而男，吾奉之；即女也，吾徐死耳。”居无何，而朔妇免身，生男。屠岸贾闻之，索于宫中。夫人置儿绔中，祝曰：“赵宗灭乎，若号；即不灭，若无声。”及索，儿竟无声。已脱，程婴谓公孙杵臼曰：“今一索不得，后必且复索之，奈何？”公孙杵臼曰：“立孤与死孰难？”程婴曰：“死易，立孤难耳。”公孙杵臼曰：“赵氏先君遇子厚，子强为其难者，吾为其易者，请先死。”乃二人谋取他人婴儿负之，衣以文葆（文葆，花布做的襁褓），匿山中。程婴出，谬谓诸将军曰：“婴不肖，不能立赵孤。谁能与我千金，吾告赵氏孤处。”诸将皆喜，许之，发师随程婴攻公孙杵臼。杵臼谬曰：“小人哉程婴！昔下宫之难不能死，与我谋匿赵氏孤儿，今又卖我。纵不能立，而忍卖之乎！”抱儿呼曰：“天乎天乎！赵氏孤儿何罪？请活之，独杀杵臼可也。”诸将不许，遂杀杵臼与孤儿。诸将以为赵氏孤儿良已死，皆喜。然赵氏真孤乃反在，程婴卒与俱匿山中。

居十五年，晋景公疾，卜之，大业之后不遂者为祟。景公问韩厥，厥知赵孤在，乃曰：“大业（秦、赵的祖先）之后在晋绝祀者，其赵氏乎？夫自中衍者皆嬴姓也。中衍人面鸟噣，降佐殷帝大戊，及周天子，皆有明德。下及幽厉无道，而叔带去周适晋，事先君文侯，至于成公，世有立功，未尝绝祀。今吾君独灭赵宗，国人哀之，故见龟策。唯君图之。”景公问：“赵尚有后子孙乎？”韩厥具以实告。于是景公乃与韩厥谋立赵孤儿，召而匿之宫中。诸将入问疾，景公因韩厥之众以胁诸将而见赵孤。赵孤名曰武。诸将不得已，乃曰：“昔下宫之难，屠岸贾为之，矫以君命，并命群臣。非然，孰敢作难！微君之疾，群臣固且请立赵后。今君有命，群臣之愿也。”于是召赵武、程婴遍拜诸将，遂反与程婴、赵武攻屠岸贾，灭其族。复与赵武田邑如故。

及赵武冠，为成人，程婴乃辞诸大夫，谓赵武曰：“昔下宫之难，皆能死。我非不能死，我思立赵氏之后。今赵武既立，为成人，复故位，我将下报赵宣孟与公孙杵臼。”赵武啼泣顿首固请，曰：“武愿苦筋骨以报子至死，而子忍去我死乎！”程婴曰：“不可。彼以我为能成事，故先我死；今我不报，是以我事为不成。”遂自杀。赵武服齐衰三年，为之祭邑，春秋祠之，世世勿绝。

前人说六经皆史，笔者的老师启功先生又说“二十四史皆小说”，当然是指正史中那些写得精彩的片段了。史著中有小说家言，从《左传》就开始了。更早在《尚书》这样既古老又堂皇的“五经”典籍中，也有“传奇”类的小说家言，那就是《尚书·金縢》。周公为了救周武王，曾发愿甘心舍身。后来周成王不知道周公的忠诚，怀疑周公，于是上天发怒，刮大风，吹倒了大树，倒伏了谷子。周成王觉得有冤情，就开始了解情况，有人告知了他周公是被他冤枉了。于是成王采取了补救措施。到此，《金縢》篇的“传奇”出现了：上天又刮起了反向的风，把倒伏的禾苗又吹拂起来了。还说，那一年仍然丰收。这最后的说法就是小说家言了。禾苗被风吹倒很常见，那是因为秸秆非常脆弱，大自然根本没有那样一种风，可以把倒伏的禾苗吹正，且不影响收成。因而也忽然醒悟，《金縢》篇那样写，是在为周公鸣冤。这应算是最早的小说家言掺入经典的例子了。“赵氏孤儿”是一篇“传奇”，也就是一篇“小说”。

说“赵氏孤儿”是“小说”，是因为其中许多内容都不合历史真实，是虚构的。《史记》交待，“孤儿”的母亲是“赵朔妻成公姊”，表明了身份，“赵朔妻”号庄姬，她可是一位公主，《史记》说她是晋成公的姐姐，肯定有误。清朝梁玉绳《史记质疑》曾分析说，赵衰曾娶晋文公女为嫡妻，赵朔为赵盾之子，是赵衰的孙子，假如他娶晋成公的姐姐，也就是娶晋文公的女儿，这就差了辈分了。所以，“成公姊”三个字，不是“姊”字有误，就是“成公”两字有误。梁玉绳判断，“成公姊”有可能是“成公子”，即晋成公的女儿，也可能是“景公姊”，即晋景公的姐姐。就是说，这位赵朔之妻，即“孤儿”的母亲是晋国在位君主晋景公的姐姐，与晋国君主是很近的亲属。假设晋景公与这位姐姐有大仇恨（记载中没有任何这方面的影子），很想收拾这位姐姐，作为晋国君主，他也不可能不顾及公室的体面。

文中的屠岸贾，在《左传》《国语》中找不到这个人，文献中有一位杜蒉，是晋国大臣，见《礼记》。有人说杜、屠读音相近，可杜蒉活跃的年代是晋平公时期，要晚许多年。假如屠岸贾就是杜蒉，他也还是一位晋国的大臣，一位大臣可以把一个家族灭掉，但是大臣伤及当朝公主，让公主连自己的初生婴儿都保不住，这样的事情也可能发生，只是有条件，即一定要到这个朝代尸居余气，权臣已经掐住了朝廷气命的时候。打比方说，东汉要到曹操把汉献帝迁到许昌后，曹魏要到司马昭剪除皇帝的羽翼后，才可能发生这样的事情。可是，春秋时的晋国，在“赵氏孤儿”发生的年代，根本还没有沦落到大臣执国命的地步，也就根本不可能有当朝公主连自己孩子也保不了的情形。“孤儿”的故事说，公主“有遗腹，走公宫匿”，其实是“赵氏孤儿”故事令人难以相信的最大漏洞。

不过，这段记载也有其可信的一面，就是所表“孤儿”之事，源自赵盾派人杀掉晋灵公。《左传》对此事有详细的记载。“晋灵公不君”是《左传》很著名的片段。晋灵公好雕墙，搜刮民财搞装饰艺术，还特别爱发脾气杀人，总之，按《左传》所记，晋灵公整个一个“小流氓”。赵盾的脾气也火爆，有人称他是夏天的日头，人们避之唯恐不及。赵盾劝谏晋灵公，晋灵公很烦赵盾，就派刺客杀赵盾，不成，又专门训练大獒撕咬赵盾，赵盾都逢凶化吉。君臣如此的矛盾，发展下去，肯定是你死我活。最后，赵盾的一位名叫赵穿的族人，终于杀掉了晋灵公。《左传》

明着说，杀晋灵公不是赵盾干的，可是，看君臣矛盾的步步升级、步步紧张，杀晋灵公的不是赵盾才怪呢！赵穿杀了晋灵公后，赵盾作为执政者，对刺杀案没有一点作为，赵穿活得好好的，更可证赵盾就是主谋。

老一辈史学家童书业先生在他的《春秋史》说,《左传》在记载赵盾与灵公矛盾冲突这件事上，明显偏袒赵家。是的。不过，笔者有一个看法,《左传》这段往事，依据的应该是春秋时期的史料，春秋后期，有许多史官是为大家族服务的，赵家就有这样的史官人物。那么，在写这段历史的时候，史官既然吃赵家的饭，自然要维护赵家。可是，细看这段史料，史官书写，又明显不愿意违背史实，所以采取了一种类似“隐微写作”的手法，明着说一套赵盾无罪的话，可是看文字，字里行间又处处表露出确实是赵盾派人杀了晋灵公。不明说，是要明白人去自己看。

赵盾主使杀晋灵公，这件事早晚得翻上来，成为赵家的祸根。《赵世家》说，屠岸贾就是要利用这个案子扳倒赵氏。“孤儿”的故事这样写，是有充分的历史根据的，只是人物不对。晋景公时确实有赵氏的家门被灭，对此,《左传》也有记载，但不是赵朔这一家。这一点后面谈。还有就是韩厥这个人物，他曾寄养在赵家，与赵氏关系密切，当时是公卿级的贵族,《左传》也说，在赵家一些人遭遇灭门之后，也是他出来说赵家的好话。看京剧《赵氏孤儿》，里面的韩厥居然是看守宫门的武士，就纯粹是“戏说”了。至于《赵世家》“孤儿”故事中的程婴和公孙杵臼，文献中全然找不到记载，是彻底杜撰的人物。你看，程婴，就是“成婴”，成全婴儿。“杵臼”是捣米脱壳的工具，公孙杵臼，大概寄寓的是赵盾的孙儿（即孤儿）有饭吃的意思吧。两个人物都明显是杜撰的。至于文中用“诸将”称呼当时朝廷人物，也应该是战国以后的做法，春秋时期贵族公卿文武不太分，“诸将”云云无从谈起。

总之，《赵世家》的“孤儿”故事，有一些历史的影子，大体属于虚构，是小说传奇。那么这样的一个小说传奇，是不是完全属于民间想象？是民间传说，应当无问题，但若说故事全是民间自发想象出来的，我觉得也不是。故事明显是偏爱赵家的，是把赵氏看成“奸臣当道”的受害者，因而故事的基本类型是忠臣遭难、义士相救那一套。文中程婴与公孙杵臼的对话，以及后来孤儿长大主大政后程婴不忘初心的“自杀”，都是这类故事必备的因素。为了赵家有人两肋插刀，赵家当然就是好的，得人心的。整个故事，不就是表明这一点吗？它也确实是做到了，“孤儿”到如今都是广受欢迎的戏剧题材，还传到了外国，确实魅力无限。

以上就是这个故事的“赵国色彩”。

可是，“孤儿”的故事，还有另外的版本。一见于《左传》，一见于《史记·晋世家》。先看看《晋世家》的记载：“十七年，诛赵同、赵括，族灭之。韩厥曰：‘赵衰、赵盾之功岂可忘乎？奈何绝祀！’乃复令赵庶子武为赵后，复与之邑。”《史记》记载很简略，却也要点突出。共两点：一是被族灭的是“赵同、赵括”，二是赵同、赵括被族灭的时候，也是“赵庶子武”即孤儿赵武恢复原先地位的时刻。甚至可以这样理解，灭了赵同、赵括，正是赵武得势的前提。《史记》这样写，与《左传》同。具体怎么回事，可就是“三岁死了娘——说来话长”了。

四、《左传》所载“孤儿”之事

“孤儿”及赵家的事，《左传》记载详细。首先赵氏是有一个“孤儿”，叫赵武。说他是“孤儿”，是因为父亲赵朔死得早。按照《左传》记载，赵朔是赵盾的儿子，在晋楚邲之战中，赵朔作为晋军下军主帅出现，已经是公卿级的人物。[①]当时，赵盾已死或退休，赵朔出现在晋军主帅行列中，应是按贵族世袭制上位，继父亲而辅政。赵朔的父亲是赵盾，赵盾的父亲是赵衰。赵衰则是令赵氏家族在晋国变得显赫的关键人物。

考察赵氏家族的起源，原本与秦同姓（即嬴姓）。据记载，西周穆王时期，赵氏的祖先为周王驾车，受封到赵（后属晋），是晋国赵氏之始。到赵衰这一辈，赵氏家族崛起，是赵衰追随晋文公的结果。骊姬之乱，公子重耳（即后来的晋文公）出亡十九年，赵衰一直跟随。他善诗书，懂礼仪，重耳流亡过程中，有学问的赵衰帮忙不小。晋文公君臣曾出亡到过北狄，这里是重耳的母家（其母狐姬，为狄族）。《左传·僖公二十三年》记载，当时“狄人伐廧咎如，获其二女，叔隗、季隗，纳诸公子。公子取季隗……以叔隗妻赵衰，生盾”。北狄伐廧咎如（另外一个戎狄族群首领），得了叔隗、季隗两位少女，小的配给了重耳，大的即叔隗由重耳做主，配给了赵衰。叔隗为赵衰生赵盾。

赵衰还有一次重要的婚姻，就是娶晋文公之女赵姬。赵衰

---

①春秋时期像晋这样的大国，其军队有上中下三军，每一军各有主帅和副帅，都是高级别的人物。战时率军，平时就是治国理民的大小公卿。

随重耳流亡，叔隗和赵盾则留在了北狄。后来重耳回国做了晋国国君，北狄把季隗送到晋国。赵姬就要赵衰把叔隗母子也接回来，赵衰先是不愿意，赵姬坚持，叔隗和赵盾才来到晋。赵姬见赵盾人才出众，又主动提出让赵盾做嫡子，也就是未来的赵门宗子、家族长，将来接赵衰的班，在朝继续为政，同时管理赵家事务。而且，还让叔隗为内子，应该就是所谓的嫡夫人，她自己甘心位在叔隗之下。看来赵姬虽贵为公主，还是蛮贤明的。这时候赵姬自己也有儿子了，赵同、赵括、赵婴（《赵世家》称赵婴齐）都是她生的。从赵姬的做法看，她嫁给赵衰要晚于叔隗。赵姬推尊叔隗，应是遵从先来后到的礼法，而不是倚仗自己的身份。后来掌权的赵盾也高风亮节，在晋成公元年“赐赵氏为公族”的时候，把“公族”赵氏的族权让给了赵同、赵括、赵婴这一支，也就是赵姬所生的儿子们。这样一来，赵盾这一支，就成了赵家的“庶出”，《史记·晋世家》称赵武为“庶子”，就因为这个。不过，虽然赵盾一支为庶，可是，赵盾因为赵衰的关系，牢牢掌握了晋国大权。他杀了灵公，又辅立成公，无人敢逆，风雨得时。按照规矩，赵盾一旦退休或亡故，他的儿子子承父业，继续辅助公室，做到最高的执政者也是可期的。邲之战中赵朔的角色，就证明了父子相继这一点。有这样一层关系，把族权交给赵同、赵括那一支，就赵盾及其本支而言，是既无害，又好看。说到这里，大家就知道《史记·晋世家》所记“十七年，诛赵同、赵括，族灭之”意味着什么了。史书本来写得很明白，是赵姬所生那一支遭了大难，与赵盾这一支无关。所以“赵氏孤儿”的故事说屠岸贾“杀赵朔、赵同、赵括、赵婴齐，皆灭其族”，是打了一个马虎眼：混同了赵氏家族内部嫡庶有别，支派非一。

故事没有完，还有更深妙的。赵姬那一支因何遭灭门？《赵世家》所载“孤儿”的故事显示，是屠岸贾要算赵盾弑杀晋灵公的老账。这可信吗？不可信。除了上面谈到的原因之外，须知晋成公是赵盾立的，晋景公又是晋成公的儿子，是赵盾令他们成为最大受益者。他们有必要翻这个案吗？应该是缺乏动力的，因为扳倒了赵盾，赵盾立的君主，合法性也要成问题。那么，赵家的赵同一支遭灭门也是事实，出现这种情况的原因又是什么呢？原因在庄姬的疑虑和伤情。

这要从赵朔死得早说起。赵盾当年把族权让给赵姬所生之子，就是将家族嫡门地位让了出去。按照赵盾的算盘，这也无害，自己掌大权，自己身后赵朔继续上台，他这一门问题也不大。可人算不如天算，没有想到的是《左传》显示，邲之战后不久，赵朔就死了。这与“孤儿”故事中赵朔还活着且大义凛然地等死不同。赵朔早死，赵同、赵括、赵婴还活得好好的。不但活得好好的，他们中的赵婴，还与赵朔的遗孀、孤儿的母亲庄姬有了爱情，叔叔与侄媳妇搞在一起了。这事，见于《左传》记载。赵同、赵括两人对此很不开心，两人以兄长之尊，准备将赵婴放逐到齐国去。赵婴向两位兄弟求情，说自己在，家门会安全，我若离开，就难说了。赵同、赵括才不觉得有他有这么重要，还是把赵婴赶走了。

赵同、赵括这样做，断了赵婴与庄姬的爱情。这让庄姬很难过，还有更让她不开心的，是担心“孤儿”的未来前途。赵朔在，儿子有依靠。现在，因为赵盾多年前把族权让给赵姬那一支，自己这一支就变成了庶出旁门，儿子就是庶子。在春秋之世，嫡、庶分别甚严，朝廷用人，得征求嫡门意见，或干脆就是嫡门优先。赵朔死了，庄姬幼小的儿子是庶子，政治上没有靠山，简直就是前途渺茫。儿子的前途渺茫，生路就是问题；赵婴被赶出国，庄姬的感情生活也断了。两样东西加在一起，新仇旧恨使庄姬采取了行动，这就是《左传·成公八年》所记载的事：“晋赵庄姬为赵婴之亡故，谮之于晋侯，曰：‘原、屏将为乱。’栾、郤为征。”“原”即赵同，“屏”即赵括，“栾、郤为征”几个字很要命，庄姬是有证人的，换句话说，庄姬是早有准备的，为扳倒赵家的嫡门，不惜与外人勾结。三年前赵婴被放逐的时候，担心家门的安全，就提到了栾氏的威胁，而栾氏、郤氏，与赵、韩、魏三家一样，都是当时晋国的大族。相互之间有勾结，更有矛盾。

事情还没有完，庄姬的面目需要继续看一下《左传》的记载：

> 六月，晋讨赵同、赵括。武从姬氏畜于公宫……韩厥言于晋侯曰：“成季之勋，宣孟之忠，而无后，为善者其惧矣。三代之令王，皆数百年保天之禄。夫岂无辟王，赖前哲以免也。《周书》曰：‘不敢侮鳏寡。’所以明德也。”乃立武，而反其田焉。

文中出现的“武”就是赵武，即“孤儿”，他因母亲的身份长在深宫，就是说，没有什么程婴抚养“孤儿”于“山中”的事，而且庄姬收拾赵同、赵括时，他已经出生了。《左传》中，为赵武说话的也是韩厥，这一点与《赵世家》“孤儿”故事同。韩厥提到的“成季”即赵衰，“宣孟”即赵盾。韩厥引经据典，就是要让赵衰、赵盾之后，变成“赵朔之后”，更具体地说就是变成庄姬、赵朔之后，即“孤儿”赵武。史称这一次的赵氏灭族为“下宫之难”，而此“难”的幕后导演其实是庄姬。为儿子着想，为情人出气，都是她策划这次事变的动力。庄姬，是一个狠角色。

五、“孤儿”传奇是战国文学

到此，两个关于“孤儿”的记载说完了。比较一下，《左传》的记载没有漏洞，应当更符合史实。相反，《赵世家》的故事，则漏洞明显，传说性强，可信度不高。问题是，根据司马迁在《晋世家》里所写的内容，说明他看到过与《赵世家》不同的记载，以司马迁的判断力，不会察觉不出两者的优劣高下。然而，他还是在《赵世家》里写了这个传说性很强的“赵氏孤儿”的故事，这应与故事中的程婴、公孙杵臼的大义救难有关。故事的材料可能是司马谈采集的，保存在《史记》中，就与《史记》最终完成者司马迁有关了。在《史记》中，朋友之间的真情是特别受到赞美的。这也不难理解，看《报任安书》，在司马迁最困苦的时候，无人出手相救，应该是一个重要原因。而在后来人的心目中，“赵氏孤儿”的主人公不是赵家，而是程婴，是他十五年的忍辱负重。“孤儿”故事的书写中明确交代：程婴是赵朔的“友”，而赵朔的另一位友韩厥，表现也很是不错。这应是司马迁动心的地方。还有一点也许更重要，那就是《史记》“网罗天下放失旧闻”（《报任安书》）的文献志趣使然。

考司马迁著史，有一个兴趣就是尽量保存异闻传说。这一点姑且可以称之为“并存法”，与写人物的“互见法”相映成趣。

例如《老子韩非列传》中，司马迁据自己搜集得到的材料，写了三个“老子”。一位是孔子见过并请教过的。还有一位是老莱子，“著书十五篇，言道家之用，与孔子同时云”。再有一位是太史儋，“孔子死之后百二十九年”，年岁更晚，见过秦献公。一共三位“老子”。到底是谁，司马迁并无绝对的判断，记录上的顺序差别，或许暗示了一点可信度的分别，但总体上史家是把问题的解决留给后来人的。司马迁强调孔子作《春秋》，是非褒贬二百四十二年，能做到开放地对待不同史料，且兼容并存以便后人，正是司马迁了不起的地方。又如《鲁周公世家》所记，就与《周本纪》相关记载差异明显。这样的例子还很多。有人说这是《史记》的“失控”，我倒觉得是司马迁有意如此。就是说，他是想借助《史记》的“立体”架构，尽量搭挂上那些有分歧的材料。

笔者前面说过，将《晋世家》的记载结合《左传》来看更可信，而“赵氏孤儿”是历史段子，是小说，是传奇。可是，不能因为司马迁记载了这样的东西就觉得他的历史观有问题。相反，我们要感谢他不论出于什么原因都记录了这段传奇。真实，是分层次的。“赵氏孤儿”的故事即使历史上确实没有，它也可以显示另外意义上的真实，那就是这个传说为赵家一段不光彩的事情洗地、漂白。将嫡门让出又夺回，光彩吗？孀居了就与叔叔相好，在今天也并非可以宽容的事情，在古时肯定是不光彩的。这样的洗地故事，很像民间传说，可受益的赵氏的“孤儿”这一家，也就是赵盾、赵朔、赵简子……武灵王这一家。吃谁向谁，恨谁偷谁。料想这个所谓的“民间传说”的始作俑者为“孤儿”这一支的人，或者是吃着赵氏的一些人。可是，“赵氏孤儿”的故事，又确实在民间流传了，并且一直流传到汉代。其文字的风范也是民间口传文学的样子。这就是问题的关键所在了。

这就又回到了一开始说到的“赵氏孤儿”的战国色彩。《史记》保存的这个故事，其实是战国文学的一个样本。我们拿它与《左传》所记载的“下宫之难”比较一下，就可以明显看出春秋故事的书写与战国的明显不同。前者是按照生活本来面目写（或曰记录）的，而“赵氏孤儿”的传说，虽有历史的影子，却基本是靠想象来营造整个故事。按照生活的本来面目书写，其最大长处就是能表现生活的真实性、复杂性，而想象与虚构，按照理想的方式营造生活，最大的不妙是简化生活，忽略生活自身的真实。文学本来需要想象与虚构，但是虚构和想象如果变为掩盖真实，那就是虚假的文学了。

“赵氏孤儿”的故事，掩盖了生活真相，将残酷的赵氏同门相残，涂抹成忠与奸的斗争，涂抹成大义之士的路见不平。就是不从它的歪曲历史看，只是从文学看，也是糟糕的。因为它简化了历史，简化了生活，其实也就是简化了人们认识生活的头脑。简单地说，读“赵氏孤儿”这样的传奇，会让人头脑简单，认为生活只有善恶，只有忠奸。与《左传》对生活的表现相比，我觉得是落后了。后来中国文学中那些“讲古”的文学，不都是这样吗？这样的文学，会造就项羽一类头脑简单的人。《史记》关于战国时期许多人物的书写，都带有这样的色彩。这不能怪司马迁，而是应该感谢他的记录。他的记录是重要的证据，可以让我们认识，大体从什么时候开始，简化生活，简化头脑的书写大行其道。《刺客列传》里的曹沫是如此，写游说之士的《苏秦列传》亦是如此，还有许多例子，不再赘述。这些可以持之以与《战国策》类比，可以与出土文献对照，对我们认识战国文学的基本特点是非常有帮助的。“赵氏孤儿”的故事是民间传说的形态，民间流传，即意味着对历史不知情的人们传言一个历史故事。《左传》大体是史官的记录，他们是知情或大概知情的，对历史知情，才可以按照生活本来的样子写历史。“不知情”则别有样态。这也是司马迁对“赵氏孤儿”记录的功劳：它可以使我们对比“知情”与“不知情”两种民众生存状态下的文学。

第十三讲

萧何与曹参

——读萧曹世家

这一讲我们把《史记》的两篇世家合起来谈，就是《萧相国世家》和《曹相国世家》两篇。之所以合起来，是因为他们都是相国，都是刘邦的嫡系。要谈的是他们以功臣心态治政事时特有的意态。

一、功臣世家只一人

《史记》的世家书写前后不一样。先秦时期的世家像《鲁周公世家》《齐太公世家》《楚世家》《田敬仲完世家》等，应该算是典型的世家体，周公、姜太公多子孙世系，记载一个诸侯邦国的从受封到灭亡的过程，首尾详备。写到汉代，像《萧相国世家》《曹相国世家》《留侯世家》《陈丞相世家》，其实主要写了开国功臣一代人，虽然受封为侯，可一代之后，子孙就没得写了。看《萧相国世家》结尾处的文字："孝惠二年，相国何卒，谥为文终侯。后嗣以罪失侯者四世，绝，天子辄复求何后，封续酂侯，功臣莫得比焉。""功臣莫得比"的萧何世家就这个样子，其他功臣的世家，那种兔子尾巴——长不了的命数，就可想而知了。这就是世家写法不可能一样的客观原因。西汉入世家的功臣有五人：张良、萧何、曹参、陈平、周勃，只有《绛侯周勃世家》在周勃之外还有周勃次子条侯周亚夫的业绩可写，其他好像都有些家门不肖的样子。说起来，张、萧、曹、陈四大功臣家那样后嗣乏善，那还立世家干什么呢？答案是，世家与政治体制有关，这是其主要的价值。至于是不是家有贤子、代出贤侯，反而不是世家有无的决定性因素。因而，可能在“后嗣以罪失侯者四世，绝，天子辄复求何后，封续酂侯，功臣莫得比焉”这一点上，司马迁是有很深的感慨的。皇帝对诸侯管制严，诸侯动辄得咎，像萧何、周勃当年都曾被皇帝掐监入狱，他们的后嗣得咎，又算得了什么！

在前面谈《史记》的八表时说到司马迁对封建的看法，首先是他认为封建的制度并不差，这与他对尧舜三代为王道时代的总体看法一致；其次，从司马迁对汉武帝“推恩”以及对“七国之乱”起因的记述来看，他既反感王朝对诸侯的无端打压，也不赞成诸侯的抗拒朝廷、尾大不掉，他希望的是像西周那样，王朝与诸侯长期共处，像《太史公自序》所说的“二十八宿环北辰，三十辐共一毂，运行无穷，辅拂股肱之臣配焉，忠信行道，以奉主上……”北辰没有二十八宿环绕，它也就不成为北辰，车轱辘没有辐条，如何能行走？诸侯与王室应当相辅相成。司马迁还说，这需要王者与诸侯各自都拥有仁义（也就是《太史公自序》所说的“忠信”）之心。就是说，司马迁以王道和仁义看待封建。

这样一来，新的问题就来了，刘邦一旦得了天下，就把彭越、黥布甚至韩信都收拾掉，是不是有点既不王道也不仁义了？应该是这样的。看司马迁写彭越、韩信、黥布的列传，刘邦收拾他们，罪名都是谋反，其实是莫须有的，只是因为刘邦觉得他们是外人，或者像韩信那样，有外心。《史记·黥布列传》载汉高祖十一年，“夏，汉诛梁王彭越，醢之，盛其醢遍赐诸侯。至淮南，淮南王方猎，见醢，因大恐，阴令人部聚兵，候伺旁郡警急”。把彭越的肉剁成肉酱分发诸侯，对黥布这样的诸侯，明摆着是要惊吓他，刺激他有点什么行动，以便安他一个谋反的罪名。刘邦、吕太后的心思实在狠毒。彭越、黥布被收拾，还因为他们是“友军”，韩信被收拾，早在他拿下三齐，向刘邦要条件做三齐王时就埋下了祸根。建国后，韩信又多少瞧不起刘邦最亲信的那帮子人，如周勃、灌婴、樊哙等，羞与之为伍，这对他也很不利，最主要的还是韩信“将兵多多益善”的军事才干，实在是让刘邦放心不下，也就只有预先干掉为上了。这是刘邦登基后的主要作为之一，其实也就是继续“内战”，消灭这些他曾利用过的势力。刘邦“内战”打得顺手，胜负并无多大悬念，因为彭越、韩信、黥布三人，做梦也没有想到时移事迁，西汉王朝酬劳功臣的封建，对他们是那样的不算数。在这一点上，他们都是“旧时代”的人，与项羽一样。项羽粗手大脚地封建诸侯、酬劳功臣，与刘邦的心思完全两样。也许在司马迁看来，项羽只是粗疏，他的封建比汉家要大方得多。

在彭越、黥布和韩信的几篇列传中，《史记》用了春秋笔法，这是常识。关于《史记》这几篇的春秋笔法，不应当只认识到西汉对功臣的残酷无情，实际还隐含着一种历史的对比，那就是西周封建与西汉封建的相互映衬。假如西周封建是“三王之道”，那么西汉初期刘邦毫不留情地收拾这些功臣，又能是个什么呢？春秋笔法与当代学者提出的“隐微写作”有一点相同，那就是字面说的与作家真正要表达的不一样。《史记》在写彭越、韩信、黥布被消灭的传记中，早就用了这样的手法。明着是说他们谋反，但其实处处都在暗示他们是“被视为谋反”，他们的罪都是

“欲加之罪”。最典型的是《淮阴侯列传》，这篇传记的名字值得品味一下，既然是“淮阴侯”，就应入世家；应入世家而在列传，“淮阴侯”三字就有言外之意。当初韩信拿下三齐，游说策士蒯通劝他离开刘邦自立，韩信坚决不干，有“载我以其车，衣我以其衣，食我以其食”的肺腑之言。他若真是想自己闯天下，就不会有这样的言语。《史记》用了大量笔墨写这段，写蒯通的说辞，写韩信的拒绝，其实都是在为后面韩信临死时那句“恨不用蒯通计”张本。这是悔恨到极致才有的言语，是对着吕太后说的，吕太后转告给了刘邦。对此，前人早有研究，这方面问题分析得也很清楚了。

刘邦用“继续内战”的方式，把那些他觉得有危险的功臣干掉，剩余的，就是那些他觉得安全的。留侯张良是用了心让刘邦感到安全的，那就是他在开国后，马上与“赤松子游”，学习不吃饭的“辟谷”术，讲究长生不老。留一个儿子张辟强在朝廷通风报信。再剩余的就是萧何、曹参和周勃了。下面主要就说说萧何、曹参。

二、“录录未有奇节”

萧何、曹参是刘邦起家时的老底子。曹参“秦时为沛狱掾，而萧何为主吏”(《曹相国世家》)，曹参为萧何下属。他们与刘邦早就是故交,《萧相国世家》言萧何“数以吏事护高祖”，刘邦闯点祸，萧何给他摆平。又言“高祖以吏繇咸阳，吏皆送奉钱三，何独以五”，是萧何与刘邦更亲近。对萧何，后来刘邦得天下封建诸侯时，还多给了萧何“两千户”报答萧何当年的“独以五”。还有，“高祖为亭长，常左右之”，萧何的官职不高，却是县官的属吏，刘邦做个小亭长，官职比萧何低，萧何却“左右之”，看来刘邦早就是地方豪杰的头了。所以，丰沛子弟一旦反秦，刘邦自然就被推举为领袖。

《萧相国世家》言“萧相国何于秦时为刀笔吏，录录未有奇节”。是说他在沛县为主吏时的表现，除了“文无害”即不利用法条害人外，其他与平常的官吏一样，平平常常，不像韩信、陈平身材“长大”；志向一般，不见有什么高远的表现，不像韩信穷小子一个时，母亲去世就知道选一个“高敞地，令其旁可置万家”的地方葬母（《淮阴侯列传》）。总之，萧何既不是个性嶙峋的，也不是才华横溢的。可是，细看一下，做秦朝的刀笔吏而“文无害”，还知道多给刘邦两个大钱，事不大，也颇见性情和眼识。萧何实际也跟韩信一样，需风云际会，人杰的本色才会因事而显。韩信受胯下之辱，其低下无奈，就像一条草绳子，可是风云一起，草绳子遇水，就会腾化为龙。萧何又何尝不如此？《萧相国世家》说：“沛公至咸阳，诸将皆争走金帛财物之府分之，何独先入收秦丞相御史律令图书藏之。……汉王所以具知天下厄塞，户口多少，强弱之处，民所疾苦者，以何具得秦图书也。”这就是萧何的本色，天生大管家的人才，大家抢财宝，他抢文献档案。咸阳什么最值钱，萧何的眼光与众不同。这一点，与刘邦、项羽见秦始皇一个说“可代之”，一个说“当如是”一样，都是天才本性的峥嵘呈露。《萧相国世家》还说：“何进言韩信，汉王以信为大将军。”韩信受辱，坏了名誉，常被人瞧不起，萧何独能慧眼识英雄，很不一般，起码在项羽之上。成也萧何，败也萧何。他推荐韩信，也设计害了韩信。也就是萧何，皇帝错了，他也跟着错。汉初萧何任职时，宰相叫作“相国”，后改称“丞相”，“丞”有副手的意思。[①]萧何，只是辅佐之材。

萧何的相业是彪炳的。《曹相国世家》结尾处写萧曹为相，“百姓歌之”。刘邦封赏功臣，有人与萧何争功，说萧何不能冲锋陷阵，刘邦则说：“夫猎，追杀兽兔者狗也，而发踪指示兽处者人也。今诸君徒能得走兽耳，功狗也。至如萧何，发踪指示，功人也。且诸君独以身随我，多者两三人。今萧何举宗数十人皆随我，功不可忘也。”（《萧相国世家》）萧何不但才智高、作用大，而且忠诚度也非同一般。当然对萧何的宰相之才，还是要属刘邦如下的评价高明：“镇国家，抚百姓，给馈馕，不绝粮道，吾不如萧何。”（《高祖本纪》）可是，读《萧相国世家》，关于萧相国的“镇抚”之迹，“发踪指示”的作为，史家偏偏不去多写，偏偏写萧何在刘邦那儿所受的挫辱。

对刘邦而言，彭越、黥布是异己，韩信也不贴心。丰沛起事时就跟随自己的萧何、曹参、周勃、樊哙、灌婴等，才是刘邦的“自己人”。可是，所谓“自己人”，意味着什么？在刘邦看来，就是服服帖帖，就是怎么折磨他都不生二心。萧何就是这样“自己人”的代表。司马迁说他“录录未有奇节”，在能受折腾屈辱上，萧何确实表现十分突出。这是司马迁写史的深邃处。读《史记》写萧何，油然而生的感觉是：给刘邦辅助，何其不易！萧何最终能在刘邦面前落一个囫囵尸首，居然还能干出点名堂

①《史记·曹相国世家》：“韩信已破赵，为相国，东击齐。参以右丞相属韩信。”“参”即曹参，其为“右丞相”属“相国”韩信，可知“丞相”不论左右，都是“相国”之副。萧何曹参称“相国”，“相国”之废，当在曹参之后。如陈平，其《陈丞相世家》只称“陈丞相”。

来，更属难得。秦无宰相，并非无宰相，是无贤明宰相。西汉萧何，号称明相，挫辱如此，皇权制度下的政治，可期待的政治作用也就可想而知了。皇权之下，无真宰相，无真的贤才政治，是司马迁别有关注的《萧相国世家》展示给读者的深刻印象。联想司马迁对离他不远时候汉家宰相的“娖娖（局促自守，无格局）廉谨，为丞相备员而已”（《张丞相列传》）无所作为的感受，他写萧何的遭际，若说没有为“娖娖”之风推本寻源的意思，恐怕难通。

刘邦猜忌萧何，《史记》写了三件事。最初是在汉三年，当时刘邦还在跟项羽苦斗。萧何在关中大后方负责后勤。刘邦几次派使者慰劳萧何。旁观者清，一位鲍生就对萧何说：“数使使劳苦君者，有疑君心也。”并且给他出主意：“为君计，莫若遣君子孙昆弟能胜兵者悉诣军所，上必益信君。”萧何照办，“汉王大说（悦）”。早年“常左右之”“独以五”“数以吏事护”这点情意，在刘邦那儿早就不管用了。这也难怪，毕竟是在与人争天下，在天下这样的大利面前，任谁都值得怀疑。江山既然可以私有，这是必然的。

第二件事是汉十一年，“陈豨反，高祖自将，至邯郸”。这时候，萧何与吕后配合办韩信的专案。“上已闻淮阴侯诛，使使拜丞相何为相国，益封五千户”，这明明是奖励，可有一位召平，却看出其中的门道。他告诉萧何说：“祸自此始矣。”萧何不解，自己为皇帝做干掉韩信的脏活，得点奖励不是正常的？但是，召平却说：“以今者淮阴侯新反于中，疑君心矣。夫置卫卫君，非以宠君也。”皇帝可以猜忌韩信，怎么就可以不猜忌你萧何，须知皇帝的猜忌是无限的。于是萧何照着召平教给他的办法做，才免于祸。被称为“豁达大度”的刘邦，在得了天下后，竟然如此疑神疑鬼、神经质、小肚鸡肠。刘邦固有其道理，可是这样对待萧何，就太刻毒了些。司马迁的了不起之处，就在他以不露声色的笔调，交代他对皇帝心理的洞察。

刘邦挫辱萧何，最离奇的事在“汉十二年秋，黥布反，上自将击之”。在外征讨的皇帝“数使使问相国何为”。有了经验的萧何，犯了经验主义的错误，以为还像过去一样，“上在军，乃拊循勉力百姓，悉以所有佐军，如陈豨时”。有一位不知名的客，告诉萧何：你这样做，离灭族不远了！理由是：“夫君位为相国，功第一，可复加哉？”你还想要什么功劳奖励吗？这还在其次，最要命的是，你萧何“初入关中，得百姓心，十余年矣，皆附君，常复孳孳得民和”。你做宰相的对民众好，皇帝就觉得不安生，就要吃醋，他为什么总是派人来慰问你萧何？答案是：“畏君倾动关中。”这位客给出的消灾之道是：“今君胡不多买田地，贱贳贷以自污？上心乃安。”

只要“外人”有谁谋反，皇帝就怀疑“自己人”萧何。怀疑的心思也是越来越匪夷所思。这一次居然是皇帝醋意大发。萧何镇抚国家有一套，为汉家笼络民心也有一套，就是在揣摩刘邦的心思上很不灵光。这就需要人品了，好在他是老实人，总有人帮。说这件事离奇，就在于萧何必须得“自污”一下，必须得“恶”一下，才能自保。前面是担心谋反，现在是容不得相国得人心，一切的万民爱戴，一切的荣耀都得是皇帝的。写出这一层，堪称《史记》最令人触目惊心的文字。

萧何接着又犯了笨，趁皇帝高兴，“相国因为民请曰：‘长安地狭，上林中多空地，弃，原令民得入田，毋收稿为禽兽食。’

上大怒曰：‘相国多受贾人财物，乃为请吾苑！’乃下相国廷尉，械系之”。（《萧相国世家》）说萧何笨，就在这后一件建议提得拂了龙的逆鳞，刘邦最忌讳的是你萧何得民心这一点，“客”不是告诉你了吗？萧何确实是自己找罪受。刘邦是真难伺候，萧何心思也太简单。然而，萧何的笨，越发显示了他的忠诚，越发显得好猜忌的刘邦不是东西。“上大怒曰：‘相国多受贾人财物，乃为请吾苑！’乃下相国廷尉，械系之。”“相国多受贾人财物”的话出口，可能连刘邦自己也觉得亏心。“下廷尉”就是法办，可以使用所有刑具逼供，本来逼供的意思在这三个字中含着，史家特别交代“械系之”，是刻意的点明，表示堂堂汉家相国居然以刑具相待，是皇帝特别的授意。在王卫尉的劝说下，刘邦最终还是释放了萧何。其实，刘邦心里也跟明镜似的，萧何没有什么需要披枷戴锁的罪，然而，出于阴暗的心理，刘邦还是这样干了。《萧相国世家》写萧何出狱后的君臣会面，这也是记载中君臣最后的相会：

> 相国年老，素恭谨，入，徒跣谢。高帝曰：“相国休矣！相国为民请苑，吾不许，我不过为桀纣主，而相国为贤相。吾故系相国，欲令百姓闻吾过也。”

一段短文，两种光景，最为深刻。“素恭谨”的年老相国“徒跣谢”，惨淡至极。读至此，一个疑问油然而生：刘邦，你还有点人味吗？继续看，原来刘邦也是黯然神伤，两人都老了，萧何的“徒跣谢”的惨淡，一时间让老皇帝放下了猜忌与醋意，于是人的正常情感呈露。老相国实在不是汉家的威胁，从来不是。放下了这些，刘邦才良心发现，以“良知”看了看自己的行为，才有“吾故系相国，欲令”云云的话。原来他也是身不由己，作为皇帝，他容不得手下的臣子比他强，任何方面都如此。于是，他作为人的理性，常被猜疑、嫉妒和不放心等阴暗的心理所夹缠、所裹挟。魔鬼脾气爆发后，他也知道自己的行径很差劲。这才是刘邦，毕竟平民出身，与天生富贵的皇权少爷们（汉景帝、汉武帝等都是这样的少爷，良知呈露极少）不同。写刘邦的良知呈露，其实是要照出一种深见：皇权毁灭一切人性。刘邦也是受害者。史家叙写此时刘邦特别的心境，真可谓是伟大的文字。皇帝刻薄地收拾对他最没有二心、他也最应该信任的萧相国，原来是一种特殊心理下的破罐破摔。功业、权位都无可比拟的皇帝，在获得百姓人心上输给臣下，刘邦又是多么的灰心丧气。皇帝也是人，却是在权力、荣耀等方面绝对不允许被冒犯的特别的人，刘邦终于释放萧何，且说出“令百姓闻吾过”的话，解嘲中透出的是无奈。这反倒是刘邦的可爱了。

这也是历史书写深微的文字，前所未有。王朝政治总在君臣关系中进行，也在特殊的君臣心理中进行。不知道当年周公为相时，周成王的心境如何。后来的春秋战国时期，齐桓公任用管仲四十一年，秦孝公任用商鞅十八年，未见君主对有权位的大臣的政治醋意，这或许是因为封建制的积习惯态，或许是因为史笔的疏略。无论如何，历来史家对周召之治、管仲相齐等艳羡有加，而这些君主，较诸刘邦，未必在才略上能胜，可是他们在小肚鸡肠上都比不上刘邦。这就是司马迁笔法的优胜，《史记》若将关注点放在萧相国的相业，那么君臣关系上的“人心惟危”不就无从说起了？须知萧何的相业是刘邦给定的位，就是说，刘邦理性当家时也说人话。可是，皇帝的可怕不在其处于理性时，而在他的非理性状态。司马迁写萧何所受的挫辱，或许并无与周成王、齐桓公等对比的意思，但是他所心仪的王道政治，是可以让他对自己时代的君臣关系，作如此别有意趣的观察和书写的。

三、萧规曹随

与萧何比起来，曹参受刘邦的折腾就少些，因为刘邦活着的时候，曹参离刘邦远。他跟随刘邦起事，先做中涓，就是谒者，负责内外消息的沟通。不久后上阵打仗，一路攻城略地，也着实能干。刘邦封建功臣时，功劳簿上曹参积功最大，脱下衣服来亮伤疤，谁也没他多，看来老曹打仗真不怕死。《萧相国世家》说："平阳侯曹参身被七十创，攻城略地，功最多，宜第一。""宜第一"却没有第一，那是刘邦觉得打仗冲锋陷阵固然重要，可若没有萧何办后勤，战将们再能打，也不行。所以，在一位叫鄂千秋（平安侯）的建议下，刘邦把萧何定为第一功臣。这使得萧、曹两位老伙伴，刘邦的两位老底子，产生了芥蒂，俩人好长时间不对付。

对曹参，刘邦也知道他的斤两。刘邦搞"非刘氏不王"，封建长子刘肥为齐王，把说话有齐国口音的人都封给了齐国。曹参就被刘邦委任为齐国相。一开始也叫"相国"，惠帝元年诸侯相改称"丞相"。

正是因曹参任齐国相，在齐国他才接触了黄老之道。《史记·曹相国世家》说：

天下初定，悼惠王（即刘肥）富于春秋，参尽召长老诸生，问所以安集百姓，如齐故诸儒以百数，言人人殊，参未知所定。闻胶西有盖公，善治黄老言，使人厚币请之。既见盖公，盖公为言治道贵清静而民自定，推此类具言之。参于是避正堂，舍盖公焉。其治要用黄老术，故相齐九年，齐国安集，大称贤相。

这就是狱吏出身的曹参的雅致。天下初定，要治理，需要总体的政策方略。刘邦是因为陆贾的提醒，才改变“马上得天下，马上治天下”的思路。曹参也许是也受了陆贾的影响，也许不是。总之知道找有学问的人问，这就是他终为汉初贤相的一个缘由。在这点上，将其与周勃相比一下，就越发清楚。《绛侯周勃世家》言：“勃不好文学，每召诸生说士，东乡坐而责之：‘趣为我语！’”“趣（cù，快，简捷地）为我语”，这话从周勃嘴里说出，其实就是“有话直说，有屁就放”的意思。老周不好“文学”，见了那些文绉绉的人就烦，即使听过陆贾对刘邦说的那番话，他也不会像曹参那样去找那些“文学”之士问点什么。

大家都知道西汉初期行黄老政治，其精彩之处就是“与民休息”，休养生息，王朝尽量少搞事，如此就可以轻徭薄赋。萧何的主要功绩应该是定法度，去掉秦律的一些苛烦。所以连后代的戏剧都唱：“汉萧何定律条笔法如刀。”实际上，把黄老的观念引入西汉王朝政治的，不是萧何，而是曹参。这就是上面说的曹参的文雅。

西汉建立之初，在大乱多年之后，社会普遍贫困。这一点，萧何、曹参乃至刘邦君臣都会感同身受，所以，当曹参一听到盖公“言治道贵清静而民自定”，一拍即合，马上对盖公礼敬有加。细想盖公的话，其实是黄老学者从老子那承继下来的基本理念，如果全面地说黄老之学的义理，负面的东西其实也不少。但是，曹参不是理论家，深究理论的兴趣远不如找治世的方略大。这正好，《老子》言政最有价值的是“我无为而民自化”“我无事而民自富”之类的言语，其要义就是放开，让民众按照“自然”法则去自发地作为。在历史上，对民众，这属于念“松箍咒”的政治，颇带自由主义色彩。曹参掌握的也恰好是这部分。上面刚说过，汉初贫困，曹参对此感触深，他所找到的政治策略，就是政府少作为，让民众自己多作为。至于其他黄老思想，曹参并不感兴趣。曹参知文雅，又不过分，正是其作为一代名相应有的度量。

曹参就以这样的既适用又简朴的观念治理齐国，效果良好。《曹相国世家》称：“其治要用黄老术，故相齐九年，齐国安集，大称贤相。”齐国用黄老思想治邦家，九年间安定和乐，曹参的贤明大受称赞，齐国应当也是当时的模范邦国。曹参后来能入朝为相，这当是最重要的原因之一。就在曹参离开齐国入朝时，他还特别嘱咐继任者说：“以齐狱市为寄，慎勿扰也。”继任者诧异、不以为然，反问：“治无大于此者乎？”曹参说：“不然。夫狱市者，所以并容也。今君扰之，奸人安所容也？吾是以先之。”曹参这里的说法，仍是黄老观念，就是为政不要生事，要实行无为政治，社会必须安定，官府的作用就像羊倌放牧，羊倌要做的，是把羊带到草地，至于吃草、吃哪里的草以及吃多少，都是羊自己的事，让羊自己去做。羊群能顺利地吃草，必须没有狼或者其他侵扰。曹参以“狱市”为先，就是让坏人有个安顿处，这样就不会出来侵扰小民。继任者反问他“治无大于此者乎”，曹参承认，这不是最大的政治，却是应当放在首位的事，即要点就是不要生事。任何社会都会有各种各样的坏人，想把社会弄得弊绝风清，完全没有坏人，其实是理想。聪明的政治家不是要彻底消灭坏人坏事，而是要尽量把坏人坏事的害处降到最低。这也是黄老政治无为的要点。这就难了。不抓坏人，当官的怎么显示自己有本事？政治越来越烦琐，管理越来越密不透风，政务系统吃饭的人越来越多，很大一部分原因就是太“有为”了。要命的是，这些所引发的经济负担，最后都会落到小民头上。曹参对此应该是知道的。黄老之学，有此义理，更早的《老子》中，对此有精彩的观察。

曹参与萧何因当年争功而生嫌隙。惠帝二年，萧何去世，消息传到曹参这里，马上命人收拾行装，准备入京接萧何的班。《曹相国世家》说：“参始微时，与萧何善；及为将相，有郤。至何且死，所推贤唯参。”这就是老伙伴的相知，也表明曹参在齐国的黄老之治，萧何是赞成的。而萧何的推荐，也与刘邦临终时对吕后的交代相合。吕后问刘邦：“你死了，萧相国也死了，我们母子们靠谁呀？”刘邦不假思索，说，曹参可以。吕后又问，曹参之后呢？刘邦说，陈平可以，但其为人智力有余，德行不足，可以让周勃与他搭班，做太尉。吕后接着问，再以后呢？刘邦翻翻白眼说，那时候你也死了。言下之意，我又不是算命的，老子说的都是据平日观察。此事见《高祖本纪》，知臣莫若君，刘邦看人还是蛮有一套的。

曹参接萧何的班，不仅萧何这样看，刘邦也这样看。《曹相国世家》说，曹参“代何为汉相国，举事无所变更，一遵萧何约束”。这就是老功勋做宰相特有的范儿了。司马迁对这一段记述也十分有趣。先是说他"择郡国吏木诎于文辞，重厚长者，即召除为丞相史。吏之言文刻深，欲务声名者，辄斥去之"。这也是按照"不生事"的原则安排相府的下属官员，官吏木讷、拙于文辞，其实就是"文无害"，"文无害"需要人品厚重。这样的人大体不会为了自己的考核成绩而想方设法去弄点花样，更不会去要弄律条害人。曹参排斥的"言文深刻"者，"深刻"不是今天"思想深刻"的意思，是"深文周纳、刻薄他人"的意思。能在官府排斥这些人，这几乎是《史记》所写的好宰相的重要一条。为什么？古人早就想清楚了：官府一弄点什么新花样，交钱出力的是小老百姓。曹参的黄老政治，就是要防止出现这样的糟糕的情况。

《曹相国世家》接着写道："日夜饮醇酒。卿大夫已下吏及宾客见参不事事，来者皆欲有言。至者，参辄饮以醇酒，间之，欲有所言，复饮之，醉而后去，终莫得开说，以为常。相舍后园近吏舍，吏舍日饮歌呼。从吏恶之，无如之何，乃请参游园中，闻吏醉歌呼，从吏幸相国召按之。乃反取酒张坐饮，亦歌呼与相应和。"细读之，文字颇带夸张，且有点矛盾。如"从吏恶之……乃请参"一段，如果相国早就以饮酒不做事出名，就不会有"从吏"的"乃请"。所以，前面"至者，参辄饮以醇酒"一段云云，就与后面"从吏"所为是矛盾的。但这段文字的总体精神是明确的，就是强调曹参的故意不作为。与其说是事实，不如说是文学的带有赞美色彩的夸张，突出曹参不作为给人带来的莫名其妙和诧异。

于是事情引起了惠帝的注意。曹参的儿子曹窋（zhú）在朝中任中大夫，皇帝就对曹窋说，你老爸是不是不大瞧得起我？你回家时替我问问咱们相国，但不要告诉他是我要问的。曹窋回家照着皇帝的意思问老爸，不想曹参“怒，而笞（鞭打）窋二百，曰：‘趣入侍，天下事非若所当言也’”。叫儿子赶紧滚回朝廷去，说天下大事不是你毛孩子该问的。

这又引出皇帝与相国一段精彩的对话：

> 至朝时，惠帝让参曰：“与窋胡治（干嘛要收拾曹窋）乎？乃者我使谏君也。”参免冠谢曰：“陛下自察圣武孰与高帝？”上曰：“朕乃安敢望先帝乎！”曰：“陛下观臣能孰与萧何贤？”上曰：“君似不及也。”参曰：“陛下言之是也。且高帝与萧何定天下，法令既明，今陛下垂拱，参等守职，遵而勿失，不亦可乎？”惠帝曰：“善。君休（歇息）矣！”

这段对话的核心意思就是，刘邦与萧何他们既然制定了很好的政策，就让它有条不紊地执行就可以了。要让既定的政策平稳实施，其实需要积极的维护，那就是尽量防止官员出于自己的考虑胡作非为。这就是前文中曹参选择“重厚”“文无害”的官吏、排斥那些“言文深刻”之辈的用心。曹参的“无为”不是尸位素餐，他的“无为”是要让出大路给既定政策通行，看上去是消极，是负面，其实是真正懂得政治的有为。因为真正的历史进步，不是政府组织什么创新。老子说“道法自然”，什么是“自然”，就是大自然所形成的秩序。现代人做过这样的实验：用吸铁石的吸引力去吸引一张白纸上面的铁屑，其所形成的自然纹路，就是在现代人工智能发达的条件下，也难以模仿。几千万人的吃喝拉撒，形成的消费链条，就是“自然”，靠着什么所谓的计划、指导，都是人工制造“自然”，其结果往往是“不自然”。王朝许多所谓积极作为，例如汉武帝时期的“平准”政策（后面有专章言之），增收的只是朝廷，而不是社会大众，其实是残害大众，也就是伤害历史。曹参未必想那么多，可是现代人读历史，读到曹参的作为，会为之击节称赞。

关于上述记载曹参饮美酒的事，有人说是防范吕太后的猜忌。说起来这也不能完全排除，但未必能最准确地解释曹参的作为。一是汉惠帝在，吕太后对大臣，包括那些在世的老功勋，防猜之心还不强烈。汉惠帝死后，吕太后的心思才大变，哭汉惠帝只干嚎不落泪是开始，之后的大封诸吕娘家人，都是因汉惠帝之死让她心里没了底。二是司马迁写这段，主观上也不是要表现曹参在吕太后面前的自保。因为篇中与曹参出现冲突的是汉惠帝，吕太后在这篇文字中几乎没有任何影迹。司马迁实际是在表现贤相的风采。所有饮酒不作为的表象，都是曹参把个人相位的考虑放到次要位置，把国家既定政策实施放在首位的表现。

曹参能做到这一点，有其特殊条件。那就是他已经在过去的征战中功劳第一，据土封侯。就是说，他已不需要用什么“作为”去换取功勋。这正是后来的汉朝及后世许多朝代的宰相难有的底气了。

第十四讲

人物传记的总纲

——读《伯夷列传》

清初学者何焯《义门读书记》说,《伯夷列传》是《史记》人物传记的总论与总纲。这话很有道理，得到很多学者的认同。

确实,《伯夷列传》提出了一些总的原则问题，如人的命运与祸福问题，考信于“六艺”的问题等。命运与祸福，属于人生哲学，在这篇列传中，司马迁强调了意志自由。考信则属于知识问题，考信是求知的前提与基础。

《史记》的本纪、世家和列传是并立的三条时间序列，因而《史记》是“立体”结构。前人早就发现，这三条序列的开篇都强调了一个“让”字。《五帝本纪》讲尧舜禅让;《吴太伯世家》也讲吴太伯和虞仲的让国出奔江南；伯夷、叔齐的传记，更是“让”字的高峰性表现。“让”与“争”，截然相反，强烈对立，确实与王道精神关系最密。因此，尧舜之德得到儒家的“祖述”，泰伯三“让”天下，被孔子称赞为“至德也已矣”。“考信”，司马迁尊“六艺”，写《伯夷列传》，太史公说:“末世争利，维彼奔义；让国饿死，天下称之。”(《史记·太史公自序》）这最后一句，也是从《论语·季氏》“伯夷叔齐饿于首阳之下，民到于今称之”而来。《史记》的“让”，多表现在对权力的让予。到了《伯夷列传》,“让”的崇尚可谓三角俱全。

一、考信“六艺”

《伯夷列传》一上来就说：“夫学者载籍极博，尤考信于六艺。”战国以来文献的种类和篇数浩如烟海，司马迁认为，最可信的依旧是儒家的几部经典。钱锺书在《管锥编》中认为《左传》能做到“善善恶恶”，《史记》则更能讲究“信信疑疑”，而考信是学术研究的基础。“《诗》《书》虽缺，然虞夏之文可知也。”“虞夏之文”指《尚书》中《尧典》《禹贡》《皋陶谟》《甘誓》诸篇。司马迁强调“六艺”可信，是要从这可信的文献中提炼出“让”的传统。“尧将逊位，让于虞舜，舜禹之间，岳牧咸荐，乃试之于位，典职数十年，功用既兴，然后授政。示天下重器，王者大统，传天下若斯之难也。”“尧舜禅让”，是经过了推荐、试验等严肃而公正的环节的。这是“让”之始。可是司马迁对某些文献中所记载的“让”，却表示了怀疑，说：

> 而说者曰尧让天下于许由，许由不受，耻之逃隐。及夏之时，有卞随、务光者。此何以称焉？太史公曰：余登箕山，其上盖有许由冢云。孔子序列古之仁圣贤人，如吴太伯、伯夷之伦详矣。余以所闻由、光义至高，其文辞不少概见，何哉？

说尧曾想禅位给许由，是异闻，来自《庄子》等文献。保存异闻的兴趣，在《史记》也是一以贯之的，如《老子韩非列传》中保存了三个关于老子的传闻，《赵世家》关于“孤儿”的记载，也明显与《晋世家》的记载不同。司马迁写《史记》的一个目标是要“网罗天下放失旧闻”，把异闻有意地保存下来，是对历史认识持开放的态度。说夏代的卞随、务光是传说，是因为以考信的原则看，没有任何可信的材料，则不记。这段文字，还显示了史家实地考察以寻找历史信息的努力。同时，对所见箕山许由冢用了一个“盖”字，表示不敢肯定。所以，司马迁对许由也不记。

以上的文字，犹豫徘徊，别有格调。但其意味是清晰的，就是关于“让”，有可信的，那是因为有“六艺”；有不可信的，因为只有传闻。于是，沿着考信的路，本传又回到了伯夷、叔齐。“孔子序列古之仁圣贤人，如吴太伯、伯夷之伦详矣。”根据还是孔子所定的典籍，孔子对伯夷、叔齐有论述，如下文所引的“伯夷、叔齐，不念旧恶，怨是用希”，见《论语·公冶长》，为可以信据。可对许由、卞随和务光，孔子“文辞不少概见”（议论言论一句也没有），司马迁反问“何哉”，即否定其可信性。要注意的是，许由、务光等见于《庄子》，但司马迁不予采信。在这一点上，司马迁更相信孔子，更相信儒家所传的几部经典。不被庄子的悠谬之说所迷，是真史家的本色。

从以上的文字看，司马迁的考信，是以孔子为标准的。因此，伯夷、叔齐可记，其他不可记。可是，孔子说伯夷、叔齐“不念旧恶，怨是用希”，司马迁仍是本着考信的原则，对孔子的说法，他也举了一首他所读到的“轶诗”，即下文所录的《采薇歌》并说：“由此观之，怨邪非邪？”考信，即尊重孔子，同时也质疑孔子。质疑，也包含自己所信任的人，其精神，难能可贵。这就是这几行文字的要义。

过去，有人把《史记》当“太史公文集”读。从文学角度说，其合理性在于《史记》的行文确实是千姿百态。像《项羽本纪》，上来就是“项籍者，下相人也，字羽”，开门见山。《伯夷列传》则从学者“考信六艺”开始，迤逦而下，经过尧舜禅让，许由、务光，云山雾罩，峰回路转了一阵子，才出现本篇的传主伯夷、叔齐。继而就是孔子的评价及对孔子“不怨”评价的疑惑。文字由缓慢到迅速，转换很快。

二、对天道的挑战

一般史书记载人物，总得需要一些突出的业绩，伯夷、叔齐并没有，他们只有人格。其最大的“事业”，是为了自己坚信的道义，自己活活饿死。他们依旧被写进传记，且冠于列传之首，这就是《史记》对理想主义的坚持。司马迁关注“人”，关注人性以及人类行事的基本道义。

作为一个史学家，司马迁也许是看了太多的人物，看了太多的人生福祸，看了太多的好人没好报、坏人活百年，于是他选择站在传统天命观的对立面写他的人物，向根深蒂固的观念发出挑战。看《伯夷列传》这样的话：“或曰：‘天道无亲，常与善人。’若伯夷、叔齐，可谓善人者非邪？积仁絜行如此而饿死。且七十子之徒，仲尼独荐颜渊为好学。然回也屡空，糟糠不厌，而卒蚤夭。天之报施善人，其何如哉？盗蹠日杀不辜，肝人之肉，暴戾恣睢，聚党数千人横行天下，竟以寿终，是遵何德哉？此其尤大彰明较著者也。若至近世，操行不轨，专犯忌讳，而终身逸乐，富厚累世不绝。或择地而蹈之，时然后出言，行不由径，非公正不发愤，而遇祸灾者，不可胜数也。”这段文字说到了颜渊，孔子称道的学生“好学”的，只有颜渊一人，可这位“好学”者却一生困顿，而且寿命不长，又说到著名的江洋大盗蹠（又写作“跖”），说他每天杀害无辜者，而且还吃人肝，其团伙有数千人，横行天下。这样的人却活得很久，长寿而终。若真有天道，何至如此？古代如此，近世那些专干坏事的人也是快乐终身，而诚实、行为专挑正道走的人却总遇灾祸。天道古时没有，近世也没有。司马迁列举积善行德不得善终的好人，与横行霸道竟以寿终的恶人作对比，表明司马迁绝不相信那古老的教条，“天道无亲，惟德是辅”，亦即不相信天道。纵观《史记》中那些“倜傥非常”之人的命运，伯夷、叔齐那样的大德之人，却沦落至饿死。像将军白起，杀人无数，若有天意，早就该收拾他；若有天意，对缔造秦帝国有那样大的功劳，就不该被秦王赐剑自裁。像“尚能饭”的廉颇老将，也就不该那样最终被赵国抛弃。诸如此类所谓记述，都显示着史家对古老天命信条的质疑。

钱锺书先生以为司马迁相信天命，不相信天道。这是对的。天命、天道、天意，都是“天”字号，却差别巨大。讲天道就是讲上天可以主宰祸福，是信念；信天命，则是言必然中的偶然，言遭遇。人都活在一定的时空中，都活在一定的历史文化的时空中。既如此，就有其固定的限制，固定的遭际。所谓“命”，用今天的话说，就是属于自己，而自己做不了主的那些东西。一个人的生和死，自己都做不了主，身高体重、长相美丑，都属于自己，自己却做不了主。一个人的才气、生命力强度，也都是做不了主。遇上什么时代、什么君主，更是做不了主。海德格尔说，我们的出生，是“被抛入这个世界”。命是有的，而道则难说。《庄子·德充符》关于命的说法，就强调了这种“与我相关，我却不能做主”的客观限定。庄子说：“游于羿之彀中，中央者，中地也；然而不中者，命也。”人生就像游荡在后羿射程中的靶子，中箭或是不中箭是早晚的事，如果一时没有被射中，也不要心存侥幸，人生本就是难以把握的。这就是命，也可称之为天命。司马迁笔下的人物，都是在主观上难以把握的天命限定下奋争的人。这也是他要“究”的“天人之际”。

把《伯夷列传》当作《史记》人物的总纲来读，就可以看到司马迁在人生哲学上一个突出的观念：在晦暗的生存世界中生活，坚守自己的抉择，坚守坚信的道义，是人生观的基本价值。对这样的人，司马迁强调了他们的主观抉择，其实也就是强调了他们的自由意志。

《伯夷列传》说：“子曰‘道不同不相为谋’，亦各从其志也。故曰‘富贵如可求，虽执鞭之士，吾亦为之。如不可求，从吾所好’。‘岁寒，然后知松柏之后凋’。举世混浊，清士乃见。岂以其重若彼，其轻若此哉？”“各从其志”就是个人的生命抉择，是自由意志的体现。伯夷、叔齐有这样的意志和抉择，故其生命价值高。一言以蔽之，在这篇未有任何事功的传记里，史家树起了一道关于什么是真正的人的高高的标杆。

《史记》的人物传记尊重这样的自由意志。于是《伯夷列传》就转入了关于“名”的议论。先说：“君子疾没世而名不称焉。”引贾谊“烈士徇名”以为证，之后又称述：“伯夷、叔齐虽贤，得夫子而名益彰。颜渊虽笃学，附骥尾而行益显。”这其实是在强调自己写传记的目的，是为那些有价值之人“扬名立万”：“岩穴之士，趣舍有时若此，类名堙灭而不称，悲夫！”伯夷、叔齐就是这类人的典范，他们无功绩，却有非凡的德行，因而是

“岩穴”之人的代表。《史记》写作目的之一，就是不让这些“倜傥非常”之人在历史的长河中埋没姓名，要将他们的声名传扬下去，永垂不朽。

总的来说，《伯夷列传》这篇文献既不像人物传记，又不像抒情散文，实际上它相当于《史记》的一篇序言。《史记》的创作明显受到《吕氏春秋》的影响，《吕氏春秋》的序就夹在十二纪与八览之间。班固在撰写《汉书·艺文志》时，史部文献没有独立为一类，《史记》只是以《太史公书》的名字附在《六艺略》之后。没有给史部文献独立的地位，是时代限制，但也深合司马迁之心。司马迁对《春秋》中的“微言大义”深信不疑，他相信孔子“作《春秋》”是要对在二百四十二年的诸多事件作出是非判断，承此而下，司马迁要谱写历史诸多人物的命运，从而彰显人生的价值。前面说过，在对待人类既往历史的态度上，司马迁坚守王道的原则，以一篇写以“让”德为显著特征的伯夷、叔齐的传记，为诸多列传开篇，正是因为他们的行为深合王道的标准。因为贪图权力，与王道最远。

三、否定以暴易暴

《伯夷列传》中真正属于传记的内容很少，却也首尾略备，如开始记载：“伯夷、叔齐，孤竹君之二子也。”交代两人为孤竹国人。关于孤竹国，1973年在辽宁省喀喇沁左翼蒙古族自治县（以下简称喀左县）的北洞，考古学家先后发现了相邻近的两处青铜器窑藏。北洞一号坑出有一件涡纹的铜罍，从形制看属商代晚期。李学勤先生释读器物上的文字，有“孤竹”两字。对此，学界基本无反对意见。据考，孤竹国的中心地带在今河北省秦皇岛市卢龙县。可以断定，孤竹国是确实存在的，但关于孤竹国二公子的传说，则真假难定。继续看司马迁的叙说：

> 父欲立叔齐。及父卒，叔齐让伯夷。伯夷曰："父命也。"遂逃去。叔齐亦不肯立而逃之。国人立其中子。于是伯夷、叔齐闻西伯昌善养老，盍往归焉。及至，西伯卒，武王载木主，号为文王，东伐纣。伯夷、叔齐叩马而谏曰："父死不葬，爰及干戈，可谓孝乎？以臣弑君，可谓仁乎？"左右欲兵之。太公曰："此义人也。"扶而去之。

这段文字，首先是兄弟的"相让"。《战国策》和《史记·燕世家》都记载过子之之乱，乱之起，即燕王哙禅让子之。燕国在七雄兼并的时代出现这样的事情委实怪诞，可是，这或许是古老燕国之地古风犹存的表现，因为孤竹国所在的地区在战国时期应属燕。伯夷、叔齐反对武王兴兵，认为那是以暴易暴。这样的主张，与孔子的观念颇为相近，《论语》显示，孔子对伐商的周武王颇有微词，他说周武王的名为《武》的乐章"尽美"却"未尽善"；相反，他赞周文王，说周文王"三分天下有其二，以服事殷，周之德可谓至德矣"(《论语·泰伯》)。细读《论语》，孔子不是"革命论"者。历史上的"革命论"，始于《孟子》与《易传》，两本书时代先后不好说，但都在孔子之后。《孟子》讲"以至仁伐至不仁"，讨伐夏桀是讨伐"独夫民贼"，"人人得而诛之"。《易传》的革卦也大讲"革命"，后来的改朝换代都遵循"革命论"。孔子在文化上则提倡"损益论"，《论语·为政篇》讲"殷因于夏礼，所损益，可知也；周因于殷礼，所损益，可知也”，这就是孔子提到的“百世可知”。改朝换代，孔子没有说。他更强调的是文化的延续和不断的改进。

伯夷、叔齐“相让”，反对以暴制暴，据《伯夷列传》下面所表，他们坚持的原则，是以死亡为代价的。《伯夷列传》说：

> 武王已平殷乱，天下宗周，而伯夷、叔齐耻之，义不食周粟，隐于首阳山，采薇而食之。及饿且死，作歌，其辞曰：“登彼西山兮，采其薇矣。以暴易暴兮，不知其非矣。神农、虞、夏忽焉没兮，我安适归矣？于嗟徂兮，命之衰矣。”遂饿死于首阳山。

既然反对武王的作为，就不做周臣。在那古老的时代，做谁的臣，是可以选择的。千百年这样的古义被忘掉了。不做其臣，就不食其食，羞耻之心，贵于性命；自尊之心，贵于性命。这一切都出自两人对道义的执守，即出于自由意志的选择，这应该是最感动司马迁的。孔子说到了“求仁得仁”的“不怨”，其实“不怨”即包含着对自己所作抉择的不后悔。在这一层上，司马迁与孔子情感一致，但在“怨”与“不怨”上，司马迁则有怀疑，他录了一首《采薇歌》，以今人的眼光看，绝非伯夷、叔齐所作，司马迁将其抄录，其中“以暴易暴兮，不知其非矣”的句子，却表达出伯夷、叔齐对暴力夺取政权的非议。对历史的这种态度，符合孔子的“损益”观念，至于是不是司马迁的看法，笔者则颇犹豫，不敢断言，但还是倾向于相信它是司马迁的看法。说不敢断言，一是因为司马迁此处援引《采薇歌》，主观意图是想证明伯夷、叔齐有“怨”；二是因为伯夷、叔齐对“以暴易暴”的厌恶，与《史记》对刘邦“大圣”的赞美相矛盾（见《秦楚之际月表》）。相信这代表了司马迁的看法，是因为司马迁赞美刘邦暴力夺取政权，很可能是一种障眼法，并不代表史家的本心，看《史记》对刘邦的诸多负面的描述就可以知道这点。无论如何，司马迁将《采薇歌》写入《伯夷列传》，从文献保存上说也是一大贡献，即司马迁保存了一种看法：暴力夺取政权，并不是最理想的政权更迭方式。最理想的方式，在《采薇歌》中也有明确的表达：“神农、虞、夏忽焉没兮，我安适归矣？”句中关于神农的说法无从征验，虞、夏是“选贤与能”式的禅让，是见于“六艺”的。至此，更有理由相信，《采薇歌》反对以暴易暴的态度，也是司马迁的态度。因为本纪、世家和这篇列传，都是在唱“让”德的赞歌。

反对以暴易暴，也是一种被遗忘的历史睿智。以暴易暴不会带来好的历史结果。用暴力夺取政权，就会用暴力胁迫天下，用后来宋明儒生的言语说就是“武力把持天下”。以暴易暴的新王朝，夺取权力的时候总会以“欲伸大义于天下”相号召，权力到手后的短暂时光里，也会给百姓带来一点小恩小惠。不出几十年，王朝酷虐小民，就会与前朝一样，甚至更糟。秦汉以后的王朝更替就是这样轮回反复，历史也就像磨盘一样原地不动地转圈。然而，一切存在即是合理。可是这所谓的“合理”，不是合乎理想，只是说它有其现实的因果关系。两千多年的王朝更迭以暴易暴，只是历史的无奈。

表达这样的无奈，正是司马迁了不起的地方。以暴易暴即所谓“打天下，坐天下”，司马迁反对这样的历史轮替，是在坚持“让贤”的理想。这理想看上去很是不切实际。可是，这样的关乎万民福祸的历史理想，难道不应该坚持吗？坚持，才有真正的是非判断，才有改变的愿望和行动。面对当代世界的堕落，西方学者就提出这样的问题：我们是要耶路撒冷还是要雅典？耶路撒冷是上帝的原则，雅典是现实功利的原则。人人要谦卑、守约，这样的理想实现一点，文明就提升一点，历史就进步一点。以暴易暴的革命，总寄希望于当权者的善意，是徒劳无功的。须知，历史进步的基础是民众素质的普遍提升。

第十五讲

「大复仇」的伍子胥

——读《伍子胥列传》

看戏，很喜欢伍子胥的一些剧目。一出《文昭关》，过不了昭关的伍子胥一夜之间须发皆白，中国戏剧的髯口最适合表现了！京剧尚繁荣时期的杨宝森演此剧，杭子和为之司鼓，杨宝忠为之操琴，一鼓一琴，一条浑厚挂味的嗓子，出彩之处，叫好声、掌声总是爆棚。吾生也晚，只能听录音或者看"音配像"，即便如此仍是每听过瘾。其实，《文昭关》只是伍子胥剧目的一折，整本的伍子胥剧目共七折，还有《战樊城》《长亭会》《芦中人》《浣纱河》《鱼藏剑》和《刺王僚》，把伍子胥报仇故事的前半段都演了。若是查明清时期关于伍子胥的戏，剧目就更多。这些剧目的编写，大概不是依据《左传》或《史记》，应该是依据《东周列国志》以及前代的戏剧本子。伍子胥一夜急得须发皆白的事，就笔者所知，最早见于《东周列国志》，之前的记载没有查到。人着急焦虑，会导致须发变白，有科学道理。《东周列国志》的记载应该采自民间传说。这个细节很好，把伍子胥急切暴躁的性格特征强化了。伍子胥"大复仇"的故事，战国时期应该就流传开了，《左传》《国语》这些成书于战国初期的史传，都有伍子胥的记载，而将伍子胥的事迹编纂成一部首尾详备的完整故事的是《史记》，将伍子胥的性格基本典型化了的，也是司马迁。此后《越绝书》《吴越春秋》记伍子胥大体是沿着司马迁的路数踵事增华的。

一、原来，家仇是可以复的

从春秋到战国，在楚国的历史上有两位气性大、性格极端的人，一个是春秋时的伍子胥，一个是战国时的屈原。两人又截然相反，屈原是爱楚国，想拯救母邦而不得，最后沉江，以死明志；伍子胥则是恨楚国，因为楚平王听信谗言，毫无道理地杀了自己的父兄。两人既如此对立，爱国者屈原应当不喜欢乃至厌恶伍子胥吧？伍子胥出逃吴国，借吴国之兵，大举入郢，覆灭宗邦，这样的"挟吴败楚"，不但不爱国，在一些人看，简直就是叛国了。可是，在《楚辞·九章》里，就有《涉江》《惜往日》《悲回风》等篇章，反复称道伍子胥，甚至将其比作比干之类的忠良。这不奇怪吗？在南宋以前，没有人对这几篇作品提出疑义，从南宋开始，有人就怀疑说，屈原那样爱楚国，怎么可以赞美借外部势力颠覆母邦的伍子胥呢？到当代，更有学者据此而怀疑，这几篇《九章》之诗，根本就不是屈原写的。

屈原一定恨伍子胥吗？照一些现代人的理解，是的。可惜，屈原也是"宋代书生不读大明律"，他不知道两千年后一些人的爱国主张。更遗憾的是司马迁也不知道后人的爱国主义，居然以汤火热烈的文字，为这位报仇执念很深的人立传，将一个"大复仇"的故事写得如火如荼。司马迁的道理何在呢？道理就在古人认同的家国关系。《公羊传》是西汉人认为解释《春秋》大义最权威的，在《公羊传》的"定公四年"中，曾专门就伍子胥颠覆母邦的事件作了如下的议论："事君犹事父也，此其为可以复雠奈何？曰：'父不受诛，子复雠可也；父受诛，子复雠，推刃之道也。’” 意思是说，侍奉君主，与侍奉父亲一样，对君主不应该有报仇的举动。可是，情况也有特殊，父无罪（不受诛即无罪）被杀，儿子就可以向君主复仇。若是父亲有罪被杀，儿子报仇，可就是持刀杀人的犯罪行径了。

《公羊传》这样说，是承认家对国有自主伸张正义的权利。那么《公羊传》的道理又从何而来？首先要说明，“春秋大复仇”（大，尊崇），是《公羊传》所看重的“大义”之一。齐襄公灭纪，《公羊传》赞美之。西周时期纪国君主曾向周王进谗言，以致齐国哀侯被烹，到齐襄公已经九世，《公羊传》说九世之仇可报，还补了一句：“虽百世可也。”（《公羊传·庄公四年》）《公羊传》这样说，是强调在家国关系上，家优先于国。这大体合乎这样的历史逻辑：家早在国之前就有，而国则晚出。考察人类的历史，现代智人出现，人类进入漫长的旧石器时代，人是社会性动物，最早的人类社会是游团，即一群有血亲关系的人，不断游走寻找食物。这个时候，只有血缘关联，也就是只有家。后来随着生产能力提升，进入新石器时代，游团的人口数量大增，就得分开居住，氏族、胞族乃至部族出现，协调不同区域相同人群的公权力就诞生了，这就是国的原型。它的出现，从逻辑上和时间上说，都要晚于家。英国哲学家洛克论政治也这样讲，中国古代的墨家学派也有类似的说法。但洛克强调个人而不是家。随后进入王朝时代，夏、商的情况一言难尽，就《诗经》的篇章看，西周特别强调家的权利，“靡室靡家，玁狁之故”（《小雅·采薇》）表达的就是一个人参军打仗的理由：只是为了捍卫室和家。因为家室保住了才说得上国，或者说保国就是因为家。《论语·子路》篇有一则伦理悖论，就是“其父攘羊”的话题。父亲偷了一只羊，

“子”即儿子是不是可以“证之”(即举证，告发)?楚国的叶公认为儿子告发老子是“直”，孔子则认为“父为子隐，子为父隐，直在其中”，即父子之间，不论谁有错，都不应该相互举证告发，这才是“直”。这是因为父子关系是天伦，人无法选择。西周封建制以来的国家社会，家是国的基础，父子血亲关系破坏，即意味着国家关系失去基础。

但是，随着国家形态的完备，特别是王朝社会之后，国家方面日益否定家的复仇权利，因为国家、王朝都有司法机构。其实到春秋时期，这样的司法机构也已经相当完备。但是，宗法制还在，老的观念仍然强劲。可问题是，当所谓的司法机构不能主持正义，甚至像伍子胥这种遭遇，仇家是不可一世的国君，那又当如何?我想，这正是司马迁要为“大复仇”的伍子胥立传的原因所在。伍子胥复仇，连带的是让一个国家在一时间颠覆。这事可就大了。关于伍子胥复仇兼灭楚，后代有人说，若以高一点的标准说，伍子胥打进楚国后，应该为楚国立一新君主，然后自己退隐云云。真可谓挖空了心思想当然!对伍子胥而言，那还叫复仇吗?既然是复仇，就不再承认楚王与自己的君臣关系。当然这样的问题，以及伍子胥复仇之后鞭打仇家死尸是不是过分，历来都有争议。我想，伍子胥复仇之事，之所以被司马迁关注并为之立传，就在于这是一件争议极大的史事，是非争执纷纭不已，其核心问题即在于个人与家族的权利、正义的伸张。《伍子胥列传》的价值就在这里，换言之，此篇列传的真正意义，不在历史层面，而在社会正义的层面。生活在汉代的司马迁，不仅在《伍子胥列传》亮出了这样的问题，还在《游侠列传》《刺客列传》等触及了同样的问题。

二、“逆行”的伍子胥

如上所说，伍子胥复仇的故事，《史记》之前的《左传》《国语》《公羊传》《谷梁传》均有记载。将此故事整合为一篇的是司马迁，将伍子胥复仇写得十分极端的，也是司马迁。

伍子胥家的灾难，始于君主的一次婚姻。楚平王为自己的太子娶妇，要娶的是秦国公主。不想新妇很漂亮，结果导致好事变坏事。楚国的另一位大臣费无忌（《左传》作费无极）与伍子胥的父亲伍奢一起出差办这件事，费无忌为讨好平王，“驰归报平王曰：‘秦女绝美，王可自取，而更为太子取妇’”。办坏事，费无忌也真是积极主动。这样秦女就转嫁给了楚平王，后来生了儿子名珍，取代太子建成为新太子，就是伍子胥复仇的对象楚昭王。费无忌做了对不起太子建的事，怕有后患，就得继续做他的坏事。于是进谗言，让楚平王废掉太子建。这合楚平王的意，太子建就被派到北边的城父守边。费无忌怕将来太子建登基找他麻烦，决意把坏事做绝，继续进谗言说太子建手中有了兵，一旦结交诸侯，要谋反就容易。

事情到这一步，伍子胥的父亲伍奢站出来为太子建说话，这不但不起作用，反而被楚平王囚禁，太子建的灾难也相伴而来。《史记》说：“平王怒，囚伍奢，而使城父司马奋扬往杀太子。行未至，奋扬使人先告太子：‘太子急去，不然将诛。’太子建亡奔宋。”看春秋时的历史，仗义的人多，这里的奋扬，由杀手变为报信的。道义至上，才有这样的行为。司马奋扬仗义，太子建就出逃宋国。

太子逃跑，威胁消除，坏事却仍在继续，费无忌就把矛头指向伍家：

> 无忌言于平王曰："伍奢有二子，皆贤，不诛且为楚忧。可以其父质而召之，不然且为楚患。"王使使谓伍奢曰："能致汝二子则生，不能则死。"伍奢曰："尚为人仁，呼必来。员为人刚戾忍询（同"诟"字），能成大事，彼见来之并禽，其势必不来。"王不听，使人召二子曰："来，吾生汝父；不来，今杀奢也。"伍尚欲往，员曰："楚之召我兄弟，非欲以生我父也，恐有脱者后生患，故以父为质，诈召二子。二子到，则父子俱死。何益父之死？往而令雠不得报耳。不如奔他国，借力以雪父之耻，俱灭，无为也。"伍尚曰："我知往终不能全父命。然恨父召我以求生而不往，后不能雪耻，终为天下笑耳。"谓员："可去矣！汝能报杀父之雠，我将归死。"尚既就执，使者捕伍胥。伍胥贯弓（犹言"满弓"）执矢向使者，使者不敢进，伍胥遂亡。闻太子建之在宋，往从之。奢闻子胥之亡也，曰："楚国君臣且苦兵矣。"伍尚至楚，楚并杀奢与尚也。

这段精彩的文字，信息量很大。一是由父亲说出儿子的性格，可信，表现的手法也巧妙。知子莫若父，"刚戾忍询，能成大事"，刚强、忍耐，都是伍子胥的性格。逃到吴国后，若干年的等待，就是"忍询"的表现，而等待中结交公子光，蓄养死士专诸，是其"成大事"者必有的做派。不过，在伍子胥父亲的八字评中，"刚戾"两字，特别是其中的"戾"字，才是伍子胥大英豪性格中最特殊的部分。唯有此“刚戾”，他才毅然决然选择“借力雪耻”，唯有此“戾”，他才敢在伍尚“就执”时“贯弓执矢向使者”。这是《史记》中最极端也最酣畅的文字之一。囚禁父亲，逮捕儿子，斩尽杀绝。这样的时刻，无天理，也无人情，如果没有子胥的“贯弓执矢”而“向”，简直就是天昏地暗，无法透气。伍子胥敢于如此，就是敢于以一人的胆气，以暴力直面横暴的最高权力。至暗时刻，豪杰伍子胥不是呼天抢地，指望老天开眼，而是奋起抗击，这就是不打弯子的“刚”。伍子胥很像后世《水浒传》中的英豪，司马迁这样写，又何尝不是水浒英雄理想的先行表现？

但是，《史记》书写的英豪，又不是水浒的英雄理想。后来借力覆楚之后，“伍子胥求昭王，既不得，乃掘楚平王墓，出其尸，鞭之三百，然后已”，就显得过分，暴戾恣睢，突破了常人底线。《谷梁传》《吕氏春秋·首时》以及《淮南子·泰族训》都是说“鞭平王之墓”，《史记·楚世家》也采此说而言“辱平王之墓”。到《伍子胥列传》则言“鞭尸”，明显别有用心。还有学者说此时楚平王已经死去十余年，已无尸可鞭（其实若真有鞭打之事，还管他是尸还是骨？）。历来也都说伍子胥行径太过分。过分，或许正是司马迁要表达的。对伍子胥，司马迁绝无把他与任何道德相联的用意，司马迁要写的就是伍子胥的极端性格，极端到突破某种底线。复仇而有底线，就不是伍子胥。

这样说，是因为较诸其他史料，司马迁是有用心隐藏的。隐藏了什么？《春秋》的《公羊传》《谷梁传》和《左传》三传，异口同声地说，此次吴军入郢是“以班处宫”，就是按官职大小到楚宫里玷污各种身份的女性，十分野蛮，又十分下流。正因事涉下流，所以，司马迁在伍子胥的列传里只字不提。从史实层面说，这很遗憾，但从人格的表现说，司马迁不想搞砸伍子胥仇恨的纯粹，鞭尸是仇恨过度，“处宫”则是耍流氓，其动因不仅是出于仇恨，且格调卑下得很。

对伍子胥的鞭尸，当时的人就很看不过。在这件大事中，还有一位很正面的人物，就是申包胥。当初伍子胥逃亡的时候，路遇好友申包胥，两人班荆（铺上荆条）而坐，子胥“谓包胥曰：‘我必覆楚。’包胥曰：‘我必存之’”。这里的奇特之点是，申包胥既同意伍子胥对楚国复仇，又承诺“我必存之”即保存楚国。同意伍子胥报仇，那是因为伍家有血海冤仇，你有仇，可以报，但我申包胥觉得楚国可以被报复，其命却不该绝。申包胥是伍子胥最好的反衬，反衬那个时代人们的快意恩仇，而快意的背后，仍是自由意志的抉择，有仇的可以报，无仇便要保存邦国。邦国，在人们的观念中，还不是绝对的至上者，爱之、恨之，可以自由决定。伍子胥、申包胥，就是如此异样的情谊，他们各自有其异样的大志，读之，当然也就异样地畅然。在司马迁笔下，伍子胥把楚国弄得天翻地覆，而申包胥也毅然前往秦国，[1]先泪后血，扶着秦国朝廷的外墙哭了七天，最后感动了秦人，发兵救楚。伍子胥极端，申包胥就不极端？一篇列传，两大英豪，这是一篇慷慨雄放的奇文。从对伍子胥的书写，可知司马迁内心深处有“反骨”，严格说，他所理解的爱国，不是绝对无条件的。

在得知伍子胥“鞭尸”之后，申包胥派人传信给伍子胥，

---

①据《史记·楚世家》，申包胥前往秦国是受楚昭王委托。对此，《左传》和《史记·伍子胥列传》都无明确交代。

说：“子之报雠，其以甚乎！吾闻之，人众者胜天，天定亦能破人。今子故平王之臣，亲北面而事之，今至于僇死人，此岂其无天道之极乎！”伍子胥回答：“为我谢申包胥曰，吾日莫（暮）途远，吾故倒行而逆施之。”人死为大，扒坟鞭尸，是大不敬，申包胥的指责，也显示出当时也有这样的观念。其“人胜”“天定”云云，是说伍子胥做事如此过头，会有报应。其中“子故平王之臣，亲北面而事之”的话，就是他所认为的伍子胥必受天报复的理由。可是，伍子胥哪里管得了这许多，父兄无罪死灭，家已不在；国君如此处置大臣，试问，国又在哪里？你申包胥可以照大路而行，我伍子胥则已经是家破人亡、天昏地暗，众人走的伦常之路在我伍子胥这里已不复存在。既如此，也只有快意，只有逆着常人的伦常之路而行。千古以来，何尝有如此的言论。申包胥以伦常的大墙针砭伍子胥，伍子胥就以头撞墙，伸张意气。

然而，伍子胥仇恨楚邦，是因为楚国让他的生存“日莫途远”，伍子胥并没有废弃君臣伦常。恨楚，就颠覆它；吴国帮他复仇，就选择为吴国尽忠。这才是《史记》展现的完整的伍子胥。他的人生可以用“复仇”与“报恩”分为前后两段。早有学者看出，伍子胥在吴国为忠臣，就是因为吴国帮助伍子胥向楚国复仇，一个“仇”字绾合了他的前后半生[①]。在他后半生为吴国忠臣的时候，他的才干、见地才有展现，那就是对越国死灰复燃的防范。伍子胥辅佐公子光上台，公子光即吴王阖庐，春秋有“五霸”，“五霸”具体是谁，有不同的说法，其中一种即含阖庐。阖

① 见韩兆琦主编：《史记笺证》之《伍子胥列传》篇后引黄省曾之说，南昌：江西人民出版社，2004年，第3854页。

庐的作为，除了侵楚，就是在削弱楚国之后转而向东扩张，向越国开战。不承想槜李之战（《史记·伍子胥列传》误作“姑苏”）受伤而死，其子夫差继位。夫差也是一个“半截子”王，前半段英雄，后半段狗熊。先是不忘父仇，攻陷越国，是英雄的样子。之后，贪心不足，进而北进与齐国争强，而无视肘掖之患。越王勾践得了机会大举入吴，杀吴太子，九年后吴灭于越。对于越国的威胁，伍子胥看得很清楚。实际要说看出越国乃肘掖之患，有多难呢？看历史，政治场上经常会有这样的令人“想不通”的怪现状：不难看出的事情，就是没人去看；谁看到了，谁就受冤枉。伍子胥在这件关系吴国安危的大事上，与夫差杠上了。其结果可想而知。这里还有一个宿命的因素出现了，那就是奸佞的使坏。在楚国，费无忌是伍家的克星，在吴国，伍子胥又遇上了伯嚭。这位伯嚭的祖辈是晋国人，也是有见识的人，受排挤跑到了楚国，又受排挤，就有了伯嚭到吴国。他与夫差关系好，夫差为王后，任伯嚭为太宰。因与夫差在国安政策上有分歧，伍子胥与伯嚭常发生争执。伯嚭的谗言最终导致了伍子胥被迫自杀。伯嚭的谗言，见《吴太伯世家》《越王句践世家》和伍子胥的本传，其中《越王句践世家》的几句谗言，即“伍员（员，伍子胥之名）貌忠而实忍人，其父兄不顾，安能顾王”的话最要命。夫差于是赐伍子胥一把名为“属镂”的剑，且附言：“子以此死。”伍子胥以此剑自尽之前，还仰天长叹，说了“我令若父霸。自若未立时，诸公子争立，我以死争之于先王，几不得立。若既得立，欲分吴国予我，我顾不敢望也”一段话。这些话，在伍子胥说来，不是要求宽赦，是明自己之忠。有意味的是他之后对自家舍人说出的最后遗言：“抉吾眼县（悬）吴东门之上，以观越寇之入灭吴也。”料定了吴国将被越国所灭。夫差烦透了伍子胥，当然不会让伍子胥的遗言落实，夫差闻言“大怒”，他给伍子胥的最后待遇是：“乃取子胥尸盛以鸱夷革，浮之江中。”给他的是“水葬”，漂流入海的水葬。倒是吴国的百姓有良心：“吴人怜之，为立祠于江上，因命曰胥山。”

这就是《史记》为读者提供的伍子胥的一生，快意恩仇，突破常人的底线。看《史记》所表，伍子胥是报仇容易，报恩反而是难有善终，因为报错了对象。

三、复仇者“联盟”

《伍子胥列传》是独传，但是与主人公事件相连的人物，公子光、郧公，还有太子建之子白公胜，乃至吴王夫差，都是有父仇的人。如果更宽泛一点看，申包胥的哭秦庭，也是要为君主报仇。① 这在《史记》肯定是有意的，也是《史记》有意思的地方。

例如伍子胥与太子建、白公胜的关联，就是《伍子胥列传》故意强化的。伍氏家的遭殃，确实与太子建的遭废有关，但是太子建奔宋，《伍子胥列传》说“伍胥遂亡。闻太子建之在宋，往从之”就未必可信，一是《左传》等文献不载此说，二是在《伍子胥列传》本身也前后矛盾。《伍子胥列传》说伍子胥过昭关，一夜之间须发皆白，早就有人看出，那是因为楚国追拿甚急。试

①注意到《伍子胥列传》中净是些有仇的人的，是明末的钟惺。认为申包胥、伯嚭等也是在复仇的，是凌约言。此处所据，为韩兆琦主编《史记笺证》（南昌：江西人民出版社，2004年，第3855页）所引《史怀》《史记评林》。

想，如果伍子胥追随太子建入宋，按照《伍子胥列传》所说，因宋有内乱，又随太子建适郑，以及太子建又因与晋勾连生事，最终被郑所杀，这一系列事情发生是需要时间的，也就是说，距伍子胥弯弓执矢以对楚平王的手下，肯定有一段时间上的距离。如此，再有昭关之急、须发皆白之事，就很难说得通了。司马迁倾意将伍子胥出奔与太子建的行踪相联，是要为另一件事张本，那就是太子建之子白公胜后来的复仇。

《伍子胥列传》的“太史公曰”用“怨毒”来概括伍子胥及白公胜的复仇。伍子胥以“鞭尸”发泄其怨毒，白公胜则另有表现。白公胜是在吴国入郢之后返回楚国的，当时的楚王已经是楚昭王之子楚惠王。楚惠王给了他封地，因此称白公。对楚惠王召白公胜，《伍子胥列传》载，叶公（沈诸梁，字子高）曾谏言“胜好勇而阴求死士，殆有私乎”！可“惠王不听”。白公胜果然阴养死士，不过他仇视的原不是楚，而是杀父的郑国。他向楚国提出“伐郑”的要求（这应该是有样学样，学的是伍子胥借吴国复仇），“楚令尹子西许之”。这位子西，或许就是被孔子鄙夷为“彼哉、彼哉”的那位楚国当权者。从后面的情形看，他的“许之”只是随口答应，继而晋国伐郑，“郑请救于楚，楚使子西往救，与盟而还”。子西这样做，为的是楚国。不承想，他由此变成白公胜的仇人。这位白公胜也是一位“日莫途远”的逆行者，子西既然对他说了不算，那么子西就变成了他不共戴天的仇人。白公胜马上决断：“非郑之仇，乃子西也。”仇人已经不再是郑，而是子西。怨毒，即寡恩、刻薄、燥急，白公胜的性格，已经大体显露了出来。《伍子胥列传》继续写：“胜自砺剑，人问曰：‘何以为？’胜曰：‘欲以杀子西。’”这不是快人快语，是怨毒者把持不住的宣泄。可子西听了那些话，笑笑，“曰：‘胜如卵耳，何能为也’”。①

不久白公胜作乱，杀子西与子期，并挟持了楚惠王。这时，另一个名叫石乞的人物出现。石乞先是劝白公胜杀死楚王，之后就可以做楚君。楚国杀死老君主自立的情况有先例。但白公胜拒绝，这么多年他心中只有仇恨和复仇，其实没有想过要做君主。结果君主被人背负着逃走，叶公带人讨伐白公胜，白公胜被杀。人们抓住了石乞，要他说出白公胜尸体埋葬之处，石乞死活不说。想羞辱白公胜尸体，门也没有。人们以“烹”相威胁，石乞说了一番一竿子戳到底的话：“事成为卿，不成而亨，固其职（职，本当如此的意思）也。”追随白公胜的后果，他早就想好了。石乞实际是在说，自己可以为自己的选择承担后果。石乞之性格，整篇文字着墨不多，却神气活现。有人就此说，白公胜能得人，是的。

篇中另一位想复仇的是郧公弟弟。郧，为楚国境内的小邦，大概就是楚的附庸。伍子胥与孙武子率兵“五战入郢”，楚昭王没办法，只有出逃。到了郧，他又面临父王留给他的另一个危险。《伍子胥列传》载：“郧公弟怀曰：‘平王杀我父，我杀其子，不亦可乎！’郧公恐其弟杀王，与王奔随。”楚平王这是树了多少仇家啊！此处的要点仍然是抉择，郧公的抉择是维护楚邦，与其

① 《伍子胥列传》此处所记子西之言，《左传》也有，说得更具体，也好理解。据《左传》，子西的大意是：白公胜需我子西的翼护，而且他贵为太子之子，我身后楚国的令尹自当轮到白公胜，他还有什么不满的呢？即不相信白公胜会向自己复仇。又据《左传》，问白公胜为何亲自磨剑的是子期（《史记》作子綦）之子，而子期与子西当时执政，后也同时被白公胜所杀。恨入骨髓与大大咧咧，又形成一个有趣的对比。

弟怀不同，因此，在伍子胥“大复仇”的事件中要划归申包胥一类。之后，郧公护送昭王奔随，随人也可以向楚昭王报仇，“吴兵围随，谓随人曰：‘周之子孙在汉川者，楚尽灭之’”。随人很想杀昭王，昭王的跟随者，就是上文说到的那位子期，对随人说，自己可以李代桃僵，替昭王死。随人放弃杀昭王的念头。子期，也是一位申包胥的同类。一件伍子胥复仇的故事，小鱼尾随大鱼似的连带出一小群复仇的故事。更有意思的是，与这些欲复仇者相伴而来的是申包胥、郧公、子期等救国护君者。而这件事从一开始，就是抉择选边，伍子胥之兄伍尚的选择是尽孝；入吴后，伍子胥选择的是公子光；吴人入楚时的申包胥也是在做选择，以至于郧公及其弟，随人、子綦等都是。这是司马迁图绘的一幅画面，画面上的人物不分大小、主次，都在按照自己的意志行事，山山石石、枝枝叶叶，各有姿态，却在走向上协调一致，确是一篇“大复仇”的好文。

四、忠奸对立的历史观

大概从战国中晚期开始，忠奸善恶地看事件、看历史，逐渐成为古人的集体无意识。一个相对重要的大事件发生，尤其是一些政治类的事件发生，其原因是复杂的，当事人的是是非非，忠奸善恶，很难作简单的分类，因而也是一言难尽的。

这样说，是从《左传》《史记》关于“赵氏孤儿”之事首尾记述的变化得到的初步印象。在《左传》，如上所说，那是赵家一场抢夺嫡门的内斗。看《史记》的《赵世家》，赵家是忠臣，奸臣蓄意要害忠良，于是赵家满门遭灭，有大义人的两肋插刀。

复杂的生活被简化了。类似的情况，也见于《史记》对伍子胥复仇事件的表述。《左传》《国语》都有关于伍子胥的记载，将《史记》与《国语》《左传》比较，可推知《史记》在上述两书之外，还采集了不少战国的说法。

伍子胥的家族兴起于楚庄王时期，《史记》记载说“其先曰伍举，以直谏事楚庄王”是错的，事楚庄王的是伍参，不是伍举，伍举是伍参的孙子，在朝要晚。这也是读《史记》让人疑惑的事，伍参事楚庄王，《左传》分明地记载着，可是《史记》还是错了。前代有学者说是文字错误，或是司马迁写错，或是传抄而误。可是，这样的解释难以令人信服。因为在《楚世家》里写伍参事楚庄王那一段，也是写作伍举，而且写楚庄王隐忍三年，那几句很出名的“三年不蜚（飞），蜚将冲天；三年不鸣，鸣将惊人。举退矣，吾知之矣”之言，也明显与《左传》记载不同。《左传》写楚庄王战胜本国内的既得利益者、权贵家族，用了十年左右的时间，也全然没有《史记》所用材料那样富于戏剧性。当然，《史记》写楚庄王也另有风味，就是用高度文学化的方式突出了楚庄王面对强大家族势力的韬光养晦，凸显了楚庄王的智慧。彰显智慧的效果是有了，可楚庄王的复杂情况，艰难地夺回应属于他的权力的历史过程也被掩盖了。有《左传》而不用，却采用了战国才有的传说，这是读《史记》令人困惑的地方。[①]

---

①照理说，《左传》对楚庄王初继位的情况，要更可信，可为什么司马迁不用呢？笔者怀疑，司马迁读到的《左传》，与我们今天读到的不一样。质言之，他看到的《左传》关于楚庄王的记载，没有我们看到的《左传》这样完备。这样的问题也发生在《刺客列传》的曹沫那里。《左传》明明记载曹刿（刿、沫，古代读音相近，可通用）是一位谋臣，可《史记》写曹沫，全都是刺客的形象。

继而令人怀疑，伍氏家族这次遭祸灾，也绝非费无忌进几句奸佞谗言所致那样简单。也就是说，楚平王杀死伍奢伍尚（当然也想杀伍员），直接原因是那场不尴不尬的婚姻，深层原因可能是楚平王想要消灭家族势力。据《左传》，楚国的最高执政即令尹，往往是公子担任，几代之后，就会出现一个庞大的既得利益家族。最典型的就是楚庄王上台时所面临的若敖家族。若敖家族起源于斗伯比，到楚庄王上台，斗氏家族内部也是矛盾重重，韬光养晦的楚庄王甚至被连累劫持。斗氏专杀大臣，甚至发展到攻击楚王的地步。但楚庄王毕竟是一代霸主，暗中观察可用之人，终以武力消灭若敖氏。伍氏等家族就是在这个时候崛起的。以伍氏而言，到楚平王时，已四五世在朝，其家族的势力积蓄应已不小。更重要的是，楚平王上台，是趁乱攫取楚灵王的大权。楚灵王（公子围）、楚平王（公子弃疾）都是楚共王之子、楚康王宠弟。楚灵王绞杀君主篡得大权时，伍举是帮了大忙的，[①]因此他在楚灵王朝位高权重。如此，伍举及其家族与楚平王本不是一条线上的，照古代“一朝天子一朝臣”这一拉脓带血——老例（痢），伍氏家族是必须被取代甚或消灭的。所以，伍氏的遭害，有其特定的历史缘由。很遗憾，在这方面的交代，《史记》不如《左传》细密周详。一个费无忌进谗言，就可以毁坏一个大家族，谗言的力量也太大了些。而且，当伍子胥在做吴国的忠臣时，又遇到了一个谗

①这段历史《史记》的主要依据在《左传》。另外杀君主郏敖后，要赴告诸侯，《史记·楚世家》载：“使使赴于郑。伍举问（举此时在郑）曰：‘谁为后？’对曰：“寡大夫围。’伍举更曰：‘共王之子围为长。’”伍举改变赴告之词，对杀君自立的公子围（即灵王）是十分有利的。伍举在灵王朝是亲贵大臣。

言专家伯嚭。更多的且不说，就是伍子胥那刚强暴戾的性格，就足以让他在政治场中无好下场。在吴国，其实伍子胥遇到的也是“一朝天子一朝臣”的老例，夫差不是阖庐，张狂孟浪、瞻前不顾后，是个半吊子货，容不得伍子胥是很自然的。从他上台任用伯嚭作太宰，就可知一二了。伍子胥不得好死，很自然。伯嚭只是帮助夫差收拾他而已。

这就是我们在比较《左传》和《史记》相同史事、人物记述见出的差别。忠奸的突出，即表现出强烈的道德感，《左传》并不是不表现道德感，它也表现，有时还很强烈。但是，《左传》是照顾到了生活的复杂的，换言之，是按照生活本来的样子记述过去。而《史记》则显示出明显“据传闻”的色彩和倾向。如前所说，这样的倾向，大概是从战国中晚期开始。除上举的例证之外，把生活简化，如《战国策》中的苏秦（某种程度上包括张仪），说他第一次外出游说不成，回家后父母不理睬，嫂子不给饭吃，老婆没有热情，于是头悬梁、锥刺股，一边用锥子扎大腿，一边励志说：哪有读书不能取富贵的呢？之后，游说成功，挂六国相印回家，父母迎接三十里，嫂子匍匐相见。苏秦问，嫂子为何前倨后恭？嫂子实话实说，以老弟钱多也！苏秦感慨，人生在世，权力富贵，何可忽乎哉！是典型中环境的典型人物。其实这就是最早的“传奇”小说，较诸出土的《战国纵横家书》，是不折不扣的文学想象。情节生动、刻画心理（苏秦明知嫂子为何前倨后恭，还要问，是小人得志、心理阴暗的表现）细致入微，十分好看，却将历史人物的经历、际遇都简化了。

貌似书写历史，却是文学的家法，原因是多方面的。民众被基本排除在政事活动之外，就容易按照想象、谣传去理解政治，理解历史。春秋时期，“国人”即西周封建制下的普通民众是好参与政治的，如“大蒐礼”中选拔官员、公布法度等，普通民众还是有见证的份儿的。随着列国的日益兼并，西周邦国体系被严重破坏，邦国中的“国人”日益变成交钱纳税的“编户齐民”，参与政治离他们日益遥远。这是历史事件日益“传奇”化最大的背景。同时，史官的书写，日益被各种文化人取代，像苏秦故事，就很可能出自战国晚期的纵横家，出于为本门派增光的目的，添油加醋地吹嘘、夸诞也就势所难免。

那么，司马迁将这些采入自己的历史书写，应如何看？首先，《史记》写到战国，搜集材料很艰难，这是司马迁感受到了的。苏秦的材料，当时只流行与《战国策》相类似的那些，司马迁也无可奈何。从这个角度看，历史书写的真实也有不同的种类，为了较为准确地记录历史，严格地说，任何书写都会过滤掉一些内容，添加一些内容，但距离历史事实还是有真实程度上的差别。说《左传》是按照生活的本来面目写，就是这个意思。另外一层真实，就是书写本身所带来的。例如《赵世家》的那个与《晋世家》不同的“赵氏孤儿”版本，很可能是战国时期赵国背景下的产物，是有意篡改历史的表现。我们从《左传》与《史记》，从《史记·晋世家》与《赵世家》的不同能够看出这一点。这也是很有用的历史知识。《伍子胥列传》中“大复仇”的观念意识，不正是《史记》特别显示的吗？这也是一种历史，对认知过去而言，也是很有意义的。

第十六讲

冷笔下的秦国将相

——读商鞅、张仪、樗里子、甘茂、魏冉、范雎、白起诸列传把商鞅、张仪、樗里子、甘茂、魏冉、范雎、白起等几位的传放到一起来谈，是因为他们都是为秦国兼并大业出过大力、立下大功的人。这几位大多为客卿，也有秦本土人，如樗里子为宗室成员。其中商鞅、范雎作用尤其大。

可是，读《史记》，若将这些秦人传记与那些东方六国人物的列传文字对读一下，在这几位的传记中，史家投入的情感远不如写东方六国那些人物。写秦人冷，写东方抗秦的人物要热，这样的感觉还是颇为明显的。例子不须多举，《廉颇蔺相如列传》《魏公子列传》乃至《刺客列传》，特别是《刺客列传》写荆轲的部分，作者投入的情感何其热烈！写秦的，有这么热烈吗？司马迁好像不是无意的。材料的缺乏可能是一个原因，项羽进入咸阳后，火烧过宫殿，虽然萧何事前抢救了一批书，仍损害巨大。然而，那些帮着秦国兼并的将相们与东方人物传记相比，其文学兴味的索然，其中若没有书写者的缘由，那是很难说得过去的。司马迁生活在“过秦”思潮余波荡漾的时代，[1]他对战国这段历史的看法又是“王道悬空”，对秦国重要人物的情感调动不起来，也许早就成为史家的下意识。简言之，司马迁既然尊崇王道的历史观，就

①“过秦”的代表人物、代表论著是贾谊的《过秦论》和贾山《至言》，都在汉文帝时期。司马迁是深受其影响的，《史记·秦始皇本纪》最后的“太史公曰”有“善哉乎贾生推言之也”之语，又引贾生《过秦论》，就是明证。

不太可能用温热的笔墨去写那些为秦卖力的人。相反，冷峻的笔触，在商鞅等几位的传记中，时常而见。

一、商君的“木匠戴枷”

因为要写这本书，最近又反复读《史记》，有一个念头时常闪现：《史记》说是“史”，其实是“史底文面”。即如《商君列传》，写商鞅变法，以《商君书》等文献为据，基本将其变法的诸多重要措施都讲了。这也包括商鞅在为变法张本时提出的颇有思想价值的理论，以及法家所强调的“令行禁止”的“不欺”精神，这就是“立三丈之木于国都市南门，募民有能徙置北门者予十金”。[①]更重要的是写商鞅为“法”的公平而与权贵斗：“卫鞅曰：‘法之不行，自上犯之。’将法太子。太子，君嗣也，不可施刑，刑其傅公子虔，黥其师公孙贾。明日，秦人皆趋令。”这符合早期法家“尚公义”的原则。[②]当然《商君列传》中也较为全面地记载了他那一套“富国强兵”的新法，如废除贵族的特权，以军功爵制刺激民众的战争热情；统一度量衡；“为田开阡陌封疆而赋税平”，即改变过去的田制，目的是令赋税的征收更加公平（这与有些人说的是将土地私有化，很不相同）；改变地方行政体制，“集小乡邑聚为县”等。也写了新法的效果：“行之十年，秦民大说，道不拾

①按照《韩非子》的说法，吴起在魏国做过同样的事情。《史记》把此事附在商鞅这里，强调了商鞅作为法家言而有信的精神。

②这个原则在《商君书》《慎子》等早期（早期相对于韩非子等法家而言）法家的文献中都有体现，其主要支点是：法，要上约君，下约民。上下通约，就有“公义”，即公平正直之义。关于这方面的讨论，拙作《先秦文化史讲义》讲早期法家理论时有较多分析。

遗，山无盗贼，家给人足。民勇于公战，怯于私斗，乡邑大治。”又写：“居五年，秦人富强，天子致胙于孝公，诸侯毕贺。”其实就是承认秦国的地位陡然上升。这一点，对读一下《秦本纪》言秦孝公继位之初，东方诸侯对秦“戎狄遇之”，可更加清楚。

然而，在本传中，这样的文字是平铺直叙的，赞美的笔触稀少，冷峻的笔锋数见。《商君列传》中商鞅“法之不行”那一小段，本是早期法家的精义，也是商鞅最值得肯定的地方，却因“太子，君嗣也，不可施刑”的言语而泄气，令法家的精义减色。就是说，司马迁作为史家，一方面他会很努力地完成对基本史实的叙说，另一方面作为一个文字的书写人，他也以自家的笔法，悄悄地表达自己的情感，其实就是态度、评价的无声流露。“史底文面”说的就是这个意思。

秦国在战国时期的霸业，奠基于商鞅变法。这在列传的前半部分做了相当充分的表述，甚至从树木立信的故事中，还可以读到些对法家强调法的公信性的赞同之情。但是，从一开始就有减色的消极言语、文段。如一开始说商鞅争取秦孝公的任用，先投靠的是宦官景监，正意味着商鞅起家不正。这在后面赵良的言语中也讽刺地明说了。还有就是商鞅用帝道、王道和霸道三套主张游说孝公。王道是儒家仁义之道，霸道就是富国强兵那一套，这好理解，帝道是什么？以战国时流行的各家之道猜测，或许就是黄帝老子之术。①

---

①也有学者认为商鞅讲的帝道是五帝之道。这样说的道理在：商鞅为战国早期人物，黄老之术兴起于齐国，是否已经流行，还是问题。不过，《史记》这样写，或许根本就没有考虑到这一层，司马迁不过是为商鞅的人格设一层色彩。就是说，从司马迁的角度看，帝道未必就是五帝之道。而且，从学术上说，宣扬五帝之道的是儒家，是儒家王道（如《中庸》说的“宪章文武、祖述尧舜”）的组成部分。

这是试探，是见了鲁达说禅杖，见了李逵说板斧，是投机。连同商鞅投奔景监之事，这都是“巧宦”，是“机会主义”加“实用主义”。可是，这样的性格，与读《商君书》感受到的商鞅性格相去甚远。这样的材料，不知司马迁从哪里得到的。

商鞅的功业在他进攻魏国、计擒魏公子卬后达到高峰。《商君列传》说，此次战役之后魏国被迫东迁大梁，这是错的。魏惠王往大梁迁都在此之前若干年，不是因为战败，而是出于向东发展的野心。商鞅此次计杀魏将，传记中也交代得很清楚，公子卬与商鞅是老朋友，商鞅利用了这一点，以老友的身份约请公子卬相会，还说：“今俱为两国将，不忍相攻，可与公子面相见，盟，乐饮而罢兵，以安秦魏。”好言好语的约请，结果“会盟已，饮，而卫鞅伏甲士而袭虏魏公子卬，因攻其军，尽破之以归秦”。公子卬先是交友不慎，此时又缺辨别能力，上了当。论鸿门宴，项羽不行，商鞅才是摆得成功。这件事，其他文献有记载，商鞅确实“酷不入情”。可是，这次战役也真实惠，商鞅因此“秦封之於（wū）商十五邑，号为商君”。

最大的减色且消极的文字是赵良劝说的那一大段。这位赵良及其言辞，仅见于此传。这在《史记》也是一种笔法，写得了善终的范雎（其实是被杀的）就是因为听从了蔡泽对他的劝告，功成身退。商鞅也是功成名就，赵良就是来劝他早点脱身的，因为商鞅处境已经很危险。商鞅见了赵良，就问他愿不愿意与自己做朋友，赵良说不敢。商鞅就说：“子不说吾治秦与？”短短一问，商鞅志得意满的情态毕现。其实也是千百年来政治得意者忘乎所以的情态，很典型。接着，赵良又以“反听之谓聪，内视之谓明，自胜之谓强”和虞舜的“自卑也尚”提醒商鞅。商鞅还是不领受，说自己治秦，将一个戎狄邦国治理成形势大好的模样，是连百里奚都比不上的。赵良也不客气，说百里奚死时，“秦国男女流涕，童子不歌谣，舂者不相杵（相杵，即舂米时喊调子助力、取齐）”，民众老少痛惜，自觉停止唱歌谣，这是“五羖大夫（百里奚的绰号）之德”，可是你商鞅，“今君之见秦王也，因嬖人景监以为主，非所以为名也。相秦不以百姓为事，而大筑冀阙，非所以为功也”。又揭商鞅的老底，说他是因宦官而进身，是不光彩的。厌恶与宦官一道同气，是战国就已经流行的意识，许多文献有记述，如说孔子见卫灵公亲近宦官弥子瑕就马上离开等。最要命的是，百里奚死，百姓哀伤，你商鞅功劳是大，可就是百姓不受惠反受灾，大筑冀阙，彰显的是权力，出钱出力的是百姓。可是，难道权贵者就喜欢你？“公子虔杜门不出已八年矣，君又杀祝懽而黥公孙贾……此数事者，非所以得人也。”残酷的现实是，商鞅把国家弄强大了，可是要杀他、能杀他的，是国家强大后真正受惠的那些权贵。人生的吊诡，还有比这更大的吗？这是商鞅的悲剧，也是历史的悲剧。

赵良马上又指出商鞅的危险，还来自他自己的居功自大：“君之出也，后车十数，从车载甲……旁车而趋。此一物不具，君固不出。”说他这是“恃德者昌，恃力者亡”，继而又问：“君之危若朝露，尚将欲延年益寿乎？”也是奉劝他赶紧自救，办法是“归十五都，灌园于鄙，劝秦王显岩穴之士，养老存孤，敬父兄，序有功，尊有德，可以少安”。这些话，春风得意中的商鞅哪里听得进去？但赵良用心良苦，或许是司马迁悲悯商鞅不幸，设想着为他找一条活路，如此，倒是司马迁的用心良苦了。

最尖锐的冷笔是写商鞅因新王要杀死他而出逃的时候。“公子虔之徒告商君欲反，发吏捕商君。商君亡至关下，欲舍客舍。客人不知其是商君也，曰：'商君之法，舍人无验者坐之。'商君喟然叹曰：'嗟乎，为法之敝一至此哉！'"这是司马迁一个非常出名的反讽，商鞅如果真是犯了严重的罪，那么法律面前人人平等。可问题是，列传交代得很清楚，是权贵出于私人仇恨的恶意报复，发生在商鞅失去秦孝公这柄权力保护伞之后。这样的恶意报复行径，又没有任何的法律或其他力量的约束。商鞅推行了这么多年的秦法，到底帮助了谁？这样的时候，人们倒是盼望一般小民"觉悟"低一点，"工具人"少一些。可是，小民对法条、权力的恐惧太深太大了。这样一条冷笔，颇让人怀疑，前面所谓的"行之十年，秦民大说""大治"云云，到底有多高的真实性，到底表达的是一般民众的感受，还是当权者对秦国民众的顺服状态而心生的惬意？商鞅末路时，权贵者无法无天，任意地报复，小民畏"商鞅之法"如狼似虎。商鞅的变革，到底成就了什么？这是司马迁的冷笔给所有读者点出的问题。司马迁没有回答，也许他是无意识的，但对商鞅那点功业，带着丝丝的藐视，这意思在本篇列传中还是清晰可辨的。

二、张仪写得令人厌恶

前面说过《史记·苏秦列传》问题很大，主要是材料多不可信，其实《张仪列传》问题也不小。首先是《张仪列传》说："始尝与苏秦俱事鬼谷先生，学术，苏秦自以不及张仪。"就是说苏秦、张仪是同门。但出土文献表明，张仪的主要活动在秦惠王（公元前356年—前311年）时期，而苏秦主要侍奉燕昭王（公元前335—前279年），并肩负着“反间”的特务使命到齐国为齐湣王（？—公元前284年）做事。从年代上说，张仪早，苏秦晚，其间有二十年左右的间隔，两人为同门的可能性极低。《张仪列传》说苏秦得势后，派人刺激张仪入秦，苏秦还是想着这位同门的。而且，《张仪列传》还说，苏张约好，只要苏秦活在世上，张仪就不能言“连横”之术，即不能以“连横”坏苏秦的“合纵”之说。其实也当不得真。苏秦活一天就压制张仪一天，笔者怀疑这是恨秦国的东方传说，司马迁则乐于采信。当然，最根本的原因还是可信材料缺乏，而传说却很多。

司马迁对张仪、苏秦都不喜欢，在《张仪列传》的结尾说：“要之，此两人真倾危之士哉！”即两个人都是利口颠覆人家邦国的危险分子。可是，联系《苏秦列传》中“夫苏秦起闾阎，连六国从亲，此其智有过人者”的评价，司马迁厌恶张仪才是从头到脚彻底的，对苏秦却是还有些好言语的。

写苏秦，写他发迹的那一段，司马迁采的传说是苏秦的头悬梁、锥刺股的逸事，而写张仪则是如下的传说：“已学游说诸侯，尝从楚相饮，已而楚相亡璧，门下意张仪，曰：‘仪贫无行，必此盗相君之璧。’共执张仪，掠笞数百，不服，醳（释）之。其妻曰：‘嘻！子毋读书游说，安得此辱乎？’张仪谓其妻曰：‘视吾舌尚在不？’其妻笑曰：‘舌在也。’仪曰：‘足矣。’”这是个糟改人的传说，突出的是张仪靠“三寸不烂之舌”谋求富贵的特点。

张仪辅佐秦惠王，帮助君主由“君”改称了“王”，即秦惠君改为秦惠王，说明秦国势力在扩大。考诸各种记载，张仪作为纵横家一辈子最大的成功就是欺骗楚怀王，从而严重削弱楚国。这一点，《史记》是写出来了。可是，司马迁笔下，张仪做成此事的行径，却是十分地令人厌恶。

前面说过，东方六国楚在南，燕在北，齐在东，中间是韩、赵、魏，三国正挡在秦国东进的正面，是秦国特别想突破的。可是，若中间这三个国家南、北有楚、燕策应，东有齐国支撑，秦国就很难得手。张仪的“连横”之术，就是要摆脱这一困境。在秦惠王时期，张仪辅佐秦王踏踏实实地干起了削弱楚国的事。这是实际发生的历史。这事干成了，到秦惠王之子秦昭王时，就有楚国向东的溃败，韩、赵、魏能够从南方获得的策应就没了。这就是张仪欺楚的作用。可是，直接看司马迁对这件事的记载，很难见出这样的历史意味，直接可感的是张仪的奸诈。他先许诺，若楚国断除与齐国的联盟（即与“合纵”的关联），秦国就给楚“商於之地六百里”。结果，贪心而又愚蠢得出格的楚怀王听信了张仪的舌头，与齐国断交。可当楚国要求秦兑现承诺时，张仪“详（佯，假装）失绥堕车，不朝三月”。之后上朝了，又对楚国使者说：“臣有奉邑六里，原以献大王左右。”我只有六里地可以献给楚国。《史记·廉颇蔺相如列传》有句话叫作“布衣之交尚不相欺，况大国乎”，拿此言相较，张仪真是毫无诚信，自然也谈不上羞耻之心。

张仪的欺骗导致愚蠢的楚怀王大怒，出兵攻秦，结果失去了丹阳、汉中、蓝田等地。之后，黔中郡也丢了。楚国的长江上游地带全都归了秦。如此，后来的向东溃败不是很自然的后果吗？

之后，《史记》还写了许多张仪削弱楚国之外的事，如以“连横”之术劝说东方各国，大多为述说东方六国天然条件的不足，政经方面的缺失，以此说明与秦合作的好处。恫吓加利诱，都是一个套路。这些基本来自《战国策》，小说家言的成分大，史料的价值则不高。

总之，司马迁写张仪的冷笔，给人的明显感觉是：传主，就是一个“倾危之士”。

三、樗里子、甘茂，自谋与滑头

樗里子、甘茂两人一左一右为秦相，秦武王时，张仪、魏章被逐。樗里子是宗亲，与秦惠王为同父异母的兄弟，母亲是魏女。《樗里子甘茂列传》说“樗里子滑稽多智，秦人号曰‘智囊’”。可是，读遍本传，明确地表现他智慧的只有一处，是樗里子将死时为自己选坟，说自己所选之地“后百岁，是当有天子之宫夹我墓”。果然，西汉建立后，“长乐宫在其东，未央宫在其西，武库正直其墓”，还好，没有被汉朝两宫给压住，不知道坟处在这么热闹的地方，有什么好。司马迁还引“秦人谚”说：“力则任鄙，智则樗里。”任鄙是秦国的大力士，秦武王举鼎绝膑时，任鄙就在场。

除了给自己选了一个好坟之外，《樗里子甘茂列传》叙述其功，计有秦惠王八年，爵位为右更，率兵伐曲沃，将此地老百姓轰走，取其城，地入秦。秦惠王二十五年，“伐赵，虏赵将军庄豹，拔蔺”。次年，辅助魏章攻楚，败楚将屈丐，取汉中之地。继而封樗里子，号为“严君”（当时因封地在严道，故称“严君”）。秦武王死，秦昭王继位，“樗里子又益尊重”。秦昭王好像是成熟很慢的君主，在位四十多年一直是母亲宣太后掌权。樗里子能“益尊重”，应该是与宣太后关系良好。这需要些人事上的智慧。在他的功业中，还有一件事，离智囊应有的做法距离不小，就是率兵伐蒲。这个蒲地，属于苟延残喘的卫国，按照前人的考究，就是当年子路曾经做过宰相的地方。《史记》记此事在昭王元年，司马贞《史记索引》引《竹书纪年》记此事在惠王卒年。蒲人恐慌，找到一位叫胡衍的人游说樗里子。胡衍劝樗里子不要攻打蒲，因为卫国的整个范围在魏国境内，你打蒲，蒲就投降了魏，是替魏作嫁衣裳，樗里子罢兵。胡衍因此从卫得了“金三百斤”。蒲的地理位置以及打它的后果，还要胡衍来说明吗？智囊就这样料事吗？樗里子既号称智囊，一定有些事情见出其智力的非常，可司马迁没写，不知道是项羽进咸阳火烧城市把资料弄没了，还是司马迁故意的。总之，把樗里子的传记写得不咸不淡的。

甘茂就更显得滑头。《樗里子甘茂列传》说甘茂是下蔡人，师从一个叫史举的人，“学百家之术”，所谓“百家”是泛说，看甘茂的行为，还是纵横之术多。他在秦国进身，走的是张仪、樗里子的关系，做秦国的左丞相是因为定蜀之功。蜀国并入秦国后，在秦惠王死、秦武王继位之际发生叛乱。看来甘茂一定是有本事的。《樗里子甘茂列传》写甘茂最突出的部分，是受秦武王之命，东进占宜阳，进而控制周王室。这时的周王室，虽然早就是聋子的耳朵——摆设，可是有这摆设在，脑袋就像个脑袋，拿掉耳朵，天下诸侯就会骚动，谁拿的，谁就会成为众矢之的。关于这件事，早在秦惠王在位时，秦的朝堂就有论争，那就是著名的“司马错论伐蜀”，争议发生在张仪和司马错之间。张仪是主张东进的，而司马错则说，东进，打不到狐狸，还容易惹一身骚，不如趁时地之便，拿下蜀地，那样秦国就有更大的经济腹地，有更大的后方。秦惠王采纳了司马错的主张，蜀地归秦。既然蜀地已经是秦国的了，刚上台的秦武王觉得秦国很厉害，发了一个感慨："寡人欲容车通三川，以窥周室，而寡人死不朽矣。"① 要"窥周室"就得先拿下横在秦与洛阳周室之间的宜阳。秦武王委派的是甘茂。

宜阳当时属韩国，甘茂对宜阳很了解，知道攻占宜阳的难度，更知道此事的风险，若不事先给自己上一道牢靠的保险，后果会很难堪。他对武王讲古论今，谈到了曾参，说曾参是多好的人，他母亲更是对他的人品信任万分。可是，有与曾参同名的人杀了人，"曾参杀人"的话头传到曾母的耳朵里，母亲也就信了。然后，又举近世乐羊伐中山的典故，说乐羊攻打中山，很艰难。胜利后，"乐羊返而论功，文侯示之谤书一箧。乐羊再拜稽首曰：'此非臣之功也，主君之力也'"。这些话，说来说去，就是要君王充分相信、保全自己。后来，果然打宜阳很艰苦，樗里子、公孙奭等大臣都站出来说对甘茂不利的话，因为事先给秦武王打过预防针，最终甘茂无事，并将宜阳拿下。这件事，可以说甘茂处事能预想后来，有先见之明，也可以说他是善于自保。他举魏文侯与乐羊的事，可魏君是事后给乐羊谤书篓子看，他甘茂却是事前要秦武王准备装谤书的篓子。

说甘茂滑头，更主要的原因是此篇传记中借苏代之口所说的"甘茂党于魏"。身为秦国大臣，心里却总想着替魏国谋点利，为自己找后路。具体的事就是甘茂要将武遂还给魏。为此，甘茂

---

①秦武王得"窥""周室"后，举代表天下王权的大鼎，"绝膑"而死。东进之事，成了闹剧，随秦武王之死而收场。

调用了纵横家苏代的说辞，动用了向寿的人脉（他与宣太后关系密切），把这件事办成了。当然，甘茂也因此被赶出秦国。《樗里子甘茂列传》写甘茂大体如此，后面还附了甘茂之孙甘罗“少年出英雄”的故事，很神奇，但可信度有多大，值得怀疑。甘茂的老师史举，《樗里子甘茂列传》也借助一位楚国人的话，给了这样的评价：“大不为事君，小不为家室，以苟贱不廉闻于世，甘茂事之顺焉。”实在不是什么好听的话，反见得太史公曰“甘茂起下蔡闾阎，显名诸侯，重强齐楚”，是言不由衷了。

四、“放私骆驼”的魏冉

有句俗话叫作：吃官饭，放私骆驼（意思是借助公权谋私利）。魏冉最后被秦王抛弃，就是因为他“私骆驼”放得太大。当然客观的原因还有秦廷内部权力的转移，如秦昭王要从他母亲、母亲党羽手中把国家大权夺回来，母党的支撑性人物，必须得滚蛋。不过，《穰侯列传》主要不是从后者的角度写的。“太史公曰”里还说：“穰侯，昭王亲舅也。而秦所以东益地，弱诸侯，尝称帝于天下，天下皆西乡稽首者，穰侯之功也。及其贵极富溢，一夫开说，身折势夺而以忧死，况于羁旅之臣乎！”这段话，先是评价魏冉的功劳。秦昭王时，实权虽然掌握在宣太后及其党羽手中，但是论秦国兼并天下，战略战术上的优势都是在这几十年取得的。商鞅变法之后，秦国日益强大，并有了良好的基础，但是离统一天下还早着呢。战略不当，还可能会沦落为次等大国，老天帮忙，秦惠王、秦昭王两代大战略不错，秦越来越强。秦惠王杀商鞅，却用张仪等人，“合纵连横”最显著的功绩是削弱楚国。战国大兼并，就像练武的人扎马步，功夫深的，马步扎得久，扎得稳，可以坐等对方松垮。秦国有商鞅变法为基本功，马步很深稳。在列强相持的过程中，东方六国中的燕国、齐国都出了大问题。燕国瞎搞禅让，大乱，齐国觉得是机会，出兵占领燕国，大肆掠夺。于是，就有燕昭王上台后的蓄意报复，派苏秦到齐国当卧底，诱惑齐湣王去攻占宋国。这样的诱导，就是要齐国成为强国的众矢之的。果然，齐湣王上当，燕、赵、魏、秦、韩一起出兵，楚国以帮助齐国的名义出兵，杀了齐王的，却是楚国。齐国倒塌了，东方几个国家对抗秦，就少了一个支撑后腰的力量。同时，燕国严重衰落，南方的楚国是秦下了大功夫令其衰落的，又在秦国白起等人的大力打击下，将都城东迁，实际是溃逃。形势发生了这样巨大的变化，才有范雎入秦，向秦昭王提出“远交近攻”的新策略，并帮助秦昭王从母亲手里把大权拿回来。之前，秦国削弱列强，一直用的是从张仪、犀首等开始的“连横”之术。[①]在这样的过程中，魏冉作为宣太后权力的核心人物，始终是参与执行者。“太史公曰”中说他有大的功劳，是

---

①如何划分两百多年间的“战国”时段，学者各有不同的观点。一般而言，可分早、中、晚三期。早期是列强的变法（赵武灵王“胡服骑射”晚，到中期了，属于早期变法的延续），之后，就进入七大强国之间对峙、相互削弱的中期，于是有“合纵连横”的时代。东西为“横”，南北为“纵”，“合纵连横”也分不同阶段。简化一点说，不论是秦还是齐，或其他哪个国家，联合一个强国对付其他国家，就是所谓的“连横”，“连横”秦国做得最好。所以，一说“连横”，就想到秦国对付东方六国。即秦联合东方六国中的一个或多个，对付其他列强。反过来，东方列强合起来对付秦国，就是“合纵”。历史的结果是“合纵”失败，因为人心难齐，东方列强都出事了，战国历史就进入晚期的“远交近攻”阶段，“远交近攻”，是针对秦而言。之后，就是秦始皇的统一。这最后一段，也可算入晚期，是晚期的后期。

依据历史作的评价。至于说魏冉贵为母舅却如何如何，是司马迁的人生感慨。即便如此，就《穰侯列传》这篇传记而言，仍然是冷笔为重。

魏冉是宣太后的同母弟，秦武王因举鼎绝膑而暴死，秦武王之弟秦昭王接班。事出非常，秦昭王上台时局势很不稳。魏冉有些才干，惠王时期已经在秦的朝廷做事，秦昭王之初魏冉守卫咸阳，帮助宣太后稳住了大局，自己的权势也一直在上升。整个秦昭王时期，魏冉几次出任秦国的相，加起来二十几年，魏冉的战功也不算小，可在军事上，他对秦最大的功劳是选拔、推荐了一位能打仗杀人的将军，就是白起。白起与魏冉是同一战线上的人。

魏冉在为秦国开疆拓土中建立功劳，因功劳而受封为“穰侯”，“穰”是地名，在今天河南南阳盆地。魏冉还有一个封地，令他野心变大，就是陶，陶在当时为宋、齐交界地带，是很大的邑，因其地处南北交通要道，工商业发达，当时对秦而言是一块飞地。魏冉就想利用这块飞地，建一个属于自己的独立邦国。这不是“私骆驼”放得太大了吗？

关于魏冉私心谋国，《穰侯列传》写了两件事，一是秦昭王三十二年，“穰侯为相国，将兵攻魏，走芒卯，入北宅，遂围大梁”。魏国派大夫须贾游说穰侯，主要讲两点：一是殊死防御，魏国难攻，久而生变；还有就是一旦魏国战败，你魏冉的陶邑就不保。魏冉停止行动。还有一件事，在秦昭王三十六年，《穰侯列传》记载：“相国穰侯言客卿灶，欲伐齐取刚、寿，以广其陶邑。”这事做得太明显，也太肆无忌惮，于是给了范雎可乘之机。最终穰侯被客气地轰走，到封地去居住，死在了陶邑。[1]最后，《穰侯列传》用冷冷的一句话结束此传："穰侯出关，辎车千乘有余。"

"太史公曰"承认魏冉的大功，传的正文写他的权势与智谋，其间的龃龉，有着历史与文学的对峙张力。

五、快意恩仇的范雎

秦国得天下，好像有老天帮忙。其实秦的幸运在于其几代王在大战略上没出大的差错。秦孝公用商鞅，为秦国打造了特别适合兼并的战争体制。前面说过，这就像武术师扎马步，七国争雄，谁的马步稳，谁就站得牢、站得久。马步扎稳了，随后就是出手的策略。秦惠公、秦昭王时代，都是以"连横"之术斗诸侯。其间夹着个秦武王，秦武王在位若长点，秦国就很麻烦。他在大战略上有问题，幸运的是他"下三川、窥周室"之后，就"死不朽"了。秦昭王继位，芈八子（宣太后）掌实权，用樗里子、魏冉、白起等，继续"连横"，文攻武卫，各种招数用得不错。就在宣太后掌权时期，燕国乱了，齐国中衰了，楚国连都城迁到东边去了。所谓"连横"之策，就是秦在东方各国间制造矛盾，在矛盾中趁机捞一把。这需要耐性，像秦武王那样直接把周王室揽入怀抱，是"小资产阶级狂热性"，急躁冒进。之后的秦昭王虽然长期大权旁落母手，可芈八子不是等闲之辈，在削弱六国方面

①魏冉后期的私心谋国，还包括防止东方策士入秦等，见《范雎蔡泽列传》。

做得很出色。经过连续几代明智的君主，秦国的兼并大业，到秦昭王真实亲政时，已经是大端可见了。

相反，齐国的威王在位时，霸业达到顶峰，齐宣王还凑合，到了齐湣王，贪心不足，受苏秦蛊惑，一时间陷入几乎亡国的地步。毁树容易种树难，一代人一二十年，国策悖谬，就可以毁掉一个强邦大国。楚国到威王时，也是国力鼎盛，楚怀王上台后，还当过六国的“纵长”，好家伙，俨然天下主导，他自己也飘飘然，愚蠢尽现，把楚国弄得破败不堪。世袭制下，君主的德才，实在也是老农种地靠天吃饭的。相较之下，秦国的几代王在大事上不犯糊涂，这不是天幸吗？

这就说到范雎入秦。《穰侯列传》最后说：“相国穰侯言客卿灶，欲伐齐取刚、寿，以广其陶邑。于是魏人范睢自谓张禄先生，讥穰侯之伐齐，乃越三晋以攻齐也，以此时奸说秦昭王。”魏冉为了谋求私利，实际已经耽误了秦国的兼并霸业。这一点宣太后母子未必很清楚，但是东方策士看得很清楚。于是范雎入秦，化名张禄，不过不是临时起的。范雎先侍奉魏国的魏齐，因大夫须贾——就是前面谈到的游说穰侯的那位，在魏齐面前进谗言，魏齐大怒，把范雎先打了个七荤八素，之后扔到厕所，任人污秽相加。一位叫郑安平的人看不过，想法把范雎弄走，于是范雎改名张禄，以躲避魏齐的加害。此后不久，王稽作为秦的使者访魏，寻问人才，郑安平推荐范雎，王稽最后将范雎带到秦国。早期的屈辱与遇救，影响了范雎后半生的为人，那就是《范雎蔡泽列传》说的“一饭之德必偿，睚眦之怨必报”，恩怨分明，极力地快意恩仇。这也导致了他本人的死亡。

初入秦的范雎干的是大事，他得到秦昭王的信任，秦昭王任用了他三四年。范雎先是上书，之后几次直接向秦昭王建言。对这一过程的记述，《战国策》里有，文字很热烈，司马迁沿用了。范雎进言，先将矛头指向魏冉，说他的进取纲寿“非计”：“夫穰侯越韩、魏而攻齐纲、寿，非计也。少出师则不足以伤齐，多出师则害于秦。”这还算含蓄的，继而又说：“至今闭关十五年，不敢窥兵于山东者，是穰侯为秦谋不忠，而大王之计有所失也。”这就严重了。扳倒魏冉是范雎的首要目标，但是其所言又实在不是诬陷，因而显得很正大。之后，范雎提出了对秦国兼并大业至关重要的总体新战略：“王不如远交而近攻，得寸则王之寸也，得尺亦王之尺也。今释此而远攻，不亦缪乎！”话里还是不忘诋毁一下魏冉，但其余的内容则是对的，也有对当时天下局势精准的观察。即“合纵连横”的时代已经过去，就秦而言，“连横”的战略目的已经达到，再像魏冉现在做的那样，就耽误事；就六国而言，强大的时候都不能真心“合纵”，就别说现在这种情况了。所以，要马上改变方法。范雎的新策就是进攻近处的国家，远方之国则虚与委蛇，不要扰乱秦国“近攻”，否则他们马上也会变成“近攻”的对象。

范雎的具体建议，就是从迎面的韩国干起。韩、赵、魏所谓“三晋”，早在秦穆公时代，秦国就想跨越这道挡在东面的大墙称霸中原。可是，莫说秦穆公，就是到了战国秦昭王之初，这堵大墙仍不好突破。为什么？它的背后，有个古老的齐国，可作顶门桩，它的北面有燕国，南面则有楚国。一堵墙，两边有力量夹持着，背后又有支撑，想突破、推倒，谈何容易！可是，燕国、齐国和南边的楚国，都房倒屋塌、半死不活，迎面的墙，秦国还不赶紧趁势推倒？这就是范雎的明智。由此，上党战役开始，虽然没有推倒韩，却将赵国打残。“远交近攻”，立即收效。而且，在秦昭王以及范雎的谋划下，宣太后交出权力，魏冉被驱逐，其他太后党羽，也都像见了日头的残雪。

《战国策》将范雎入秦、建策的这一段写得有声有色。《史记》随之，是因为对范雎无恶感，且其早期经历又令司马迁同情，所以，在诸人的列传中，范雎的形象称得上是倜傥豪迈。《范雎蔡泽列传》没有用冷笔，而是另一幅笔墨，渲染快意情仇。第一个被范雎报复的是须贾。须贾来秦，不知张禄即范雎。两人见了面，须贾大窘，范雎数落须贾三项大罪，甚至把他按到马槽子里吃东西。不过，须贾刚到秦时，范雎装着很寒酸的样子去见须贾，想捉弄一下他，见张禄寒酸，须贾赠了一件绨袍给张禄。这算是一点恩吧，范雎因此饶了他。范雎的恩怨，很分明。

第二个被报复的，就是魏齐。魏齐因范雎的报复，跑到平原君那躲避，范雎动用了秦昭王的权力，秦昭王给平原君写信，平原君拒绝，有“夫魏齐者，胜之友也，在，固不出也，今又不在臣所”。话回答得委婉而坚定。秦昭王又写信给赵王，赵王怕秦，“发卒围平原君家，急，魏齐夜亡出，见赵相虞卿。虞卿度赵王终不可说，乃解其相印，与魏齐亡”。虞卿的行为，深得司马迁及后世的赞美。他们在无奈之下，投奔信陵君。信陵君在这件事上颇为犹豫。后人猜测，他可能与魏齐同朝为臣，关系不好，或者是考虑不得罪秦，也可能是觉得他当年那样对待范雎太过分，总之不像他平常那样尊贤下士，或者说，在他眼里魏齐本来不是士。看出信陵君有些犹豫，侯嬴就刺激他，信陵君只好出城迎接魏齐，不过，受了冷落的魏齐已经自杀。这件事，令后人对平原君十分欣赏，唐李贺《浩歌》甚至有“买丝绣作平原君，有酒唯浇赵州土”的诗句赞美平原君。

报仇之外就是报恩。郑安平在应侯的推荐下当了将军，王稽做了太守。可是，仇易报，恩难酬。《范雎蔡泽列传》说：“郑安平为赵所围，急，以兵二万人降赵……秦之法，任人而所任不善者，各以其罪罪之。于是应侯罪当收三族。”秦昭王还是很在意范雎，《范雎蔡泽列传》说，秦昭王“恐伤应侯之意，乃下令国中：‘有敢言郑安平事者，以其罪罪之’”。算是把事情兜住了。可是，“后二岁，王稽为河东守，与诸侯通，坐法诛”，范雎推荐的人又一次出事。到底是出于恩仇的私心推荐，难以衡量。郑安平、王稽或许都是很好的人，可是要他们领兵和主政一方，终究不是那样的材料。范雎终于栽在自己的快意恩仇上了。《史记》说，为此“应侯日益以不怿”，其实要比这严重得多，范雎要因自己的推荐失察而伏法，实际的情况是：“昭王五十二年，王稽、张禄死。”这条记载见于1975年湖北云梦县出土的秦简《大事记》中。司马迁应该是没有看到这条材料。在《六国年表》中，有王稽之死的记载，却没有张禄即范雎的记载。学者探讨其中原因，可能范雎伏法在当时就是秘密进行的，埋葬也给予了相当规格。

《史记》的范雎传是与蔡泽传合写的。范雎的死本于他的恩仇执念。他的快意恩仇，可能在司马迁心里引起了强烈的共鸣。又因没有看到范雎下场的真实材料，所以司马迁就以蔡泽的出现，给范雎安排了善终的下场。看《范雎蔡泽列传》关于蔡泽的记载，基本没有其他什么事情，主要就是劝说范雎知所进退，日中则昃，月满则亏。于是范雎就举荐了蔡泽。但是，《范雎蔡泽列传》说：“蔡泽相秦数月，人或恶之，惧诛，乃谢病归相印，号为纲成君。”什么事也没干，就辞职了。仿佛劝说范雎，就是蔡泽最大的事。

如前所说，司马迁写秦将相多冷笔，写范雎则不然。可是仔细点看，写范雎用热笔，不仅是因为他提出“远交近攻”，还有他的快意恩仇。范雎在秦的得志，就是对魏齐之流迫害范雎的讽刺。司马迁写为秦服务的这些人，唯独对范雎用了较热的笔法，或许是因为他的人生跌宕，快意恩仇。

六、杀人将军白起

秦人尚首功，即以所杀人头数记功。以人头记功，由来已久，在西周晚期金文中，就能读到“长榜载首”的血淋淋的言语，到战国商鞅变法，确立二十等军功爵制，以人头换爵位，以爵位获得土地，秦人战争热情空前高涨。参战就是猎人头，获得富贵。所以,《史记》写《秦本纪》《秦始皇本纪》对每一次战役的杀人数量都有明确记载。对这些记载粗略统计，从战国开始到秦一统天下，杀人数量大概在一百五六十万。其中大约九十万，是白起军队杀的，包括长平之战被坑杀的降卒四十余万。

《史记》写白起，全然冷笔。岂止是冷，简直是阴惨惨。白起是魏冉推荐的，是魏冉对秦国兼并事业的大功劳。《白起王翦列传》说:“白起者，郿人也。善用兵。”秦昭王十三年，身为左庶长的白起被举荐，第二年，为左更,“攻韩、魏于伊阙（今洛阳龙门），斩首二十四万，又虏其将公孙喜，拔五城。起迁为国尉”。《白起王翦列传》一上来就是大战的获胜，大批的“首功”。此次战役史称“伊阙之战”，秦的对手是韩魏（韩为主）联军。此次战役是战国时期运动战的范例，大批的韩魏联军在秦国军队的佯动下，被逼到狭窄的伊阙谷底，形成大的歼灭。白起的威风煞气也从此声震天下。之后，《白起王翦列传》简要记录了白起一系列的战功，如秦昭王二十八年“白起攻楚，拔鄢、邓五城……楚王亡去郢，东走徙陈。秦以郢为南郡”。白起也因这些赫赫战功而受封为武安君。最大的战功当属秦昭王四十七年的长平之战。这次战役，前期秦将为王龁，赵将为廉颇。廉颇打的是持久战，坚修壁垒，积草屯粮，与王龁打了个平手。以地利言，持久战对秦不利，秦用应侯范雎之计，令赵国换掉了廉颇，而用马服君赵奢之子赵括。就在范雎反间计得逞之后，《白起王翦列传》言，秦国立刻也换了战场主将，“乃阴使武安君白起为上将军，而王龁为尉裨将，令军中有敢泄武安君将者斩”。就是说，白起是悄悄到前线上任的。这无言地表明，当时的六国人是多怕遇到白起这位割草机似的秦将。随后，就发生了更可怕的情况，四十万赵国军民在放下武器后被坑杀。[①]战争，恶化为集体屠杀。白起，也被史家永久绑在了历史的耻辱柱上。

《史记》写了好几位将军，最早的齐国的司马穰苴，之后是吴国的孙武子（也是齐国人）。写这两位将军，都有“将在外，君令有所不受”一类的话，强调真将军的气概与风神。司马迁写不大喜欢的吴起，也强调了他与士卒同甘共苦的干劲。这是写白起之前的将军。与白起同时，则有赵国的马服君赵奢与廉颇。写赵奢，写他为将的勇气，写他“后发而先至”的谋算及其军纪的严明；写廉颇，写他在君主与秦赵渑池之会时为国家作最坏打算

①“降卒四十万”不都是军人，古代一名军人要三位民夫供给。有学者由此推算，战场上的军人只是四十万的三分之一。料想这些人被杀时，一定有秦国的“公证人员”在场，清点过人数以为记功凭据。

的大臣之风，写他知错就改的负荆请罪。这些都是辅国家、安社稷的将军，岂能是只知记功的职业杀手？写白起之后的将军，还有秦汉之际的韩信。写这位功名心极强的将军，也是写他井陉之战“置之死地而后生”的计策，写他战龙且时的半渡而击，写他在政治上选择刘邦。将军主导的是战争，不是杀人。将军之所以取胜的见识、胆略，奇谋异算，才是最启发神智的，因而也是最重要的。

可是，司马迁写白起，除了突出他令六国人恐惧和赫赫战功之外，没有任何写他将军风范的内容。白起起家十分迅速，应该有着十分突出的军事才略。伊阙之战等一系列战役，一定有白起作为将军的运筹，可是《白起王翦列传》中却没有任何记述，就表现个人性情而言，连与之同传的王翦都远不如。也许白起在人间只留下令人恐惧的负面印象，司马迁是如实而写；也许有这位将军的其他记载，而司马迁没有写，这更耐人寻味。

白起是魏冉推荐的，魏冉失势，白起仍被任用，是因为他能打仗。但是，到长平之战结束，功劳无以复加，他的死期也就到了。《白起王翦列传》说害他的是应侯范雎，因为白起功劳太大，范雎难以自处。于是白起在军事上的正确，就成了自己被杀掉的缘由。长平之战，赵国元气大伤，就秦国而言，应该一鼓作气。可是，范雎站出来反对，说了一套理由。秦昭王采信。之后又想进攻赵国，时过境迁，赵国有了准备，而且其他东方各国也真正感到唇亡齿寒，要真心地对赵国出手相救。武安君白起不想蹚浑水，就托辞自己生了病。前方秦国失利连连，白起死活不听调动，这就是找死了。秦昭王在范雎的撺掇下，赐铁剑给白起，让他自己看着办。《白起王翦列传》说：“武安君引剑将自刭，曰：

‘我何罪于天而至此哉?’良久，曰:‘我固当死。长平之战，赵卒降者数十万人，我诈而尽坑之，是足以死。’遂自杀。武安君之死也，以秦昭王五十年十一月。死而非其罪，秦人怜之，乡邑皆祭祀焉。”原来杀降卒是“罪”，白起原本也是知道的，于是有了一点良心发现，证明了良心人皆有，只是有人发现得太晚。白起就是。“死而非其罪”，读这句话要当心点，“非其罪”，那什么才“是其罪”？因为白起这样死，有点冤，才引得自己的“乡邑”即老乡亲可怜他，总是祭祀他，白起的老乡也真行。看来照良心做人做事，真难。

第十七讲

第一种激烈文字

——读《刺客列传》

“第一种激烈文字”的话，是清代学者吴见思说的。原话是：“刺客是天壤间第一种激烈的人，《刺客传》是《史记》中第一种激烈的文字。”[①]说这些人激烈，是因为这些人都可以为别人泼出自己一腔子的血。

《史记》中有两个奇异的、“犯禁”的人物群落，一是刺客，二是侠客。《史记》为这两“客”立传，是要令其声名不朽。以侠客而言，扶危济困，帮助弱小，他们要以此证明自己的价值。在司马迁眼里，纯正侠义的人物是汉初鲁国的朱家，主要活动在刘邦时期，最著名的“侠客行”是救助走投无路的贤人季布。《游侠列传》中说朱家：“所藏活豪士以百数，其馀庸人不可胜言。然终不伐其能，歆其德，诸所尝施，唯恐见之。振人不赡，先从贫贱始。家无馀财，衣不完采，食不重味，乘不过軥（gōu）牛（軥牛，即牛拉的车）。专趋人之急，甚己之私。既阴脱季布将军之厄，及布尊贵，终身不见也。自关以东，莫不延颈愿交焉。”看这样的行为，不求名，不求利，大侠朱家简直是完人。然后，司马迁在列传的开始，就引《韩非子·五蠹》之言表明：侠是“犯禁”的。即侠义的行为是正统权力所禁绝的。刘邦要捉拿季

① 吴见思：《史记论文》，见韩兆琦《史记笺证》，南昌：江西人民出版社，2004年，第4625页。

布，才有朱家的解救，正是暗地里与正统权力作对。唯其如此，侠义在野的名声就越发地高，这是侠最令当权者讨厌的地方。这是因为现行体制下公权力本身存在大问题，是公权力自身为渊驱鱼必得的回报。司马迁说："且缓急，人之所时有也。太史公曰：昔者虞舜窘于井廪，伊尹负于鼎俎，傅说匿于傅险，吕尚困于棘津，夷吾桎梏，百里饭牛，仲尼畏匡，菜色陈、蔡。此皆学士所谓有道仁人也，犹然遭此灾，况以中材而涉乱世之末流乎？其遇害何可胜道哉！"这就是游侠的价值。他们可以在公权力之外，救人于困厄。司马迁为这些人立传，也是"犯禁"的。所以，东汉班固《汉书》对他才有"序游侠则退处士而进奸雄"的指责。①可是，就是这些"犯禁"的人和事，往往获得民间的喝彩，显示的是民间对公权力失望后的情绪。也许《史记》就是要记录这样的社会情态与情绪，以免其被过分容易地掩盖与抹杀。王道悬空，难道还不让民间有自己的爱恨吗？

另一种"犯禁"的书写就是《刺客列传》了。因为刺客的行为多为政治暗杀，很难合乎正统政治与道德观念。侠客属于在野的英雄豪杰，他们往往是黑白两道、上下通吃，获得财富自有门路，于是可以以一己之力对困顿、弱小者施以援手。出色的刺客则更为壮烈，他们的名声要用一腔子血换取，名声与生命不能两立。刺客是一种职业，还得接受豢养，然后对豢养者以死相报。侠客与刺客都需要超乎常人的胆略气概，特别是后者。在冷兵器时代，刺客的生还率极低，于是风险就大，然而高风险才有刺客

---

①也许因为这样的指责，后来的正史不立"游侠"这一目。可正史不立，民间立，民间的文学如小说，侠客现象层出不穷，最后衍生为皇皇的《水浒传》。

故事高强度的吸引力，才有大范围且持久的传播力。汉代就是一个侠客、刺客故事颇为流传的时代，看今山东嘉祥县武梁祠墙壁上对荆轲刺秦的描绘就可以知道。不过，司马迁写刺客，很大程度上是因为荆轲，因为荆轲刺秦。《史记》既然写“义不帝秦”的鲁仲连传，那么，有一篇刺秦的荆轲传，就一点也不奇怪。刺秦，是以一己之力与一个国家斗，是想用一把匕首改变历史。这得要多大胆气，是多奇异、多英雄主义的故事！

这样一些故事，当然是历史上实际发生的（曹沫故事除外，但也有文献记载为据），是《史记》记录这些人的理由。但是，司马迁写刺客，却别有寄寓。其中令人印象最深刻的是那句“士为知己者死”，刺客地位是低下的，也是寂寞的；明知雇主是收买自己，也毅然为之舍生忘死，刺客的生命也太廉价。可这不是司马迁笔下的刺客。《史记》中的刺客，他们进身无门，又不甘于生命的寂寞，对平庸、籍籍无名的生存有极大的恐惧。他们可以让自己名声传扬的，只有那一腔子的血，只有泼洒那一腔子的血，才能令自己的生命活出一点用处、一点意思。特别是这点“意思”是因“刺秦”而生，尤其有意思。这些，都是令司马迁兴奋的。司马迁写刺客，就是要表现历史上的这样一些人，他们把有所作为看得比苟且凡庸地活着要高得多。

一、寂寞、死报的刺客

除了荆轲，《刺客列传》的其他几位刺客都达到了目的。曹沫，令齐桓公返还鲁国的失地；专诸刺杀了吴王，使公子光得到大权；豫让彰显了他对智伯知遇之恩的报答；聂政为严仲子杀掉了政敌。刺客，是职业，职业的刺客是要报酬的，专诸的报酬最多。公子光事先答应“光之身，子之身”，事后，“阖闾（即公子光）乃封专诸之子以为上卿”，是兑现承诺了的。就是说，专诸以自己的命为儿子换了公卿地位。专诸的事，《左传》也有记载，两者相较，《刺客列传》写专诸刺王僚的那段文字，不如《左传》写得扣人心弦。这位刺客，为的是自己后代的尊荣，可能最能显示刺客作为一种职业的特点。而且公子光上台，吴国称霸，刺杀给历史带来了改变。刺客与霸主相连，令故事的内涵厚了许多。

豫让的故事最曲折，在司马迁笔下宣示的主旨也最明显。智氏家族被韩、赵、魏三家联手消灭，所显示出的历史教训是强者不可骄傲。这一点，在后来许多文章的用典中多次出现。《战国策》还记载了豫让的故事，正是《刺客列传》所依据的材料。豫让的传记基本是材料的抄录，司马迁这样做，是因为豫让执着如怨鬼、缠绵似毒蛇地要刺杀赵襄子的两大理由：其一是“士为知己者死，女为说己者容。今智伯知我，我必为报仇而死，以报智伯，则吾魂魄不愧矣”；其二是“将以愧天下后世之为人臣怀二心以事其君者也”。两大理由价值含量都不低，值得用一腔子血来捍卫。不过，关于第一条，在最后一次失败的刺杀时，赵襄子问豫让，范氏、中行氏都曾对你豫让有恩，为什么偏为智伯报仇？豫让回答：“至于智伯，国士遇我，我故国士报之。”这是豫让对智伯“知遇之恩”的回馈，也想借此羞辱那些忘恩之辈。由此看，豫让的刺杀很像是为智伯复仇，也就是说，豫让遵从的是伍子胥的父仇不共戴天的原则。

何以如此？这与西周至春秋时期封建上下关系有关。封建（不是“封建社会”的“封建”）的上下关系，是以血缘关系为基础的，一些西周以来的封建贵族，本姓的家族之外，还有一种补充形式，就是家臣制，一般而言，为贵族做家臣，“三世事家，君之，再世以下，主之。事君以死，事主以勤”(《国语·晋语八》)。做三辈子的家臣，贵族就是君，做两辈子的家臣，贵族就是主人，家臣是要为之尽忠尽命的。虽然没有证据显示豫让与智伯有家臣关系，但是西周以来形成的上下臣属关系，正是豫让刺杀行为所显示的内涵，如此，他那句“愧天下后世之为人臣怀二心”的话才是有的放矢。豫让如此，买凶杀人而施以某种恩德，其实都与西周封建以来的那种臣属关系有关。聂政与严仲子的关系也是如此。

刺客与其豢养者在地位上高下差距大，这一点很突出。如此，高位者的豢养，才显得那样恩高义广，可以用极少的投入获得很大的回报。严仲子找聂政，“奉黄金百溢”，聂政因老母在堂、姐姐未嫁而拒绝请求，但老母去世之后，聂政曰：“嗟乎！政乃市井之人，鼓刀以屠，而严仲子乃诸侯之卿相也，不远千里，枉车骑而交臣。臣之所以待之，至浅鲜矣，未有大功可以称者，而严仲子奉百金为亲寿，我虽不受，然是者徒深知政也。夫贤者以感忿睚眦之意而亲信穷僻之人，而政独安得嘿然而已乎！”这样的文字，显示那些英雄血气之人在千般寂寞之下的沾火即燃，身处下层的血性之士，竟是这样容易被收买。且聂政明知严仲子“不远千里”的“枉车骑而交”，就是出于极功利的收买之意，也要以死报之。上位者的恩荣，作用又何其巨大！高贵者是“人”，卑贱者“非人”，“人”对“非人”的一点光照，可使后者成“人”。聂政回报严仲子，曲折映衬出的正是等级社会特有的一种现实，很奇特，当然也很扭曲。

聂政之所以舍命相报，还有一层原因，就是聂政是个杀人在逃者。实际上，正如前人早就说过的，几位刺客中，就属聂政价值低。是的，严仲子要干掉韩相侠累，只是个人恩怨，是典型的买凶杀人，其实是犯罪行径。可是，聂政的刺客行为壮烈，别有局面，表现在刺杀成功之后自我毁容保全亲人的做法，自有其伦理上的惊心动魄。死得有大声响，而且兼顾家人，聂政的人格厚了很多。然而在聂政故事的结尾处，最精警的还不是聂政，而是其姐姐聂荣。她知道兄弟做法的用意，但还是要舍命相认，并且将兄弟的名声公然地彰显："是轵深井里所谓聂政者也。"除了成全弟弟的深情厚意之外，壮烈而死高于碌碌而活，原来也是这位姐姐的"三观"，真一对姐弟的"棠棣之华"。当一个人舍得用生命去证明自己的某种信念时，不论其对错，其行为散射出的光芒，都是十分耀眼的。

在诸位刺客中，曹沫的事最和顺，最合乎理想，不用死人，甚至不用丢弃原有的地位，就挽回了国家的巨大损失。可是，这段记载问题又太大。

二、曹沫，刺客还是谋臣？

关于曹沫的记载，最早见于《公羊传·鲁庄公三年》所载"柯之盟"一条。《公羊传》是西汉时代被认为解孔子《春秋》最权威的经典。这部儒家解经之作，起初只是口说流传，几代先师为战国人，至西汉始写成文字。战国的儒家居然也相信刺客可以解决政治、外交等问题，是将复杂历史简单化的表现，与前面说过的"赵氏孤儿"传奇所显示的人文心理有其一致性。这实际上与孔子的“不语怪力乱神”的原则不合拍。但是，汉代的儒家经典却这样说了，而且说得还颇有神采。《公羊传》是这样说的：

庄公将会乎桓，曹子进曰：“君之意何如？”庄公曰：“寡人之生，则不若死矣！”曹子曰：“然则君请当（对付）其君，臣请当其臣。”庄公曰：“诺。”于是会乎桓。庄公升坛，曹子手剑（手拎着剑）而从之。管子进曰：“君何求乎？”曹子曰：“城坏压竟（境），君不图（想像）与（欤，吗）？”管子曰：“然则君将何求？”曹子曰：“愿请汶阳（汶河南岸）之田。”管子顾曰：“君许诺。”桓公曰：“诺。”曹子请盟，桓公下与之盟。已盟，曹子摽（投，扔）剑而去之。要盟可犯，而桓公不欺；曹子可雠，而桓公不怨。桓公之信著乎天下，自柯之盟始焉。

再看《史记·刺客列传》的文字：

齐桓公许与鲁会于柯而盟。桓公与庄公既盟于坛上，曹沫执匕首劫齐桓公，桓公左右莫敢动，而问曰：“子将何欲？”曹沫曰：“齐强鲁弱，而大国侵鲁亦甚矣。今鲁城坏即压齐境，君其图之。”桓公乃许尽归鲁之侵地。既已言，曹沫投其匕首，下坛，北面就群臣之位，颜色不变，辞令如故。桓公怒，欲倍其约。管仲曰：“不可。夫贪小利以自快，弃信于诸侯，失天下之援，不如与之。”于是桓公乃遂割鲁侵地，曹沫三战所亡地尽复予鲁。

仔细对读，两文也有明显的分别。如曹沫手里的家伙，《公羊传》说是“剑”，剑一般要装在套子里挎在腰间，“手剑”则是说曹沫手里拎着剑，一个“手”字，动作、神态都出来了，很是生动。而《史记》中的曹沫则是“执匕首”，匕首要短，容易藏，这像是刺客的做法，荆轲就是例证。不过，清代学者梁玉绳在《史记志疑》中提出：“春秋初亦无操匕首之习。”用匕首杀人，不见于春秋早期的记载。这倒是，因为在《左传》中确实写过一个刺客，那就是晋灵公派出去刺杀赵盾的鉏麑，但是却没有写手里操的利器。说到这儿，也是令人疑惑的地方，《左传》中记载过正宗的刺客，可是《史记》却偏偏不用。总之，曹沫是得逞了。可是，读《公羊传》，前文记述刺客曹沫的事，文字的最后却是“要盟可犯，而桓公不欺；曹子可雠，而桓公不怨。桓公之信著乎天下，自柯之盟始焉”，即落在齐桓公信义“著乎天下”上了。《史记》的刺客传自然不能这样写，于是曹沫的故事就结束在返还失地上了。

关于曹沫做刺客，除了《刺客列传》，《鲁周公世家》《齐太公世家》《管晏列传》都是这样写的，就是说，在《史记》中，曹沫为刺客无二词。这与《左传》明显不同，曹沫就是《左传》中的曹刿，[①]《国语》也有曹刿的记载。最著名的是《左传·庄公十年》的“曹刿论战”，可是在整部《史记》中，《左传》关于曹刿的记载，只字不提。这首先与《史记》多引《左传》的材料不一样，其次是与《史记》保存史料的“并存法”也相违背。还是

①沫、刿，古音相近。参见韩兆琦：《史记笺证》，南昌：江西人民出版社，2004年，第4581页。

以“赵氏孤儿”为例,《史记》记载赵氏灭门的事，一见于《晋世家》，说法与《左传》相同；又见于《赵世家》，则另有说法，即屠岸贾灭赵氏、程婴等救孤儿的故事。这样,《史记》利用本纪、世家和列传三条并列时间线构成的“立体”结构，把不同说法的材料都保存了下来，令读者自行参悟，可以称之为“并存法”。曹沫，有文献说他是刺客，又有文献说他是计谋之臣，那为什么不采“并存法”加以记录呢？百思之下，有两种可能：一种可能是司马迁没看见《左传》中关于曹刿的记载。这有可能，但以司马迁的“古文”水准，可能性很低，因为,“曹刿论战”的故事多精彩，也符合史公“爱奇”的性情；另外一种可能，是司马迁读到的《左传》与今天我们看到的内容不一样。就是说，很有可能司马迁当时读到的《左传》本子中，还没有“曹刿论战”的记载。这种可能性高，但也是苦无证据，只好让疑惑仍然悬着。

可是，出土文献对曹沫到底是什么人给出了新的材料：他是谋臣。“上博简”中有一篇被整理为《曹沫之阵》的文献，记载的是鲁庄公与曹沫的对话，话题涉及如何在战败之后继续战斗，如何“盘战”以及如何“酣战”等。其中的“盘战”，有学者认为即“偏战”,《公羊传》里有，交战双方约好打仗的时间、地点，然后如约开战，就是“偏战”。与此相反，没有约定，一方就对一方开战，叫作“诈战”。《左传》中记有两种战法，只是没有“偏战”“诈战”的提法。曹沫回答鲁庄公的问题，讲的是军民一心等，都是很正大的道理。总之，其与《左传》合拍，与《公羊传》刺客之说相悖谬。

其实，即使没有出土文献，曹沫为刺客的故事，也有明显的漏洞。前人对此早有认识。例如，说鲁庄公的痛不欲生，说城墙倒塌压倒齐国的地界，这明显与鲁庄公时期的历史不合。鲁庄公为春秋早期的“小霸”，他在位时，因齐襄公乱来，除了导致齐襄公自己的死亡之外，还弄得齐国若干年内乱，根本就不像《公羊传》说的“城坏压境”那样惨淡。这是《左传》等文献的看法。要之,《左传》要比《公羊传》《齐太公世家》《鲁周公世家》及《刺客列传》可信。

不过，从另外的角度讲,《史记》关于曹沫是刺客的诸多记述，仍有其价值，那就是我们可以了解战国以来历史记载的一般特点，从这些传说性质很强的文字中，读出其所记述的历史之外的社会文化信息。

《史记》写曹沫的刺客传奇，又与最后荆轲刺秦相呼应。

三、荆轲很专业

前面说过，司马迁写《刺客列传》，很大程度上是因为荆轲的传奇。讲述荆轲的故事，能够借以传达东方人对秦国的态度。以“虎狼之国”的言论形容秦国，[①]在秦统一天下之前就有。东方诸国对秦，先是瞧不起，以戎狄视之，之后就是害怕。《廉颇蔺相如列传》载赵惠文王得和氏璧，秦索要，赵“欲勿予，即患秦兵之来”。《鲁仲连邹阳列传》显示，长平之战后，惧秦者不单有赵，还有魏，推而广之，衰落的燕、齐，东逃的楚国，没有不

① “虎狼之国”出自《史记·孟尝君列传》,《鲁仲连邹阳列传》言:“彼秦者，弃礼义而上首功之国也，权使其士，虏使其民。”这只是“虎狼之国”的另一种说法而已。

怕秦的。在东方诸国都惧秦的时候，荆轲以一己之身远赴强秦，深入龙潭虎穴，想以一把匕首，侥天下之幸，刺杀秦王。这样的刺客故事，本身带有恐怖中的快感，传奇性极强。这样说，似乎是在暗示司马迁“爱奇”，这不错。可是，还有更重要的，那就是在司马迁眼里，在“虎狼之国”威震天下的时候，在东方诸侯败局大定的时代，还有一个人，以个人的血气胆识，敢深入秦廷，力图一搏，这胆气、这气性，不是惊天动地吗？长平之战后，有鲁仲连在赵国的公开场合高喊着“义不帝秦”的主张，也有人在寒风萧萧中，怀揣冷铁利刃，远赴秦廷意图为东方寻条活路。这样的逆势而动，逆流而上，以血肉之身抵挡金戈铁马的庞大战车，面对如此有血性的生命，司马迁不动心才怪呢！现代有人说荆轲的行为是“阻挡历史车轮”，是螳臂当车，是的。可说此话的现代人，要说他们不对荆轲的行为惊奇，大概也不是实情。就当时历史大势而言，荆轲的行为，确实是螳臂当车，力量无法与之相比。感动了司马迁的不是螳臂当车的行动，而是“挡车”的那只螳螂，它的逆势而动、向死而行的血性。这就是《史记》，司马迁关注那些头破血流的超常生命。

荆轲刺秦王的往事，在司马迁那个时代，应该已是一个很流行的故事题材。关于荆轲，《战国策·燕策》有记载，还有一本被视为“古今小说杂传之祖”的《燕丹子》记载。此外，略早于司马迁的西汉文学家邹阳，在他的《狱中上梁王书》里，两次言及荆轲，其中说荆轲刺秦王时“白虹贯日”的句子甚为流传。因此，现代有学者甚而认为《燕丹子》也是邹阳整理而成的。看这几份文献，《刺客列传》与《战国策》的记载相近，与《燕丹子》除了个别语句有重合之外，基本是两种来路的。《燕丹子》是小说，其写成的时间可能不比《史记》早多少，可能更晚。即便如此，其故事的来源可能在秦汉之际，即刺秦王之事发生之后，就有传奇在民间流传开来了。还有，比《史记》或《战国策》（也包括《燕丹子》）更晚的山东武梁祠中有关于荆轲刺秦王的壁图，刺秦王发生那一刻，图中有荆轲被人抱住、怒发冲冠的造型，也不见《史记》记载，当是别有所本。如此，《刺客列传》的下面这段话就尤其值得注意了：

> 太史公曰：世言荆轲，其称太子丹之命，“天雨粟，马生角”也，太过。又言荆轲伤秦王，皆非也。始公孙季功、董生与夏无且游，具知其事，为余道之如是。

这段话，在本书开始的时候讲过，当时讨论的是《史记》的作者问题。现在看这段话中的“天雨粟，马生角”，就见于《燕丹子》，联系邹阳“白虹贯日”云云可知，人们说到荆轲刺秦王的故事，总是用天象的异变来加以形容的。之后的“夏无且游，具知其事”的话，最可能是指刺秦王过程中在大殿上发生的事，因为夏无且当时在场。刺秦的高潮就在秦国大殿上，当时大殿上究竟发生了什么，应该有不同的传说。《燕丹子》记载的大殿上的情景，就与《史记》很不一样。照《燕丹子》所表，荆轲当时擒住了秦王，秦王行缓兵之计，要听乐章，于是召秦姬鼓琴，秦姬唱琴歌，暗示秦王如何逃脱，秦王领悟，如法而行，刺秦王失败。这里不妨引几句给大家看：“琴声曰：‘罗縠单衣，可掣而绝；八尺屏风，可超而越；鹿卢之剑，可负而拔。’轲不解音，秦王从琴声负剑拔之，于是奋袖超屏风而走。”《燕丹子》这样写，很有风雅情调，应该就是当时流传的诸多版本中的一种，可略微一想，就知道其实很不真实，因为不合理。行刺是刹那之间的事，紧张得很！《燕丹子》这样写，是瞎文艺，坏了当时的氛围。还有说法，是荆轲伤到了秦王，《燕丹子》就有这方面的内容。面对当时诸多的传说，《史记》的考信精神起了作用，《史记》作者采访了许多人，其中就包括与当时在场的夏无且为好友的公孙季功和董生，他们从夏大夫那儿听说过当年秦国大殿上那精彩而遗憾的一幕。柳宗元《咏荆轲》说得好："世传故多谬，太史征无且。"《史记》的考信，令其有更可靠的信息来源。①

日本学者宫崎市定曾有一篇文章，题目是《〈史记〉的文章为什么精彩》，②文章的中心观点是《史记》写作依据了当时的"说唱人"的口头传说。这篇文章很有意思，司马迁记载荆轲刺秦王时大殿上的那一幕，是那样的具体生动，按照《刺客列传》自己的交代，就是因为有公孙季功、董生从夏无且那里听来的细节。但夏大夫以及公孙季功、董生，不是"说唱人"。西汉有无像宋

①这里还涉及《刺客列传》写荆轲的文字与《战国策·燕策》关于荆轲刺秦王那段材料的关系。近年有学者说，《战国策》这段文字与《刺客列传》所载，其材料各有来源。这是有问题的。荆轲刺秦王故事中大殿上的那个片段，如此生动具体，《战国策》《史记》又基本相同，仅就这一段而言，应该就是像清以来一些学者所说的，是《战国策》整理成书时采撷《史记》。其余部分，两者还有许多相同文字，只是在一些地方上详略有别，这固然可以解释为各有来源所致，解释成采撷时有所选择造成的分别，也是可以的。

②此文见宫崎市定：《宫崎市定亚洲史论考》（上下册），上海：上海古籍出版社，2017年。

元时期那样讲古说今的说书人，还是一个问题，[1]但是，大殿刺杀那一刻的故事，《史记》确实写得活灵活现，扣人心弦：

荆轲奉樊於期头函，而秦舞阳奉地图柙，以次进。至陛，秦舞阳色变振恐，群臣怪之。荆轲顾笑舞阳，前谢曰："北蕃蛮夷之鄙人，未尝见天子，故振慑。愿大王少假借之，使得毕使于前。"秦王谓轲曰："取舞阳所持地图。"轲既取图奏之，秦王发图，图穷而匕首见。因左手把秦王之袖，而右手持匕首揕（zhèn，刺）之。未至身，秦王惊，自引而起，袖绝。拔剑，剑长，操其室（剑鞘）。时惶急，剑坚（剑鞘夹剑太紧），故不可立拔。荆轲逐秦王，秦王环柱而走。群臣皆愕，卒起不意，尽失其度。而秦法，群臣侍殿上者不得持尺寸之兵；诸郎中执兵皆陈殿下，非有诏召不得上。方急时，不及召下兵，以故荆轲乃逐秦王。而卒惶急，无以击轲，而以手共搏之。是时侍医夏无且以其所奉药囊提荆轲也。秦王方环柱走，卒惶急，不知所为，左右乃曰："王负剑！"（指把剑闪到背后去）负剑，遂拔以击荆轲，断其左股。荆轲废，乃引其匕首以擿（zhì，投掷）秦王，不中，中桐柱。秦王复击轲，轲被八创。轲自知事不就，倚柱而笑，箕踞（岔开双腿）以骂曰："事所以不成者，以欲生劫之，必得约契以报太子也。"于是左右既前杀轲，秦王不怡者良久。已而论功，赏群臣及当坐者各有差，

①1963年在四川郫县宋家林也出现过泥塑一手执鼓槌，一手抱小鼓的泥塑像。1975年在四川成都天回山出土了著名的"击鼓说唱俑"，是古代说唱艺术的物证。但这些都是东汉的作品。

而赐夏无且黄金二百溢，曰："无且爱我，乃以药囊提荆轲也。"

这该是司马谈、司马迁父子在采访过公孙季功和董生之后所成文字，精彩而不夸诞。文字从荆轲一行觐见秦王政开始，荆轲捧着樊於期的头，秦舞阳捧着督亢地图。这是紧张的开始，紧张中突发意外：秦舞阳变毛变色。陡然让人心跳加速。这位秦舞阳，《燕丹子》作秦武阳，还说他是太子丹所豢养的刺客之一，但《史记》只交代他十三岁杀人，是问题少年，街头小流氓出身。这种人因少年犯罪也得了大名，平日也一定是扬风奓毛那一类，可就是难上台盘，一见大场面就胆气垮塌。这太耽误事、太可恶了。于是荆轲的英豪性格特征得以显示。秦王相信了荆轲的解释，心理戒备的弦才放了松，还体贴地说"取舞阳所持地图"。秦王这样一关照，实际是救了自己。荆轲一人上前，原先的计划应该是两人。之后就有"图穷而匕首见"，就有"左手把秦王之袖，而右手持匕首揕（zhèn，刺）之"。"左手"这两句，不要轻易读过，早在太子丹见荆轲时，太子丹就说到他的计划："诚得劫秦王，使悉反诸侯侵地，若曹沫之与齐桓公，则大善矣；则不可，因而刺杀之。"原来太子丹也是曹沫的崇拜者，劫持秦王，逼迫他学齐桓公，正是刺杀计划中的关键。荆轲接受了太子丹的豢养，也同意这样的安排。后来在他说服樊於期献出头颅时，又说："愿得将军之首以献秦王，秦王必喜而见臣，臣左手把其袖，右手揕其匈，然则将军之仇报而燕见陵（凌辱）之愧除矣！"其中的"臣左手"如何、"右手"如何，是荆轲实施太子丹计划精心设计的，在心理上已经就此动作训练过多次，让肌肉都形成记忆了。要学曹沫，近秦王之身，将其控制住，是要点，是成功的重中之重。“左手”“右手”的重复，其实是在写荆轲作为职业刺客的专业。只是他没有预想到自己一个人完成这些设计动作与两人协同的分别，结果只能薅住了秦王的袖子，却不能阻止秦王如受惊的兔子那样闪开。好戏已经脱离了脚本，正剧就变了喜剧：秦王顾不得什么体面，在大殿绕着大柱子乱跑，荆轲也绕着柱子追。秦舞阳不行，人家秦国有好中医（《史记》中的医生与秦相关者不少）。众人仓皇中，夏无且的药箱变武器，抛中了荆轲。这给了秦王反攻的机会，然而更滑稽的一刻出现：秦王拔不出常佩的剑。真是要了命了！殿堂中惊魂出窍的群臣现在魂魄也返回了几分，也发乎本能地喊“王负剑”，提醒王脱困，真是乱作一团。情节马上逆转，荆轲的匕首太短，敌不过长剑，左腿被秦剑砍断，坐在地上扔飞刀，只可惜他不是“小李”，慷慨而死。最后那几句话，是解嘲，也交代出此次失败是因自己要做曹沫第二。文中“乃引其匕首以擿”那几句，张守节《史记正义》所引的《燕丹子》是这样说的：“荆轲拔匕首掷秦王，决耳入铜柱，火出。”说是荆轲的匕首击穿了秦王的耳朵，然后再打到铜柱子上，迸出了火星。《刺客列传》最后专门说到这一点：“言荆轲伤秦王……非也。”这是征考了采访材料的结论。荆轲也没有像武梁祠刻画的，被人抱住，怒发冲冠。他的腿已经断了，而且是秦王干的。东方反抗的战争，小规模、惊心动魄地在秦国殿堂爆发，秦王还是胜利者。但是民间传说、小说家言，则不然。它们让荆轲的匕首好歹打到秦王，是个人的愿望；说匕首穿过耳朵还能在铜柱上撞击出火星，与怒发冲冠一样，是表荆轲的力气猛、气概高，属于赞美。这都是文学倾向性的表现。

荆轲刺秦王故事的高潮很短，却很激荡，读之过瘾，禁不住地久久回想。联想一下《项羽本纪》写巨鹿之战的那个高潮段落，对司马迁写激烈场景的文字，驱遣文采的从容不迫，可有更深的感受。其叙紧张之事，竟是那样神闲气定，次第分明，疾徐有度。如这段文字中，刺秦王的动作发生时，殿中群臣的束手无策，以及秦国对群臣上殿制度的规定，《史记》都作出了交代。这又令其与巨鹿之战的激烈文字形成差别。

四、怒振的螳臂

《刺客列传》写荆轲，很郑重。先交代荆轲的身世经历，还特意交代“荆轲”这一名号的来历。继而“荆卿好读书击剑，以术说卫元君，卫元君不用”几句，交代出荆轲是好学深思之士。只是他居然想游说卫元君，颇为奇异，卫元君当时的地盘才真像曹沫故事中所说的，是“城坏压境”。这是在暗示他要学曹沫？或者如孔子想在公山不狃的小地盘上“为东周”？总之是不切实际了点。之后又写了他作为剑客的游历，到过北边的榆次，“与盖聂论剑，盖聂怒而目之。荆轲出，人或言复召荆卿。盖聂曰：‘曩（昔）者吾与论剑有不称者，吾目之；试往，是宜去，不敢留。’使使往之主人，荆卿则已驾而去（离开）榆次矣。使者还报，盖聂曰：‘固去也，吾曩者目摄之！’”于是又游历邯郸，“鲁句践与荆轲博（下棋），争道，鲁句践怒而叱之，荆轲嘿而逃去，遂不复会”。司马迁这样写，用了“抑”的笔法写荆轲的心胸，即他不是一个孟子所说的“不肤桡，不目逃”北宫黝那样的勇者，[1]司马迁暗用了《孟子》的典故，突出荆轲不是匹夫之勇。这正是司马迁笔下荆轲非同寻常的地方。司马迁深度地写出了荆轲的性格，无此性格，就没有赴秦行刺，就是赴了秦，也难免会做不上台面的秦舞阳。奇妙的是，荆轲原本是齐人，而齐人的武士，是有脆弱的特性的。传说的“二桃杀三士”，三位相互残杀又自杀的齐国勇士，血气之勇，又爱面子，以至于一经拨弄就性命相拼，不是很脆弱吗？北宫黝的“养勇”之所以被孟子小瞧，就是因为格局太小，匹夫之勇，其实也就是荀子所说的“狗彘”之勇，动不动就以命相拼。这正是剑客的常态，他们的英雄主义其实与街头半大小子群伙打架那一套差不多。盖聂、鲁句践之流皆是。还好，鲁句践后来也长大了，“鲁句践已闻荆轲之刺秦王，私曰：‘嗟乎，惜哉其不讲于刺剑之术也！甚矣吾不知人也！曩者吾叱之，彼乃以我为非人也’”！

可荆轲的人生是错位的。无奈做剑客（刺客的准备者），又不具匹夫之勇，好读书，却找不到机会，于是只有大的寂寞和孤独。这就是荆轲的人生意态。又由于他好读书，使他的孤独寂寞别有情态。对此，《史记》这样写道：“荆轲既至燕，爱燕之狗屠及善击筑者高渐离。荆轲嗜酒，日与狗屠及高渐离饮于燕市，酒酣以往，高渐离击筑，荆轲和而歌于市中，相乐也，已而相泣，旁若无人者。荆轲虽游于酒人乎，然其为人沉深好书；其所游诸侯，尽与其贤豪长者相结。其之燕，燕之处士田光先生亦善待之，知其非庸人也。”悲歌燕市，乐而生悲，自喜自悲，旁若无

---

①《孟子·公孙丑上》论“不动心”时谈到勇敢的话题，说到几种勇敢，其中北宫黝之勇是“不肤桡，不目逃。思以一豪挫于人，若挞之于市朝”。

人，写尽了荆轲的一腔子血无处抛洒的孤独寂寞。而正是这点，令后代的许多读书人生发强烈的共鸣，诗篇每有歌之。

这里司马迁写了高渐离，他是荆轲唯一的知交。在《燕丹子》里，与荆轲在一起的还有宋意等，《刺客列传》只字未提，以荆轲的性格与怀抱，他不能有太多朋友。但这不代表荆轲就孤立，相反，在司马迁写荆轲的这部分文字中，有着太多想把头颅撞向秦国战车上的人。首先是田光，他是荆轲与太子丹之间的介绍人。因为太子丹几句着三不着两的言语就自杀，这事苟且偷生的人做不到，甚至也难以理解。可是，田光只是因为觉得自己不被信任就以死明志吗？难道就没有激励荆轲的意思？更深层的，国事如此，只欠一死，难道不是田光轻生、不要老命的理由吗？这其间又有多大的人生憾恨呢！“风萧萧兮”的寒气，不用等到易水相别，在田光死时，就已经起了。继而是樊於期将军。这位樊於期将军，应该是秦国的叛逃者，“秦王购之金千斤，邑万家”，为了让秦王相信燕国奉献督亢土地的真诚，秦国必欲杀之而后快的樊於期将军的头颅，早在荆轲的谋划之中，它可以做“投名状”，以迷惑秦王。樊於期将军也不含糊，了解了荆轲的意图之后，“偏袒搤捥”，说：“此臣之日夜切齿腐心也，乃今得闻教！”自刭，以成全荆轲。还有就是那位陪伴着荆轲慷慨歌燕市、为“风萧萧兮易水寒”击筑伴奏的高渐离，秦灭六国后，他隐藏了起来，后在赵国的宋子做庸保，闻人击筑而技痒，最后被秦始皇召入宫。有人认出他是高渐离，秦始皇爱惜他的技艺，弄瞎了高渐离的眼睛。最后高渐离用灌了铅的筑，投向秦始皇，秦始皇又被吓了一跳，“终身不复近诸侯之人”。早就有学者看出，司马迁写这样一个尾声，是文字的一种结尾法，让荆轲刺秦的壮举余音袅袅。

与秦势不两立，这些人真可谓枯木朽枝齐努力，怒振的螳臂，对历史的改变作用不大，可是血性生命的气概万古长存。刺秦、击秦，都是螳螂发怒的举动，司马迁是十分清楚的。本传中燕国太傅鞠武对燕太子接纳保护樊於期的劝谏，就清楚地表明了这一点[①]。正是因为爱惜那些知其不可为而为之者的气概，司马迁才用那样多情的笔墨，渲染了荆轲告别时的悲壮的场景，“风萧萧兮”，是为壮士送别，又不啻是对整个东方寒气袭人景象的宣示。在历史的大山向东倒塌的时候，“风萧萧兮”中一位壮士毅然一往无前地西行刺秦，是何等的气吞万里！司马迁就是要为这样的生命留影，为之树碑立传。这样写史书，试问古今中外有几个？

---

①不过，鞠武“愿太子疾遣樊将军入匈奴以灭口。请西约三晋，南连齐、楚，北购（联合）于单于，其后乃可图”的话，完全是不着边际，因为这时候，秦兵已经兵临易水，早就来不及搞什么与他国联合的事了。不过，他对太子丹派刺客之举为“委肉当饿虎之蹊也，祸必不振矣”的批评是对的。

第十八讲

权力磁场下的扭曲

——读《魏其武安侯列传》

就文学而言，《史记》的“当代”部分，写得最为精彩。

前面说过，《史记》的书写笔致可粗分为两种：一种是“网罗天下放失旧闻”“整齐百家杂语”，即利用已有的史料编纂《史记》，史家的用心寄寓在编纂之中；另一种则基本是创作，即有些人物、事件的文献，就生成于司马迁（可能还有司马谈）之手。就《史记》的“成一家之言”而论，后一种书写最有神采，最“司马迁”，甚至可以说最深刻。

这后一种笔致，有时也见于《史记》“网罗”“整齐”的那些传记，如《赵世家》中关于“孤儿”的故事。但整个的《赵世家》，还是依据了《左传》《国语》或类似传世文献，其他像《周本纪》以前的本纪，西汉几位功臣世家之前的世家，以及秦以前春秋、战国时期的功臣列传，司马迁也基本上是大段依据他所能看到的传世文献，间或加一些传闻。大体从秦汉之际开始，不论是本纪还是世家、列传，后一种笔致的分量增大。当然，前一种写法，在司马迁所“生成”的这部分篇章，也同样存在，如《曹相国世家》中对曹参战功的叙述，依据的就应该是“功劳簿”一类的现有文献。总体上，由于时间距离近，可以采撷的现成文献就少了许多。项羽攥着拳头说“彼可取而代也”，这件事能见于哪部由专业人士写成的文献呢？应该就是传闻。当然，也可能在陆贾的《楚汉春秋》中就记录过。这样说，其实也没有什么证据，因为《楚汉春秋》散佚，留下的是只言片语，难以取证。好，就算《史记》在项羽的事情上有《楚汉春秋》为依据，那么李斯见厕所老鼠，又见粮仓老鼠，因而兴发学仓中鼠的志向，这事似乎已脱离了《楚汉春秋》的叙事范围吧？该是据传闻吧？像《曹相国世家》中汉家相国与属下喝酒“不作为”的奇特“行政”，功劳簿应该是不会记的，其他的文献记录的可能性，猜测也不会太大。如此，也该是故老相传的美谈吧？

有文献依据，剪裁编写需要史家的见识，写“近代”及“现当代”史，身处其中，需要的是经历、体验，特别是对生活的洞察，以及对正在悄然发生的历史走向的判断，这些正见出司马迁历史家、思想家的深度与高度，及其思维的敏锐。至于文学方面，也是在这些篇章中显示了司马迁伟大作家的实力。

《魏其武安侯列传》就是这样的篇章。

一、合传“合”出的意味

《史记》的列传，有合传一类，如《老子韩非列传》《屈原贾生列传》等，虽然传主隔着数百年，但为一类人。有些合传如《张耳陈馀列传》，就是同时期的两人，传记写他们在大动荡的年代如何由莫逆之交变成誓不两立的仇人。主题因合传越发分明。《魏其武安侯列传》也是这类合传，笔者以为是《史记》里合传最妙的。不仅如此，在整个列传系统中它也堪称代表作。

《魏其武安侯列传》写汉武帝初期两位宰相的事。魏其（jī）侯为相早几年，武安侯晚点，但两人是前后相继，又都是皇亲贵戚。传主之一的魏其侯窦婴，是汉文帝皇后窦太后堂兄弟之子，即窦太后的侄子。另一位传主武安侯田蚡（fén），则是汉景帝皇后、汉武帝的母后王皇后同父异母的弟兄。两位的后台都硬得很，只是岁月流逝，一位势头正旺盛，一位已经过气。两人的纠缠，就发生在这权势的此消彼长中。要论事业功勋，魏其侯有一些是在平定“七国之乱”时建立的。他奉命带兵镇守洛阳，监视齐赵兵，以此封侯。说有多大功勋，也谈不上，办事没有洒汤漏水，也是才干，重要的是证明他作为外戚曾很受信任。

田蚡就基本上一点功勋都没有了。没有什么功勋也能封侯，这是窦太后倡导、汉武帝开始实行的。窦太后娘家是赵国的穷人，有个弟弟在窦太后进宫时与姐姐失散，后来才团聚。汉文帝、景帝都还遵守着刘邦非刘氏不王、无功者不侯的老规矩，所以窦家兄弟未得爵位。窦太后因觉得自己对不起娘家人，就劝景帝封王皇后的家人，景帝好像没有照办。汉武帝上台后，王家人、连不姓王的王家人，也受封为侯了。这就是田蚡封武安侯的来历，全靠的是他与王皇后同母的关系。

汉武帝建元六年窦太后死，魏其侯的相业就结束，王皇后的兄弟马上上台，一朝天子一朝臣，得势的外戚家族要换换姓氏了。司马迁对两人的态度分别十分明显，他很讨厌田蚡，因为《魏其武安侯列传》中写到武安侯时说他“貌寝”，就是长相上偷工减料，不成个样子。萝卜干瘪，却生在好垄上，丑陋的田蚡，无功勋也可以做宰相，而且为相后十分张狂。这都是司马迁讨厌他的地方。可就是这样的“貌寝”之辈，可以把魏其侯弄死。这一点，正是司马迁要将两人“合传”的原因。

就是说，论事功、论操行，两人都难以单独列传。“将相表”或“名臣表”就可以装他们，尤其是田蚡。之所以合传，是因为两人事功上不是很灵，互斗却弄得有声有色，戏剧性强，司马迁的合传，“合”的不是他们的相类，而是相斗。他们相斗，能较好揭示汉帝国权力上层生态。先后相继的两位宰相，可以不往一块凑合，不发生你死我活的争斗，可事情就不可避免地发生了。合传的妙处就在于，经由记述传主的厮咬以至死亡，来解释汉帝国权力社会的某种晦暗的现实。

到底是什么东西在“媒孽”两人呢？抽象地说就是权力，是权力社会所特有的足以令人扭曲的磁场。可是，磁场的作用，总得表现为具体的人，于是在这篇合传中，就又夹了一个人，那就是“骂坐”的灌夫。常言道：不怕有坏事，就怕有坏人，灌夫就是两位汉家宰相纠缠厮咬的搅屎棍子。当然，在这个故事当中，王朝的两位宰相，牵扯着两大家族，甚至将皇帝、太后都牵扯进来了。一个当权，一个过气，又连带出了官场的世态炎凉。二人的争斗本身，可以说甚是无谓，可争斗形成的政治旋涡，彰显出来的晦暗现实，还真不简单。

二、“沾沾自喜”魏其侯

《魏其武安侯列传》是从魏其侯开始的，写他与窦太后的关系，以及早期的官运。上面说过，魏其侯最大的功劳是吴楚“七国之乱”时帅军驻守荥阳，以此得封魏其侯（封地在今山东省临沂市市区东南）。此后的一段时间，“诸游士宾客争归魏其侯。孝景时每朝议大事，条侯、魏其侯，诸列侯莫敢与亢礼”。条侯就是周亚夫，平定“七国之乱”的主帅。后来不久，条侯被汉景帝以欲加之罪饿了数日，给治死了，于是军功老臣在朝的也就只有魏其侯硕果仅存。但是，汉景帝并没有任用魏其侯继周亚夫而为相。直到桃侯刘舍为相数年死去，窦太后觉得窦婴还不被提升为人臣之首，亏待了自己的侄子，就向景帝吹风。吹了几次皇帝都不应声，直到最后皇帝很不耐烦，对母后说："太后岂以为臣有爱（吝惜），不相魏其？魏其者，沾沾自喜耳，多易。难以为相，持重。""遂不用，用建陵侯卫绾为丞相。"汉景帝还真有些知人之明，魏其侯确实有点"沾沾自喜"。不过，这话在汉景帝是贬斥，可读者就不能全按汉景帝的意思理解。这四个字，也可以理解为魏其侯为大臣的一个显著弱点：抗上。魏其侯有些恃才傲物，有时挺不识时务。这在《魏其武安侯列传》中是有交代的。

窦婴因为与窦太后的关系，最初的官职是詹士，负责太子家的事情，这不是前景广阔的位子吗？可他很快就得罪了窦太后。窦太后这个人，干预政治，只是因为她无吕太后那样的手段和时机，才没有酿成朝廷的大麻烦。汉景帝现在是皇帝，接班的自然应该是汉景帝之子，可是老太后也像许多家庭妇女一样，爱老疙瘩、小儿子，就想着让汉景帝之弟梁王为储君。有一回汉景帝喝了点酒，随口说了句："千秋之后传梁王。"说这话，汉景帝只是想逗窦太后开心，可是"太后驩（huān，欢）"，窦太后当了真，认真地高兴了起来。弄不好，这可就要出岔子了。幸好窦婴站出来，"引（持，举）卮酒进上，曰：'天下者，高祖天下，父子相传，此汉之约也，上何以得擅传梁王'"？这话在理，可就是不计自己的后果，"太后由此憎窦婴。窦婴亦薄其官，因病免"。结果《史记》交代得很清楚，窦太后很生气，而窦婴不但不想主动挽回与姑母的关系，居然赌气辞官。读到这，所谓的

“沾沾自喜”表示什么，可大体摸到点边际了。窦婴居然辞官，窦太后很生气，“太后除窦婴门籍，不得入朝请”。“门籍”就是入宫门的登记，去掉名字，就无法入宫。姑侄两位，都够倔强的。赌气、倔强，是魏其侯“沾沾自喜”性格的核心。

窦婴的机会来自“七国之乱”。“孝景三年，吴楚反，上察宗室诸窦毋如窦婴贤，乃召婴。婴入见，固辞谢病不足任。太后亦惭。于是上曰：‘天下方有急，王孙宁可以让邪？’乃拜婴为大将军，赐金千斤。婴乃言袁盎、栾布诸名将贤士在家者进之。所赐金，陈之廊庑下，军吏过，辄令财取为用，金无入家者。窦婴守荥阳，监齐赵兵。”七国造反了，皇上找不到可用又可靠的人，就想到了窦婴。沾沾自喜的窦婴，不失时机地拿乔，让姑母低头。姑母低了头，那是因为“七国之乱”是刘家人打刘家人，是堂亲作乱，只有用表亲。这样窦婴算是又有大的机会。本来姑侄之间也没什么大仇大恨。窦婴上位之后的做派，就显得很大方，推荐贤人，金钱不私，公诚而得人。这是窦婴性格最亮堂可取的一面，也是他顺毛驴性格在顺风头时的表现，挺有样子的。不过，窦婴沾沾自喜的毛病并无改善，为了争栗太子的事，与周亚夫同一条阵线，又与皇帝杠上了。

栗太子叫刘荣，为栗姬所生，汉景帝一度立其为太子。窦太后生的大长公主刘嫖，想把自己的女儿嫁给刘荣，将来做皇后，可刘嫖在皇帝身边安排了不少妃妾，她们跟栗姬争宠作对，栗姬很讨厌刘嫖，就拒绝了。这还了得，后果很严重。千年来，家庭的痼疾是姑嫂不合，还要影响到婆媳闹气，大长公主说栗姬的坏话，栗姬的地位就不保。同时，刘嫖把女儿给王夫人——就是汉武帝的妈做儿媳，人家王夫人痛快答应。闹来闹去，栗姬及其儿子的大位就没了。更糟糕的是刘荣由太子变成临江王后，又被找了什么茬子，最后被酷吏郅都逼死。汉景帝对魏其侯还是很照顾的，栗太子被立后，魏其侯为太子太傅，不论是为太子还是为自己，魏其侯都会争的。魏其侯与条侯周亚夫站在一起争，最后还是没有争过皇帝，或者皇帝也拗不过窦太后、大长公主。于是魏其侯就闹气性："魏其数争不能得。魏其谢病，屏居蓝田南山之下数月，诸宾客辩士说之，莫能来。"就是关起门来在蓝田休养，谁也不见。这是属于没城府了。有位叫高遂的来点拨魏其侯，说："能富贵将军者，上也；能亲将军者，太后也。今将军傅太子，太子废而不能争；争不能得，又弗能死。自引谢病，拥赵女，屏闲处（躲开赋闲）而不朝。相提而论（联系在一起考虑），是自明扬主上之过。有如两宫螫（怒）将军，则妻子毋类矣。"意思是说你魏其侯假装生病，明摆着是在向人显示皇帝和太后做了对不起你的事。可让你富贵的人正是他俩，你这不是在干踩老虎尾巴的勾当吗？这段话，让魏其侯猛醒。从中也可以看出魏其侯性格的另一个特点：直而浅。争是性格直，争不出结果，就闹气性，忘了自己是谁，这不是浅吗？王朝公卿大人物，也不过如此。这与刘邦、萧何、周勃、曹参那些人要差多少呢！堂堂国家高官心胸智量如此，应该是司马迁有意要加以表现的。貌似小事情，其实却可以见出某些王朝政治的本质。斗筲在位，国家大政方针又能怎样。听了高遂的话，魏其侯继续上朝。

总之，汉景帝在时，因为知道魏其侯性格的弱点，始终没有给他当宰相的机会。也是因为经历上述种种，汉景帝才有"沾沾自喜"的点评，令整个前半段对魏其侯的叙述亮堂了起来。

三、魏其、武安的升沉

魏其侯的人生顶峰在汉武帝继位、窦太后还在世的那几年。也就在这几年，武安侯冉冉升进，地位迅速与魏其侯持平。原本田蚡算老几？“魏其已为大将军后，方盛，蚡为诸郎，未贵，往来侍酒魏其，跪起如子姓。”用现在的话说，就是当年田蚡在窦婴面前跟孙子似的。如今不同了，武安侯得意得一塌糊涂。汉武帝一继位，武安侯就准备与魏其侯较量权势的架子：“卑下宾客，进名士家居者贵之，欲以倾魏其诸将相。”而魏其侯的宾客也像海潮随着月亮升落变化一样，滚向权力的那一边。现在武安侯是权力磁场的中心。不过，新皇帝登基，窦太后还在，武安侯本来想当宰相的，经一位叫作籍福的开导，说魏其侯“其贵久矣，天下士素归之”，所以，要压倒窦婴等将相的势力也得采取点策略，适当的谦让，还是有利的。籍福实际是看到了窦太后在，魏其侯还有能力压制武安侯。武安侯也不傻，于是魏其侯终于做了丞相，武安侯则做太尉，掌握军权，实际地位是一样高的。

两个人的合传，一开始先交代魏其侯的前半段，之后又交代田蚡的身世、起家过程，在这篇传记的文势上说是“开”。如今两人一为丞相，一为太尉，两代外戚同殿称臣，文势上这就是“合”。而且两人在一个重大问题上想法一致，就是要帮助新皇帝尊崇儒术。《魏其武安侯列传》这样说：

> 魏其、武安俱好儒术，推毂（gǔ，推举）赵绾为御史大夫，王臧为郎中令。迎鲁申公，欲设明堂，令列侯就国，

除关（即取消关门之税），以礼为服制（什么等级的人穿戴什么样的服装佩饰），以兴太平。举適（举证过错）诸窦宗室毋节行者，除其属籍。时诸外家为列侯，列侯多尚公主，皆不欲就国，以故毁日至窦太后。太后好黄老之言，而魏其、武安、赵绾、王臧等务隆推儒术，贬道家言，是以窦太后滋不说魏其等。及建元二年，御史大夫赵绾请无奏事东宫，窦太后大怒，乃罢逐赵绾、王臧等，而免丞相、太尉，以柏至侯许昌为丞相，武强侯庄青翟为御史大夫。魏其、武安由此以侯家居。

应该说，魏其侯、武安侯在位合作，是承继着十七岁继位的汉武帝意志来的。崇儒术，兴礼制，都是汉武帝的理念，收拾一下不守规矩的皇亲国戚们，也应该是新皇帝要做的。然而，这些人知道现在朝廷中谁是真正的一把手，于是这一大拨的既得利益者群集在太后旗下。终于因御史大夫上言“无奏事东宫”惹翻了窦太后，发动了一场不大不小的政变，摘掉了魏其侯、武安侯推荐的儒生，两人也因此被罢免回家。就史的价值而言，这件事是这篇合传最大的事件。两位的“合作”到此为止，两位的合传至此也告一段落。

武安侯被罢免是一时的，因为新一代外戚王家势力旭日初升，魏其侯就不同了，得罪了老太后还不是最要命的，要命的是好黄老养生之术的老太后到底还是在建元六年，也就是汉武帝登基后的第六年归了道山。在政治上，魏其侯也就像太阳落山，再也没有机会了。一升一降，两位的传记又“开”了。

四、灌夫登场

既然已经不在其位，善于自处，也能生活，可是，权力扭曲的力量在魏其侯身上显示作用了：他非要巴结武安侯不行。《魏其武安侯列传》说："魏其失窦太后，益疏不用，无势，诸客稍稍自引而怠傲，唯灌将军独不失故。魏其日默默不得志，而独厚遇灌将军。"失了权力，大批的门客散去，魏其侯深感寂寞。这时候，那位灌夫就隆重登场，出现在魏其侯的生活中了。

这位灌夫也是上层人物。《魏其武安侯列传》对他的家世作了交代，他本姓张，父亲张孟，颍阴人，因父亲做开国功臣颍阴侯灌婴的舍人，也就姓了灌。吴楚"七国之乱"时，新一代的颍阴侯灌何要参加平叛，死活要带上已经老了的灌孟，因为灌孟有作战经验。灌孟很不情愿，既然如此，战场不出力也就罢了，灌孟不是，他要死给颍阴侯看："郁郁不得意，故战常陷坚，遂死吴军中。"这是家臣反抗主子的范儿。由此一个死倔死倔的老头子的面目也异常清晰。死倔的脾气秉性传给了灌夫。灌夫当时也在战场，可以因丧回家，灌夫不干，"募军中壮士所善愿从者数十人。及出壁门，莫敢前。独二人及从奴十数骑驰入吴军，至吴将麾下，所杀伤数十人。不得前，复驰还，走入汉壁，皆亡其奴，独与一骑归。夫身中大创十余，适（恰好）有万金良药，故得无死。夫创少瘳（略微痊愈），又复请将军曰：'吾益知吴壁中曲折，请复往。'将军壮义之，恐亡夫，乃言太尉，太尉乃固止之。吴已破，灌夫以此名闻天下"。可谓有万夫不当之勇。灌夫也是血性汉子，就是做不好官。

颍阴侯推举灌夫去做郎中将，没多久，就犯了点什么事，回了家。他游手好闲，整天游走于公卿之间。汉武帝初期，又做过一阵子淮阳太守，之后调入中央为太仆，进入九卿级了。又没过多久，灌夫与长乐宫的卫尉窦甫喝酒，几句话不合，发酒疯就把窦甫打了。窦甫是窦太后家的人，汉武帝怕老太后收拾他，赶紧调他为燕国相。还是没多久，灌夫又犯事了。这次彻底丢了官。正好，魏其侯也没了官职，政治前途暗淡，需要有人互相安慰，于是灌夫就成了魏其侯家的常客。

写到这里，《史记》又交代了灌夫性格的另一面："灌夫为人刚直使酒，不好面谀。贵戚诸有势在己之右，不欲加礼，必陵之；诸士在己之左，愈贫贱，尤益敬，与钧。稠人广众，荐宠下辈。士亦以此多之。"不好面谀，就是不当面奉承人，或者说好当面揭人短，叫人下不来台。他对贫贱者卑，对有势者陵，截然两分，黑白分明，看上去很仗义，可是对在上者为什么要"必陵之"？一个"必"字，反而见出他对权力的看重，"必陵之"其实是迷恋权力导致的心理变态。看上去一副无惧权贵的样子，其实一种故作的姿态，拿架势。这样脾性糟糕的人，魏其侯也交。没办法，魏其侯现在的心理也扭曲得很，心烦意乱，正需要灌夫的安慰。《魏其武安侯列传》这样写道："魏其侯失势，亦欲倚灌夫引绳批根生平慕之后弃之者。[1]……其游如父子然。相得欢甚，无厌，恨相知晚也。"细品这几句话，异常的句法，形容两个失势的人，臭味相投，烂韭菜不拆捆儿，很有意思。

---

①这句话很特别，"引绳批根"就是衡量、评判，整句话的意思就是谩骂那些因魏其侯失势而冷落魏其侯的人。

魏其侯与灌夫情好日密，武安侯知道。以他的权势，身边自然少不了传递各种消息的人，武安侯对此还多少有点不是味。灌夫在公卿中那副故意拿出的架势，很得公卿们喜欢。田蚡吃点醋，就是因为这个。某天灌夫到武安侯这里来，武安侯无聊，就开了个小玩笑，说："吾欲与仲孺过魏其侯，会仲孺有服。""仲孺"是灌夫的字，"有服"是当时灌夫的姐姐去世，要丧服。这话原本只是想戏弄一下灌夫，因他与魏其侯走得太近，借此敲打他。不承想，"必陵之"的灌夫却拿着棒槌纫针（认真），想多了。赶紧接住话茬，说："将军乃肯幸临况魏其侯，夫安敢以服为解（推辞）！请语魏其侯帐具（准备请客的用具），将军旦日蚤（早）临。"田蚡随口一说，灌夫就马上当真。

魏其侯也很当真，当年"跪起如子姓"的武安侯，当朝宰相要来家里，多荣耀。老两口子赶紧擦家具扫房，从头一天一直忙到第二天中午已过，就是不见武安侯的影儿。魏其侯怀疑灌夫是不是听错了话，灌夫说了一句："夫以服请，宜往。"话语间把灌夫大尾巴狼的劲头表现得很足："我灌夫身穿孝服，请他来吃饭，应该要来。"灌夫自视太高了，在他武安侯眼里，你穿着孝服就算棵葱？可他灌夫就这样想。最后是灌夫跑到武安侯家里去请，武安侯早就忘了，在床上高卧。有人请吃饭，武安侯还是高兴前往的。酒肉吃喝，大家尽欢而散。其实整件事，灌夫、武安侯，还有魏其侯，都很无聊。魏其侯、灌夫的无聊背后，是在权势面前的卑下。

无聊也就罢了，还有其他事。既然你魏其侯请我田蚡吃饭，明摆着是要巴结我。田蚡觉得，既然要巴结就得出点血呀。于是他派籍福来给过气老宰相带话，要魏其侯把城南的田送给他。

"魏其大望（失望加怨恨）曰：'老仆虽弃，将军虽贵，宁可以势夺乎！'不许。"过气宰相巴结田蚡，是要得到点好处，可是一顿饭换来的是欺凌，魏其侯好失望。灌夫知道此事，嫌事情不够大，找到籍福那里，痛骂一顿。在整个魏其武安厮咬的故事中，籍福都是个和事佬，和稀泥。《魏其武安侯列传》说，挨了骂的籍福，"恶两人有郄（嫌隙），乃谩自好（自编了一套好话）谢丞相曰：'魏其老且死，易忍，且待之'"。但武安侯还是从他人那里知道了魏其侯的不满、灌夫的怒骂，就恶狠狠地说："魏其子尝杀人，蚡活之。蚡事魏其无所不可，何爱数顷田？且灌夫何与也？吾不敢复求田。"武安侯由此大怨灌夫、魏其侯，无聊生事，两方原本可无纠缠，现在反倒结了梁子了。

田蚡很快实施报复，朝灌夫下手。原来灌夫家族在颍川很豪横，鱼肉乡民，因此当地有"颍水清，灌氏宁；颍水浊，灌氏族"的歌谣流传。武安侯现在要以伸张正义为名整治灌夫，"丞相言灌夫家在颍川，横甚，民苦之。请案。上曰：'此丞相事，何请。'灌夫亦持丞相阴事，为奸利，受淮南王金与语言。宾客居间，遂止，俱解"。为了把事情做得漂亮，让别人说不出什么，田蚡还把灌夫的事上奏皇上。结果，却不如田蚡所料。灌夫有问题，可武安侯的屁股也不干净，有把柄攥在灌夫手里。权衡利害，武安侯只好暂停案件，再等机会。其中"受淮南王金与言语"句说的是武安侯与淮南王刘安勾结的事。汉武帝当时还没有立太子，淮南王朝觐京师，武安侯答应帮忙运作，帮淮南王当储君，并接受了淮南王贿赂。灌夫知道此事，武安侯不能对他下手。武安侯死后，此事被汉武帝知道，说了一句："使（假使）武安侯在者，族矣！"

五、灌夫“骂坐”

笔者还在读中学的时候，看冯其庸等前辈选注的《历代文选》，其中就选了《魏其武安侯列传》。编者解释说，这篇文章的特点是网络状结构，就是魏其侯、武安侯和灌夫，三条人生线索交织。说得很好，令人印象深刻。确实，三个人原本互不相干，过气的，当位的，有阳关道，有独木桥，不一定非要往一起凑合，死磕在一起。可是，一种力量的作用，却将三人推向了碰撞厮咬。

田蚡要治灌夫罪而不得的事情过去不久，当朝丞相鸿运当头，锦上添花，娶燕王（刘泽）之女为夫人。王太后将老弟的婚礼办得风光，下诏“召列侯宗室皆往贺”。魏其侯自然也在被邀请之列。他很犯难，就召灌夫，要他陪着自己去。灌夫这次显得很懂事，推辞：“夫数以酒失得过丞相，丞相今者又与夫有郄（隙）。”可魏其侯却说：“事已解。”灌夫勉强与他同去。这次先犯糊涂的是魏其侯。过气的官员参与这种场合，人情冷暖，最令人难堪。所以，魏其侯不惜冒点危险，也要让灌夫陪自己去。这样的细节，若按一般的理解，其历史价值有多大？可是，就这样小小的世态冷暖，却可以卷起朝廷一阵子闹腾，甚至还要死人。权力代表利益，而利益有许多方面，含着许多深细隐微的东西。在人群的中心，热闹地被人捧着，这就是人上人的感觉，很诱人。有权位在，这些就在，没了权位，这些就冷淡。平头百姓对此可以没什么感觉，可魏其侯这样的过气人物，在这种场合上被冷淡，比家里缺了米粮还可怕。所以，魏其侯明知带灌夫去会出事，还是要带，就是因为他有恐惧。

结果果然出事了，这就是著名的“灌夫骂坐”。这件事，《魏其武安侯列传》是这样写的：

> 饮酒酣，武安起为寿（即给大家祝酒），坐皆避席伏（离开坐着的席子趴在一边）。已魏其侯为寿，独故人避席耳，余半膝席（身体抬起来，膝盖还在席子上）。灌夫不悦。起行酒，至武安，武安膝席曰：“不能满觞。”夫怒，因嘻笑曰：“将军贵人也，属（劝饮）之！”时武安不肯。行酒次至临汝侯（灌婴的孙子，比灌夫辈分小），临汝侯方与程不识（汉武帝时的公卿，曾与李广一起带兵打匈奴）耳语，又不避席。夫无所发怒，乃骂临汝侯曰：“生平毁程不识不直一钱，今日长者为寿，乃效女儿呫嗫（tiè niè，嘀嘀咕咕）耳语！”武安谓灌夫曰：“程李俱东西宫卫尉，今众辱程将军，仲孺独不为李将军地（留余地）乎？”灌夫曰：“今日斩头陷匈（胸），何知程李乎！”坐（酒席座位上的人）乃起更衣（更衣，上厕所的雅称），稍稍（一个个地）去。魏其侯去，麾（挥手）灌夫出。武安遂怒曰：“此吾骄灌夫罪。”乃令骑留灌夫。灌夫欲出不得。籍福起为谢，案灌夫项令谢。夫愈怒，不肯谢。武安乃麾骑缚夫置传舍，召长史曰：“今日召宗室，有诏。”劾灌夫骂坐不敬，系居室。遂按其前事，遣吏分曹逐捕诸灌氏支属，皆得弃市（尸体抛弃在市井）罪。魏其侯大愧，为资使宾客请，莫能解。武安吏皆为耳目，诸灌氏皆亡匿，夫系，遂不得告言武安阴事。

这是一段极精彩的文字，是与《项羽本纪》巨鹿之战写楚军、鸿门宴表樊哙闯帐一样惊心动魄的文字，绘声绘色，全是小说手法，而且极有次第。先是写灌夫见大家尊重当朝宰相，却怠慢前任宰相魏其侯（离席伏地，是极为尊重对方的表现），就大为光火，专找武安侯的茬儿。好像是嫉恶如仇，其实是对世态炎凉的敏感，敏感到一触即发，并迅速升温到发神经的地步。然后就是大骂临汝侯，临汝侯正在与程不识交谈，程不识是与李广同辈的名将，灌夫“生平毁程不识”的话，也实在骂得令人难堪，既当众揭临汝侯的脸皮，也捎带地蔑视了程不识。武安侯觉得这是好机会，就往坑里引灌夫，说“辱程将军”是不为李广将军留余地。这明显是诱导，灌夫还是往里钻。司马迁好像当时就在场，写座上的客人见势不妙开溜，特别细致出彩的是魏其侯已经嗅到了危险的气味，先离席，然后“麾灌夫出”，即用胳膊肘示意灌夫赶紧离开。这个细节太传神了。不想，魏其侯的这个动作，恰好被田蚡瞥见，事态变得更加严重。武安侯来了一句：“此吾骄灌夫罪。”意味深长。表明武安侯主意已定，弄灌夫，也要带上魏其侯。站在上风的武安侯马上拿出皇太后下诏说事，顺便给灌夫安了一个“不敬”的罪。这一下，武安侯终于等到机会，控制了灌夫，自己在他手里的把柄也就失了效，正义就彻底落到自己手里。灌夫的家族党羽被捉拿归案。当时苦大仇深的颍川人民，真的是忽然来了一个大瓜可吃啊。

每读这样的文字，深感史家的伟大。历史难道只是英雄业绩，英雄行为？世态、心态、情态，不也是在过去时空中真实发生的吗？它们关乎人生存在，不是更切近吗？在西汉所谓最强盛的时代，“骂坐”看似小小雨滴落下，小小叶片坠地，可是，这小小雨滴、小小落叶，就像一只苹果落地背后有大的自然法则与原理一样，映现出那个时代一些重要的东西。魏其侯不敢单独去贺婚，灌夫见人不尊重魏其侯而发飙，映现的就是权力社会某些最本真的面相。这一场大聚会座位上的达官贵人，其中可有真正的人？全是权力磁场中的摇摆不定的道具。

六、东朝廷的辩论

到这时，魏其侯性格中那点正面的东西复活。“魏其锐身为救灌夫。”夫人拦住，提醒他这是没希望的救助。“夫人谏魏其曰：‘灌将军得罪丞相，与太后家忤，宁可救邪？’魏其侯曰：‘侯自我得之，自我捐之，无所恨。且终不令灌仲孺独死，婴独生。’”“沾沾自喜”中的硬挺挺要素重新起作用。史家书写，好恶自在不言之中，这一小段就是好例。可是，既有今日，何必当初，要不是当初巴结武安侯，何至于此？权力的诱惑，真可让人迷失。魏其侯趁夫人不注意，直接找了皇帝说灌夫的事，强调灌夫喝醉了骂人，不能因此就被杀头。汉武帝原本就不是糊涂人，灌夫的那点酒德，他也早就知道，认为魏其侯说得对。可是，武安侯是谁？娘亲舅大，皇帝也有老妈在头顶上，不能擅作主张，就说：“东朝廷辩之。”东朝廷，是王太后的住所，也就是长乐宫。

东朝廷之上，唇枪舌剑。“盛推灌夫之善，言其醉饱得过，乃丞相以他事诬罪之。”魏其侯强调“他事”，可最厉害的“他事”又不能说，说也是一面之词。武安侯的言辞更险恶：“天下幸而安乐无事，蚡得为肺腑，所好音乐狗马田宅。蚡所爱倡优巧匠之属，不如魏其、灌夫日夜招聚天下豪桀壮士与论议，腹诽而心谤，不仰视天而俯画地（这句是说两人观察时局，谋划造反），辟倪（斜着眼观察）两宫间（两宫廷，皇帝和太后），幸（盼着）天下有变，而欲有大功（获得江山之类）。臣乃不知魏其等所为。”田蚡直接就说魏其侯、灌夫整天搅合在一起，是串通谋反。虽然很是无赖，却糊弄不了汉武帝。廷辩结束，武安侯埋怨御史大夫韩安国没有像事先约定的那样配合他整魏其侯，韩安国冷冷地说，你两位的争辩是“今人毁君，君亦毁人，譬如贾竖女子争言（像小摊贩、小男女街头吵架），何其无大体也”！武安侯脸红，说：“争时急，不知出此。”他就这两把刷子。

其他大臣，因为不是当事者，要冷静得多。《魏其武安侯列传》首先录的是御史大夫韩安国的发言：

> 魏其言灌夫父死事，身荷戟驰入不测之吴军，身被数十创，名冠三军，此天下壮士，非有大恶，争杯酒，不足引他过以诛也。魏其言是也。丞相亦言灌夫通奸猾，侵细民，家累巨万，横恣颍川，凌轹宗室，侵犯骨肉，此所谓“枝大于本，胫大于股，不折必披”，丞相言亦是。唯明主裁之。

御史大夫是仅次于宰相的官职，且主要负责纠察百官，他的发言很重要。韩安国不愧为官场老手，知道这次辩论是说给谁听的，于是采取“两边说”的方法。先说灌夫对国家有功，喝酒骂人，不应该就牵连他事治他死罪。这里暗含的机锋是“引他事”，基本就是说武安侯以喝酒骂人抓灌夫不合理，有私心。同时，另一边，他又承认武安侯的道理，就是灌夫实在是恶贯满盈，要治他死罪，宰相也是有理的。两边说的厉害在于，皇帝皇太后都不傻，会听清楚：武安侯有官报私仇之嫌。韩安国之外，认为魏其侯有理的，是主爵都尉汲黯。这是一位耿直之人，在王太后面前敢明确表态的，大概也只有他。内史郑当时先是觉得魏其侯对，后来又不敢坚持。其他人都不说话。“上怒”，骂郑当时：“公平生数言魏其、武安长短，今日廷论，局趣效辕下驹，吾并斩若属（你们这些人）矣！”然后愤然离开，去伺候太后。皇帝骂群臣的言语，很像灌夫骂临汝侯，汉家君臣都不讲嘴德。

年轻时读这段文字，站着说话不腰疼，觉得汉朝大臣没有是非，没骨头。阅历多了一点，才觉得韩安国“两边说”，其他人不说话，甚至郑当时不敢坚持，比较而言，都不能算没风骨。东朝廷辩论，是讲给王太后听的。《魏其武安侯列传》交代得清楚：“太后亦已使人候伺，具以告太后。”多数的大臣不说话，王太后应该体会得到，自己的弟弟不大得人心。沉默，就已经很清楚地表明态度了。以敢于坚持真理的圣贤标准衡量，固然不足，可那是求全责备。管住自己的嘴，不硬是黑了心地去逢迎谄媚，其实挺难的。

犯难的岂止大臣，皇帝在老妈面前也难应付。整个辩论，太后都知道。“太后怒，不食，曰：‘今我在也，而人皆藉吾弟，令我百岁后，皆鱼肉之矣。且帝宁能为石人邪！此特帝在，即录录（碌碌），设百岁后，是属宁有可信者乎?”这就是王太后，尽管《史记·外戚世家》也写了她，仍是面目不清，反而这段话，令人印象深刻：整个就是一个不讲理，还拿着不是当理说。这在她自然是万分合理，当初顺从刘嫖，自己娘俩取代栗姬、栗太子，不就是为了作威作福？现在是时候了。

太后发怒，皇帝赶紧道歉，说：“俱宗室外家，故廷辩之。不然，此一狱吏所决耳。”这话说得多少有点违心，在老娘面前，原来汉武帝也是“局趣效辕下驹”，不比大臣好一点。这就是汉家“以孝治天下”，其效果就是一切的是非只是随着毫无体面的私人恩怨走。汉惠帝孝顺吕太后，弄了一大帮子吕家人在朝；汉景帝孝顺窦太后，汉家继位法差点被毁掉；还有这位雄才大略的汉武帝，国家的是非，因涉及亲戚，在母亲面前，也是一个无可奈何。皇权多么威严凶猛，可有的时候，就是私家之权，甚至连皇帝的权也不是。皇权无是非，谁大谁说了算。这就是真实的王朝政治，很重要的真实之一种。司马迁写东朝廷之辩，无论其是否有意，都是深刻的。其最深刻之处，就是对皇权自私品质的揭露。

有王太后的态度，魏其侯的命运就定了，对他的事，“诸公莫敢复明言于上”。魏其侯还有自救的行为，他想起汉景帝临终时的事，“孝景时，魏其常受遗诏，曰‘事有不便，以便宜论上’”，于是又使子弟上书皇帝要求见面，结果档案人员查找文件，“大行（皇帝死了，称‘大行’）无遗诏”，罪行更加重了一分。其实他当时的处境就像俗话所说：身子掉到井里——耳朵是挂不住的。元光十二月晦（月三十日为晦）魏其侯“论弃市渭城”。在此之前的五月，灌夫及其族属已经论罪杀头了。

此年春，武安侯也得了怪病，病中“专呼服谢罪。使巫视鬼者视之，见魏其、灌夫共守，欲杀之”。做了亏心事，心里生暗鬼，吓死了。

七、别样的历史书写

《魏其武安侯列传》在《史记》整个列传系列中很独特。它不是在记述人物的事迹、功绩，而是在讲人物的故事。就是说，写人物主要不是写他们在历史事件中做了什么，建立什么功业，起了什么作用，而是写人物之间的关系、矛盾冲突与毁灭，因而展现了西汉王朝最强盛的时期，又可以说是国泰民安时期上流社会的人生情态。作为对历史的书写，它的聚焦点不同。虽然两位传主都是宰相级别，可如前面所言，就他们的功业及历史作用而言，谱入表里也可以。其兴儒术，以及由此引来的窦太后小规模政变，也可以在别处交代。由此可以推测，为他们立传，就是因为他们的纠缠争斗与毁灭。因而，这篇文学性很强的传记，其实是要揭示权力上层的某种生态，揭示在这种生态下人的存在。这是一篇“存在感”强烈的文字。

魏其侯顺风得意的时候体面。失去后台，过了气，还不甘心，又巴结当权者。细想，别人巴结当权者，不外是为了升官发财，可他魏其侯又图点什么？升官？难道他不清楚自己已经没戏？发财？难道几十年的侯爵，还需要以巴结来取富？不为什么，还巴结，也许只是怕寂寞，只是为减少失势后的可怕的冷落。这就是权力社会深层影响人格的问题了。此篇传记了不起的地方之一，就是深入到了这一层。

深层的恐惧迫使过气的魏其侯向权力中心靠近，于是就有宴请武安侯、武安侯索要城南田的事情，上述的事情因果相续，逻辑自然，于是两位外戚有了恩怨。武安侯婚庆，太后有诏，魏其侯则又必然带上惹是生非的灌夫，他有不得不如此的心理原因。是魏其侯的侥幸（因为灌夫不想去，怕武安收拾他），决定了灌夫“骂坐”的发生。又是他的仗义，挺身救灌夫，导致他自身牵连其中，深陷罗网。这些看上去是那样自然，那样因果分明，那样逻辑连贯。两代外戚的争斗，引发朝廷的廷议，又包括皇帝、皇太后在内的许多大人物各有表现。真是飘风起于青萍之末，最终充塞朝堂。故事前后相贯，情节曲折生动，人物表现十分可信。其实就是一篇十分完美的文言小说。小说因为虚构，经常离谱得很，这篇小说表现了严格的现实主义，是现代严肃小说的写法。

正因为这篇列传的传主都不是什么非凡人物，读者获得的不是历史的知识，不是谁在什么时间、地点做了什么事，而是传递生存的感受。王朝大体还没有大战争、徭役，可现实却是这样晦暗，王公大人们就是这样没有出息，最高的上层就是这样毫无是非。这就是距离司马迁很近的争斗，作为历史事件，说不上有什么重大意义，但是，其间人格的扭曲、权力的无情碾压，其实正是汉王朝太平盛世光景下的一个真实的侧面。揭示这一切，或许就是司马迁这篇合传的目的。这并不违背历史，更准确地说，这才是真实历史的揭示。即使在《史记》中，这样的篇章也不多，其他史著就更不用说了。

魏其侯、武安侯都属于寻常人物，不像伍子胥那样极端，与伯夷、叔齐、项羽、刘邦自然没法比，不像商鞅、吴起、张仪以及范雎那样各有其类型，也不像萧何、曹参那样分明，当然也不是张汤等酷吏那样的邪恶。可是两个人的性格却很分明，这有赖于史家有意的塑造，魏其侯沾沾自喜，自恃有才干，有肤浅率意的一面，也有其体面的一面；武安侯就只能凭出身获得富贵与权力。“貌寝”不是他的过，心地不佳、傲慢欺凌就是他要负责的了。这方面《史记》也颇写了一些，比如写武安侯与自家兄长吃饭，要坐在上位，“以为汉相尊，不可以兄故私桡”，把维护汉家地位使在自家兄弟身上，比用手中权力侵夺他人财富还差劲。有点权，弄一些实惠，是俗人为官的常态，在自家人面要威风，就全然是骄狂跋扈、人品次到家的表现了。灌夫貌似蔑视权贵的变态心理，是引发冲突、导致毁灭的直接原因。

这里有一个小人物值得注意，就是反复出现的籍福。他应该是武安侯一系的人，向魏其侯提出要城南田的是他。挨过灌夫的骂，他“谩自好”编些瞎话，目的是和稀泥。在“骂坐”那一场，灌夫被武安侯卫士拿住那一刻，“籍福起为谢，案灌夫项令谢。夫愈怒，不肯谢”。先是替灌夫向田蚡道歉，然后按着灌夫的硬脖子要他道歉，也是为了和稀泥。息事宁人，卑之无甚高论，其实也就是一点庸常的原则。这就是籍福出现在文中的作用，他代表一种很平常的尺度。可是，不就是因为连这一点也做不到，才有当时、过气两位大人物的厮咬吗？有了籍福的身高，两位大人物的矮小，才衬托得更加清楚。

第十九讲

李广难封

——读《李将军列传》

“冯唐易老，李广难封。”一辈子征战的李广，就想封侯，然而汉家没把他的功劳当回事。封侯不得，反而憾恨自杀，李广就是这样一位将军。到唐代的诗人写边塞战争，还是“至今犹忆李将军”。为什么李广就“难封”？为什么这样一位命运多舛的将军，人们又“至今犹忆”？问题挺复杂，说来话长。

一、李将军，“特种兵”或“游击队长”？

说起“李广难封”，人们总会从《李将军列传》所记元狩四年那场直捣茏（亦作“龙”）城的大战中寻找原因：“大将军青亦阴受上（皇上）诫，以为李广老，数奇（jī），毋令当单于，恐不得所欲。而是时公孙敖新失侯，为中将军从大将军，大将军亦欲使敖与俱当单于，故徙前将军广。”这段话有两方面的意思：一是皇帝对李广有看法；二是卫青有私心。一方面，皇帝认为李广“数奇”，在这场战役中不要让李广的坏运气坏了汉家的事。汉武帝的语文也真行，脱口就是个传之久远的新词：“数奇。”“数奇”，就是不偶，就是总赶不到点上，俗话所谓“紧走一步赶上穷，慢走一步穷赶上”，又所谓“贩猪，羊贵；贩羊，猪贵；都贩，骆驼贵”，总之运气差，别人发财上位，只有李广总走背字儿。王维《老将行》：“卫青不败由天幸，李广武功缘数奇。”“数奇”的典故，就出自这里。不过前一句“卫青不败”是错的，应该是骠骑将军霍去病，他打仗不论多险，总会成功。人家就那么踀，李将军在运气上就差多了。另一方面是卫青的私心，他要让公孙敖重新封侯。公孙敖是卫青的救命恩人，当年卫青的姐姐入宫怀孕，大长公主刘嫖为了给自己不孕的女儿陈皇后开路，收拾当时在宫廷当差的卫青，是公孙敖舍命相救，卫青才脱险（事见《卫将军骠骑列传》）。

这的确是李广难封的重要原因，有皇帝的交底，大将军卫青就可以不让李广任此次出战的中将军——中将军是随着主帅走的，李广立功的机会就小了很多，而最终出征的结果是李广迷失了道路，没有赶上茏城的大会战，不但无功，且有失期之罪。

这样讲，很适宜封建统治压制人才之类的论式，就是缺了点揆情度理。笼而统之，对“李广难封”的解释，流于概念化，难以服人。看一看李广束发从军以来，特别是汉武帝大规模打击匈奴以来的战绩，我想任何人都会有“李广是有点晦气”的感觉，李广的确“数奇”。看《卫将军骠骑列传》中的一些记载：武帝元光五年，即马邑之战（这一战全体无功）后的第四年，“卫尉李广为骁骑将军，出雁门：军各万骑。青至茏（龙）城，斩首虏数百。骑将军敖亡七千骑；卫尉李广为虏所得，得脱归：皆当斩，赎为庶人”。这也是一次茏城之战，有为后一次茏城大战探路的作用。就在此次战役中，卫青有斩获，李广却是被活捉，逃归，花钱才赎回了性命。这是其一。其二，在《李将军列传》中记载：“元朔六年，广复为后将军，从大将军军出定襄，击匈奴。诸将多中首虏率，以功为侯者，而广军无功。”要注意文中“中首虏率”四个字，王朝赏赐，是要看斩获头颅的数量，亦即有数量上的规定。其三，“（元朔六年之）后二岁，广以郎中令将四千骑出右北平，博望侯张骞将万骑与广俱，异道。……是时广军几没，罢归。……广军功自如，无赏”。这几次都是大战或较大的战役，封侯机会大，李广却都错过了。看这些记载，任谁都会觉得李广的运气实在差，说他“数奇”，就不能简单地看作汉武帝主观好恶下的臆断，或有意的贬低。与其骂汉武帝不用李广，不如设身处地想一想。元狩四年这次打击匈奴，是与匈奴开战以来最大的一次战役，汉武帝原本不想让李广带兵，是“广数自请行”（即李广数次请求出征），皇帝才勉强答应的。就是说，皇帝实在是觉得李广运气差，年纪也大了，怕耽误大事。如此，皇帝嘱咐大将军不要把李广放在关键位置，是很自然的。卫青用公孙敖，确实是私心，可那不是有意针对李广，[①]是借皇帝嘱咐之便，趁机报答自己人。

说来说去，李广确实“数奇”。汉武帝打击匈奴，封了几十位侯，这在《卫将军骠骑列传》中的记载还是蛮详细的。汉文帝时期，李广就做了武骑常侍，曾显示出过人的英雄本色。《李将军列传》载，汉文帝曾发过这样的感慨：“惜乎，子不遇时！如令子当高帝时，万户侯岂足道哉！”汉高祖刘邦时代难再，汉武帝打击匈奴可是封侯的好机会，然而李将军就是“难封”，这究竟是为什么呢？思之再三，可以从李广个人原因和汉武帝打击匈奴的总体情况两方面来理解。

从李广的个人原因来说，读《李将军列传》的记载可以找到

---

①后来李广之子李敢因此袭击卫青，其实是没搞清缘由。而卫青在被袭之后也并不想声张，后霍去病为卫青出头，射杀李敢。

答案。后一方面的原因，则必须联系司马迁对汉武帝策动的对匈奴战争的总体设想，才可以说清。

《李将军列传》言李广“才气无双”，这毫无问题。可是，就李广所特有的“才气”而言，说他适合做一个统领千军万马的大将军，不如说更适合当一个武功超群的“游击队长”。换言之，李广有着“特种兵”当有的才能，这就是善射，因而李广的胆略也超乎寻常。李广“隐石没羽”的故事很著名，其实，射箭可以射入石头之中，将箭杆上的羽都没入，是夸张，早于李广就有这样的说法。真实的、见于《李将军列传》的李广善射，是汉景帝时李广任上郡太守时的这件事：

> 匈奴大入上郡，天子使中贵人（宦官）从广勒习兵击匈奴。中贵人将骑数十纵，见匈奴三人，与战。三人还射，伤中贵人，杀其骑且尽。中贵人走广。广曰：“是必射雕者也。”广乃遂从百骑往驰三人。三人亡马步行，行数十里。广令其骑张左右翼，而广身自射彼三人者，杀其二人，生得一人，果匈奴射雕者也。已缚之上马，望匈奴有数千骑，见广，以为诱骑，皆惊，上山陈。广之百骑皆大恐，欲驰还走。广曰：“吾去大军数十里，今如此以百骑走，匈奴追射我立尽。今我留，匈奴必以我为大军诱，必不敢击我。”广令诸骑曰：“前！”前未到匈奴陈二里所，止，令曰：“皆下马解鞍！”其骑曰：“虏多且近，即有急，奈何？”广曰：“彼虏以我为走，今皆解鞍以示不走，用坚其意。”于是胡骑遂不敢击。有白马将出护其兵，李广上马与十余骑奔射杀胡白马将，而复还至其骑中，解鞍，令士皆纵马卧。是时会

暮，胡兵终怪之，不敢击。夜半时，胡兵亦以为汉有伏军于旁欲夜取之，胡皆引兵而去。平旦，李广乃归其大军。大军不知广所之，故弗从。

这段文字写了一场小规模战役，由两个小段落构成。读此段文字先要注意的是“匈奴大入上郡”这一句，告诉读者这一次是有其他友军大部队的。小战役的第一段是中贵人闯祸，因为他们从宫里出来找新鲜，对匈奴根本就是“三八赶集、四六不懂”，所以见好就上，不知匈奴何等厉害。一句“必射雕者也”，显示李广行家里手的本色。麻烦的是“射雕者”的不远处，还有数千的匈奴骑兵。面对如此的凶险之境，李将军自有处置。这最见李将军的机智大胆。匈奴“皆惊，上山陈”，李广方面的“百骑”则是“皆大恐”。心里有底的只有李将军，有准确的判断，有应对的办法，因为他对敌人了若指掌。于是“下马解鞍”“射杀胡白马将”等好戏上演。最后有惊无险“归其大军”。战役虽不大，李将军善射，大胆，机智，经验丰富，出奇制胜等特点却显示得十分清晰。可是，若再细想，李广在这场小战役里表现出来的行为，不是大军团作战应有的做派，或者说李广这样的作战方法是不适合大军团作战的。这一次就是明证，将军因对匈奴太了解，所以胆略高强，善于应对，可就是孤军深入，因而与大部队失去联系。元狩四年的大战，李广的罪责是迷失道路，错过会战时机，难道与他的作战特点没有关系？

可是作为一个“游击队长”，李广才是天才的卫国戍边者。《李将军列传》在这方面写得也十分投入，十分传神。如下面所载：“广为人长，猿臂（胳膊长），其善射亦天性也，虽其子孙他人学者，莫能及广。广讷口少言，与人居则画地为军陈（阵），射阔狭（宽窄）以饮。[①]专以射为戏，竟死。……其射，见敌急，非在数十步之内，度不中不发，发即应弦而倒。用此，其将兵数困辱，其射猛兽亦为所伤云。”爱好射箭，是李广一辈子的乐事，最后几句又交代出李广艺高人胆大的长处和短处。而下面的文字，又特别能显示李将军的部队能上下同心的缘由：“广之将兵，乏绝之处，见水，士卒不尽饮，广不近水，士卒不尽食，广不尝食。宽缓不苛，士以此爱乐为用。”这是李广得人心的地方，也是高适“至今犹忆李将军”的原因。要注意的是“忆李将军”的诗句，表达的不是皇帝，不是军中权势者的情感，而是那些冲锋陷阵的士卒的态度。在《卫将军骠骑列传》里，史家还写了另外的将军，那就是少爷出身的霍去病，“其从军，天子为遣太官赍（携带）数十乘，既还，重车余弃粱肉，而士有饥者。其在塞外，卒乏粮，或不能自振，而骠骑尚穿域蹋鞠。事多此类”。一将功成万骨枯，在“骨枯”之前先做“饥者”，是霍骠骑手下士卒的命。《李将军列传》与《卫将军骠骑列传》写的根本就是两类的将军，战功赫赫的卫、霍，朝廷中意，而李广，则只为士卒所爱戴。

能显示李广特殊将才的故事，还有下面的段落：

程不识故与李广俱以边太守将军屯。及出击胡，而广行无部伍行陈。就善水草屯，舍止，人人自便，不击刀斗以自卫，莫府省约文书籍事，然亦远斥候，未尝遇害。程

---

①这几句的大意是：没事的时候，在地上画出宽窄不同的军阵行列，有宽有窄，以射中宽窄的不同分决定胜负，负者罚酒。

> 不识正部曲行伍营陈，击刀斗，士吏治军簿至明，军不得休息，然亦未尝遇害。不识曰："李广军极简易，然虏卒犯之，无以禁也；而其士卒亦佚乐，咸乐为之死。我军虽烦扰，然虏亦不得犯我。"是时汉边郡李广、程不识皆为名将，然匈奴畏李广之略，士卒亦多乐从李广而苦程不识。

李将军带兵的风范，颇似后来的魏晋名士风度。程不识是照着套路做，李将军靠的则是丰富经验下的直觉。行军"无部伍行阵""不击刀斗""省文书"，这些都是文中所说的"简易"。看似漫不经心，其实是百炼成精。见水草好的地方，驻军休息时，不击刀斗，常安无事，正是依靠丰富的经验和对眼前敌我态势的判断，也是士卒的福气。这就是李将军不受常规限制的超逸。但是，大军团的作战，这样的方式则难说是相宜的。

而李广将军独有的作用，《李将军列传》也交代得十分清楚："然匈奴畏李广之略。""广居右北平，匈奴闻之，号曰'汉之飞将军'，避之数岁，不敢入右北平。"这就是李广的神威。他的名声，不仅树立在西汉王朝之内的那些受李广忠信感动的"士大夫"（见列传的"太史公曰"）中，也树立在匈奴即李将军的对手心中。

这就是这里所说的"游击队长"的无上价值。请原谅，"游击队长"只是个比喻。西汉每一个郡都有自己的军队，数量不多，直接归太守统领。西汉皇帝诏书常见的"发郡国兵"的"郡国兵"（国，指诸侯国）就是他们。李将军的恩信，他的行军简易，他的孤军深入，就是在与这些郡国兵的生死与共中树立起来的。这就是别有"无双才气"的李将军。他对于国家，对于边防的价值，就在于他在哪个边郡，哪个边郡就会因匈奴的畏惧而

“避之数岁”，就是享有数年的边境安稳。就国防而言，就安边而言，难道还有什么样的将军比李广更好的吗？在这一点上，汉家皇帝是该骂的，怎么就看不到这样的价值与功劳，难道真的眼瞎了吗？几十年的打击匈奴，造成的国内经济困难有多重，造成的伤亡有多大，请看《史记·平准书》的这段材料：

> 汉遣大将将六将军，军十余万，击右贤王，获者虏万五千级。明年，大将军将六将军仍再出击胡，得首虏万九千级。捕斩首虏之士受赐黄金二十余万斤，虏数万人皆得厚赏，衣食仰给县官；而汉军之士马死者十余万，兵甲之财转漕之费不与焉。于是大农陈藏钱经耗，赋税既竭，犹不足以奉战士。

这仅仅是元朔五年、六年的耗费伤亡。若要了解汉武帝打击匈奴的巨大损失，更详细的记载要看《汉书·食货志》，而《汉书》卷七十五《眭两夏侯京翼李传》所载夏侯胜之言，更简捷地道出了其中的残酷，说：“武帝虽有攘四夷广土斥境之功，然多杀士众，竭民财力，奢泰亡度，天下虚耗，百姓流离，物故者半。蝗虫大起，赤地数千里，或人民相食，畜积至今未复。”“物故者半”就是西汉人口损伤一半，多残酷的现实。这“一半”的大部分就是打击匈奴造成的。在这样的惨重损失下，李广将军的守卫边防，他在守卫边防中“才气无双”之可贵，不是越发地显著了吗？

但是，骂也没用。汉武帝心中对匈奴战争的最终目标，根本就不是边防问题，瞧不上李广的戍边之功自有其道理。李广的

“飞将军”的神威，他的爱护手下将士的美名，基本是在汉文帝、汉景帝时期建立的。在汉文帝、汉景帝的政策下，边防取守势，李广可以其“飞将军”的神威安定一方，是不会得到朝廷特别封赏的。到汉武帝时期大力打击匈奴，封侯甚多，而封侯的标准，就是上文提到的“中首虏率”四个大字。西汉的军功制，基本延续的是秦国商鞅创立的二十军功爵制，即按斩获的人头数论功行赏。李广将军擅长的作战方式，却与此格格不入。也可以说，汉武帝一改防守的政策，变成以大军主动出击匈奴的新国策，基本就决定了李将军必定难以封侯。文景之世，不会因对付匈奴有功而封赏，李广难封侯；汉武之世，封侯需要斩获之功，这也不是李广的长项，还是与封侯无缘。这就是李广的“数奇”，这就是他的“紧走一步赶上穷，慢走一步穷赶上”，李广终究是“难封”的将军命。他的功勋封赏，只能树立于将士、民众的心中。说到底，李将军的命运，实在与汉武帝不同以往的战略有关，正是这一点决定了李广最终的命运。

因此，新问题浮现：这就是司马迁写李将军的用意吗？写李广的不合时宜，写李广不得封侯的丧气、苦闷？这样说，也勉强能通，却很可能忽略了史家可能有的更为重要的寓意。单独看《李将军列传》，确实写的是一生“数奇”，没有“中首虏率”的赫赫战功。但是，若说司马迁对李广万分同情，写这篇传记是要陪李将军郁闷，或者说些历史上的失败者，似乎也是太过矫情。这里，读者遇到的是与《魏其武安侯列传》类似的问题，即魏其侯、武安侯只有合传值得写，李将军则值得为之单独立传，其中固然有对这位“飞将军”的同情，也包含经由展现李将军的一生，从而对汉武帝整个匈奴战略的反思与评判。

至此，问题又变成了司马迁写作立意的问题。要理解司马迁写这篇传记的史家之心，需要将《李将军列传》与《匈奴列传》和《卫将军骠骑列传》等与对匈奴征战有关的列传对照着来看。

二、汉武帝打击匈奴要改变什么

要了解司马迁对汉武帝匈奴政策的态度，需要读《匈奴列传》。为当时边地人群立传，除《匈奴列传》之外，还有《南越列传》《东越列传》《朝鲜列传》《西南夷列传》数篇，这些历史的篇章，正如许多学者指出的，是司马迁的开创之功，有极高的史学价值。

《匈奴列传》以匈奴王为线索，叙述匈奴的历史，特别是它与汉家的关系。传记开篇就说："匈奴，其先祖夏后氏之苗裔也，曰淳维。"匈奴是谁？细究起来，也不是外人，其与华夏人群有共同的渊源。两千多年前的史家，如此看待"异族"，真是了不起。以下一大段，叙说匈奴自淳维开始的历史，一直到西汉时期的冒顿（mò dú）。而且，《匈奴列传》分明记载，西汉建立之前冒顿已经消灭东胡、"西击走月氏，南并楼烦、白羊河南王"，且"控弦之士三十余万"，俨然是一个强大的草原政权。它自有其历史，且进入强盛的国家形态。如此，才有刘邦平城之战的白登山受困，以及和亲政策的开始。①吕太后称制时期，尽管冒顿给

①《史记·匈奴列传》："高帝乃使刘敬奉宗室女公主为单于阏氏，岁奉匈奴絮缯酒米食物各有数，约为昆弟以和亲，冒顿乃少止。"这大概就是刘邦在位时和亲的内容，即汉家送给匈奴上层美女、保暖的衣料和食物，以后的和亲资财也大致维持这样的规格，且匈奴也赠送汉皇帝马匹、骆驼等。

她写来侮辱性的“流氓信”，[1]汉王朝还是继续与之和亲，一直到汉文帝时期。通观《史记》，在汉朝诸皇帝中，汉文帝的作为，最接近司马迁所理解的王道，因而司马迁对汉文帝处置与匈奴关系的书写，温润之言较多。汉文帝初继位的第三年，匈奴右贤王“入居河南地（此指河套地区黄河南岸地区），侵盗上郡葆（堡）塞蛮夷（河南之地各族群居民），杀略人民。于是孝文帝诏丞相灌婴发车骑八万五千，诣高奴（地名），击右贤王”。这是冒顿试探汉文帝的进攻，汉文帝不示弱，又写信给冒顿责其破坏和亲。冒顿回信，先承认是右贤王听信他人的怂恿，“绝二主之约，离兄弟之亲”，现在已经罚他攻打西边月氏，定楼兰。现在他已经做到了。信颇有显示威风的意思，但终究还是承认“二主”之间的“兄弟”关系，承认主动进攻汉家边境是不对的。这是两国共存的基础。说到这里，我们应该是看到了司马迁对汉匈关系的认识：两者并立，是历史造就的现实，承认这一点，才有和平，否则就是战争。文帝后二年写给匈奴的信可以证明这一点。这封信说：“先帝制：长城以北，引弓之国，受命单于；长城以内，冠带之室，朕亦制之。”很明确地承认两国并存的关系。在单于答应继续和亲之后，汉文帝还专门下诏，《匈奴列传》这样记载：

> 单于既约和亲，于是制诏御史曰：“匈奴大单于遗朕书，言和亲已定，亡人不足以益众广地，匈奴无入塞，汉无出塞，犯约者杀之，可以久亲，后无咎，俱便。朕已许之。其布告天下，使明知之。”

---

①本书谈《史记》“五体”之本纪时谈过，请参考。

这是一份和平的诏书，当时汉帝国的臣民应该普遍知道，汉与匈奴是并存关系。可是，到汉武帝时，这样的关系要改，因为汉家强盛了。这就涉及汉武帝打击匈奴的目的了。汉武帝为什么要大规模打击匈奴？也许可以分两个层面说，实际的层面，是强盛的汉王朝要改变被动的局面，当然也有报复匈奴的意思。但是，要注意，这样复仇的意思，汉武帝是在很晚的时候才明确道出的，这就是《匈奴列传》记载的“太初四年”武帝的诏书。《匈奴列传》言：“汉既诛大宛，威震外国。天子意欲遂困胡，乃下诏曰：‘高皇帝遗朕平城之忧，高后时单于书绝悖逆。昔齐襄公复九世之雠，《春秋》大之。’是岁太初四年也。”尊崇“复九世之雠”的是《春秋公羊传》的“大义”。值得注意的是，汉武帝发布这样的诏书是在他的晚年，即汉对匈奴之战已经进行了很久之后。[①]若汉武帝打击匈奴的意思全然是报复当初对高皇帝、高后的围困与“悖逆”，当在战争之初就应该公布。然而，较早时汉武帝的表现又绝非复仇。请看《汲郑列传》如下的记载：

> 居无何，匈奴浑邪王率众来降，汉发车二万乘。县官（县级官）无钱，从民贳（shì，赊）马。民或匿马，马不具。上怒，欲斩长安令。黯曰：“长安令无罪，独斩黯，民乃肯出马。且匈奴畔其主而降汉，汉徐以县次（一个县一个县地）传之，何至令天下骚动，罢（疲）弊中国而以事夷狄之人乎！”上默然。及浑邪至，贾人与市者，坐当死者五百

①汉武帝对匈奴的战争始于元光二年，即公元前133年，到太初四年即前101年，已经33个年头。

余人。黯请间，见高门（未央宫有高门）曰："夫匈奴攻当路塞，绝和亲，中国兴兵诛之，死伤者不可胜计，而费以巨万百数。臣愚以为陛下得胡人，皆以为奴婢以赐从军死事者家；所卤获（虏获），因予之，以谢天下之苦，塞百姓之心。今纵不能，浑邪率数万之众来降，虚府库赏赐，发良民侍养，譬若奉骄子。愚民安知市买长安中物而文吏（文法吏，刀笔吏）绳（衡量）以为阑出（无凭据而出称'阑'）财物于边关乎？陛下纵不能得匈奴之资以谢天下，又以微文杀无知者五百余人，是所谓'庇其叶而伤其枝'者也，臣窃为陛下不取也。"上默然，不许，曰："吾久不闻汲黯之言，今又复妄发矣。"

汲黯批评皇帝对匈奴战俘的做法，事在元狩二年即公元前121年。此次战功是那位"由天幸"的骠骑将军霍去病建立的。这年的春、夏，汉军在霍去病的率领下，两次出击占据河西（今河西走廊及湟水流域）地区东部，匈奴浑邪王、休屠王所部大量投降，是汉家打击匈奴的一次重大胜利。当然，按照《汉书》的记载，汉家的损失也是"什之七"，就是十分之七，差不多就是俗话说的"杀敌一千，自损八百"，不可谓不严重。奇葩的是汉武帝对待这些俘虏，简直是奉若上宾，不惜惩治汉家的地方官和市井小民。汉武帝对匈奴战俘的优待过于王道，已经令人称奇，更令人惊奇的是数年之后，即元鼎三年（公元前114年）的做派。《匈奴列传》说：

是时天子巡边，至朔方，勒兵十八万骑以见（显）武节，而使郭吉风告单于。郭吉既至匈奴，匈奴主客（官名，负责接待外来使者）问所使，郭吉礼卑言好，曰："吾见单于而口言。"单于见吉，吉曰："南越王头已悬于汉北阙。今单于即前与汉战，天子自将兵待边；单于即不能，即南面而臣于汉。何徒远走，亡匿于幕（漠）北寒苦无水草之地，毋为也。"语卒而单于大怒，立斩主客见者，而留郭吉不归，迁之北海上。而单于终不肯为寇于汉边，休养息士马，习射猎，数使使于汉，好辞甘言求请和亲。

读这段文字，结合上举汲黯所言，可以肯定，汉武帝打击匈奴看上去是复仇，其实是迫使匈奴心悦诚服地投诚西汉。文中"今单于即前与汉战，天子自将兵待边；单于即不能，即南面而臣于汉。何徒远走，亡匿于幕（漠）北寒苦无水草之地，毋为也"这或者决一死战，或者南面称臣的句式，是汉武帝打击匈奴心底盘算的暴露。《汉书》卷六十四《严助传》所载，汉武帝派严助前往淮南，晓喻刘安所说的"汉为天下宗，操杀生之柄，以制海内之命，危者望安，乱者印（仰仗，赖以）治"，也就是常说的"王者无外"。汉武帝这样对待匈奴，其实是对西汉以来两国在战争与和平中确立的、汉文帝的国书里承认的长城南北两国并存局面的破坏，于汉武帝而言也未尝不是对汉文帝祖制的背弃。所以，匈奴大怒，誓死不服。

这就有一个问题，难道汉武帝就不知道祖制？既然他知道吕太后接到过冒顿的"流氓信"，当然也应该知道汉文帝写给匈奴王的国书。然而他还是要公然改变祖宗家法，那是因为他自信有文化理想的支撑，即自西周以来就有的"天下观"。"天下观”一般而言形成于西周，对“天下观”有诸多的理解，如《国语·周语上》所记载的祭公谋父谏阻周穆王伐犬戎，就是以“天下观”来反对征战，汉武帝时代的刘安仍在坚持这样的思路。汉武帝讨伐东南的闽越，刘安上书表示谏阻，说：“越，方外之地，剪发文身之民也。不可以冠带之国法度理也。自三代之盛，胡越不与受正朔，非强弗能服，威弗能制也，以为不居之地，不牧之民，不足以烦中国也。故古者封内甸服，封外侯服，侯卫宾服，蛮夷要服，戎狄荒服，远近势异也。”这是一段“王者不治夷狄”的论述，其根源来自《公羊传》，其更古的根据就是天下观念的“五服”论，其“封内”引起的几句话，就从《尚书》《国语》的“五服”之说而来。

但是，天下观念也可有另外的解释。在《汉书》卷六十四《严助传》里，宰相田蚡反对对东南用兵，皇帝就派严助与田蚡辩论，最后皇帝的结论是，东南的越人出事，王朝不可置之不理。严助说：“特患力不能救，德不能覆，诚能，何故弃之？……今小国以穷困来告急，天子不振，尚安所诉，又何以子万国乎？”此事发生在武帝初继位时，但“王者无外”的观念，在年轻皇帝的心中根深蒂固。汉武帝之所以有这样的观念，也有其历史的根据，按照《尚书·尧典》等记载，尧舜时期，天下一家，《左传》等文献记载大禹建立夏王朝，执玉帛朝见者上万，商汤伐夏桀，三千诸侯大会。而《尚书·康诰》言周公建立起东都洛邑后，“四方民大和会”，《逸周书·王会解》则更详细记载了周初天下诸侯对新的周王朝的朝拜，连南方遥远的越裳氏，北方遥远的肃慎都来了。这些都明载典籍，最能让年轻的理想主义者汉武帝激动。看一看他在元光元年发的关于汉家未来的诏书，就更加清楚："朕闻昔在唐虞（即尧舜时代，是儒家认为的政治至善至美的时代），画像而民不犯（只要画出犯什么罪，会有什么样的刑罚，老百姓就不犯错了），日月所烛（照耀），莫不率俾（服从）。周之成康，刑错（刑罚工具放在一边）不用，德及鸟兽，教通四海，海外肃慎，北发渠搜，氐羌徕（来）服……"（《汉书》卷六《武帝纪》）年轻的汉武帝相信，天下一家曾在历史上实现过，那么汉家的努力方向也就十分明确。

但是，如何实现这样的天下一家，就是个现实大问题。按照"五服"论的说法是"耀德而不观（显示）兵"，承此而来即有孔子的对远方"修文德以来之"，用今天的话说，是用软实力吸引远方之人。然而，这一条也被汉武帝废弃了，他相信的是"特患力不能救"，他更相信力量，说穿了，也就是相信军事的征服。这就要自相悖谬了。高远的文化理想，却要以武力杀伐来实现，是很糟糕的事。但是，也只有明白了这样的悖谬，汉武帝对待匈奴的心态，他的做事奇怪之处，才可以理解。一方面发兵征讨匈奴，一方面又要对匈奴战俘奉若上宾；一方面是大兵征讨、武力相加，一方面又要跑到长城一线示威，还要派使臣到匈奴王庭里要求对方马上作出非此即彼的选择，就是因为他自以为汉家是强盛的，也是王道的，天下其他并存的邦家，就应该前来朝拜，心悦诚服。来的，不论是投诚还是被俘获，都要好好款待。元鼎三年那次奇特的巡边之所以发生，就是因为汉武帝要到东方的泰山封禅。封禅的要义是向上天报告太平政治的建成。闽越、南越的问题都解决了，离完美就差降伏匈奴这最后一件事了。汉武帝之所以那样操切地派郭吉风到匈奴传信，就是要为封禅凑足条件。但是，现实是冰冷的，在战争上已经明显处于劣势的匈奴，可以“好辞甘言求请和亲”，说到降伏，匈奴依然不屈。高远的理想，错误的办法，说的就是汉武帝打击匈奴。

三、至今犹忆李将军

对匈奴的战争要说也不是不能打，但是，打到何等地步为止，才是大问题。若是从边防考虑，打到元狩四年（公元前119年）卫青、霍去病等各率大军会战匈奴王庭，也可以见好就收了。那样，匈奴已经被严重削弱，汉家也不至于死伤太惨重。可是，前面说过，汉武帝打击匈奴，着眼点不在边防，而在天下“大和会”。他的做法，不是“耀德”为先，而是先“观兵”再辅之以“耀德”，于是就有一边猛烈的打击，一边奉如上宾地对待俘虏。这就是司马迁写与匈奴战争相关的《李将军列传》《卫将军骠骑列传》要反对的东西。

如前所说，李广做北部边地的郡守，因其独特的军事才干，在一郡一郡就安定，这是最经济的。由此，就联想到《匈奴列传》的“太史公曰”：

> 世俗之言匈奴者，患其徼一时之权，而务谄纳其说，以便偏指，不参彼己；将率席中国广大，气奋，人主因以决策，是以建功不深。尧虽贤，兴事业不成，得禹而九州宁。且欲兴圣统，唯在择任将相哉！唯在择任将相哉！

这段话分几层意思。先是说那些出主意的人，他们让人害怕的地方是“徼一时之权”即贪图一时的权宜方便，也就是贪图一时之利，不能长久地看待问题。而且这些人出于自己的考虑，不惜献媚，千方百计地要把自己的主张变成皇权意志。之后的一层指向将帅，他们打仗靠的是中国广大，人力物力多，以及战争发起时的民心有斗志。谋划的人与指挥作战的将帅，这两股力量影响到皇帝的决策，就要影响到战争的成效了。读到这里，可知司马迁并不是非战争派，对匈奴，他也讲战争，但是，谋臣的思虑要深远，国家的大策要放在实处，将帅要称职。特别是后者，千军万马，胜败祸福，千家万户的生死，都系在将帅身上，所以最后重复地说“唯在择将相哉”。将相，即包括上述谋臣与将帅。司马迁的言外之意很清楚，汉武帝对匈奴的战略谋划，以及对将帅的选择，都是有问题的。

这就很有意思了。卫青、霍去病，不是个顶个地功勋卓著吗？可是在司马迁眼里，他们还是没有“择”好的“将帅”。注意，司马迁那最后重复的话，仔细体味，并联系《李将军列传》，不是说对匈奴大规模用兵层次上的“择将帅”。在这个层次上，战略已经出问题，将帅已经是在其次了。“唯在择任将相”的真正含义是，谋国者的谋算应当正确（汉武帝对匈奴的战略是错的），李将军那样的边疆防守才是最合适的。这样，汉武帝天下一家的战争意图，对匈奴主动出击的征战策略，都不如选择适合的将军防守边地为上策。在《匈奴列传》的最后，司马迁含蓄地道出了对西汉打击匈奴的整体看法。他之所以那样尊崇李广将军，原因就在这里。

汉武帝打击匈奴本想打出个“万国来朝”的政治美景，却南辕北辙，汉家损失严重。这就是《卫将军骠骑列传》中详细陈说的内容。这篇传记，一边是以卫青、霍去病两位为首的诸多将军的立功、封侯，一边则是对战争损失、对方报复的叙写，汉与匈奴两方面互相伤害，有战争的胜负，却没有政治经济的真正赢家。自元光二年汉王朝打破旧日的和亲局面后，《卫将军骠骑列传》录："元朔元年……其秋，青为车骑将军，出雁门，三万骑击匈奴，斩首虏数千人。明年，匈奴入杀辽西太守，虏略渔阳二千余人，败韩将军军。"汉家又还击，并略"河南地"，建立朔方郡，之后卫青等封侯。"其明年，匈奴入杀代郡太守友，入略雁门千余人。其明年，匈奴大入代、定襄、上郡，杀略汉数千人。"

"元朔之五年春，汉令车骑将军青将三万骑，出高阙（地名）；卫尉苏建为游击将军，左内史李沮为强弩将军，太仆公孙贺为骑将军，代相李蔡为轻车将军，皆领属车骑将军，俱出朔方；大行李息、岸头侯张次公为将军，出右北平：咸击匈奴。"匈奴右贤王"夜逃"，"汉轻骑校尉郭成等逐数百里，不及，得右贤裨王（小王）十余人，众男女万五千余人，畜数千百万，于是引兵而还"。卫青益封，其子尚在襁褓中也得封侯。"其秋，匈奴入代，杀都尉（郡负责武装之事的官员）朱英。"

以上是战争爆发后双方的厮杀与伤害，每一次汉家的胜利之后，就是匈奴的报复。不过总体而言，匈奴的报复能力是逐渐减弱的，就是说，从战争层面看，汉朝的军事进攻更具优势。近年来，一些草原考古发现，当时匈奴的箭簇，或为青铜，或为石制，铁的少，而汉军的箭簇以铁制为主。这显示出当时文明水准确实有差别。汉代长一米左右的环首刀，更适宜骑兵作战。汉家的后勤也有长足的发展。

但是，从政治上说，这并未使匈奴屈服，一有机会，还会报复。同时就汉家方面言，伤耗的军力、民力又是巨大的。前面引过夏侯胜言武帝死时民数损失“泰半”的说法，当然这不全都是因为打击匈奴，征服东南的越、通西南的夷、远伐大宛等，都是原因，而匈奴之战的伤耗肯定是巨大的。说到征伐大宛，原因比打匈奴简单，就是为了得到大宛马。汉武帝拜李广利为贰师将军，于太初元年（公元前104年）出师，“发属国六千骑，及郡国恶少年数万人……引兵而还，往来二岁。还至敦煌，士不过什一二”。当年夏，汉军出敦煌“六万人，负私从者不与（不算在内）。牛十万，马三万余匹，驴骡橐它以万数。多赍粮，兵弩甚设，天下骚动，传相奉伐宛，凡五十余校尉”，大宛是被攻破了，汉朝军卒则命运悲惨：“军非乏食，战死不能多，而将吏贪，多不爱士卒，侵牟（算计）之，以此物故众。”

这就是古代王朝遇到一位雄才大略的皇帝的命运。《汉书·食货志》言武帝征战，“功费愈甚，天下虚耗，人复相食”，与夏侯胜言论可以联读。严重的自我损伤，甚至连汉武帝自己也后悔，《食货志》说：“武帝末年，悔征伐之事，乃封丞相为富民侯。”既有今日，何必当初。民众失去大半，才知道后悔，那死去的人该如何？

回到李广“难封”的话头，若当初不那样理解“天下”观念并将其实现付诸军事手段，就不会有那样大的损伤。可是皇帝是相信“王权无外”，相信武力可以实现“天下”梦想的人，不知不觉地破坏祖制，试图单方面以军事战争手段改变汉与匈奴许久以来确定的关系；群臣有多“徼一时之权”者；将军又多是不顾士卒死伤的“封侯至上”的功利之徒，民生凋敝、人数损半的残酷的结果必定出现。这些，都是司马迁的“当代”进行时的“历史”，面对几十年扰攘纷乱的现实，司马迁是冷峻的。他没有苟同于汉家皇帝对天下的理解，他在《匈奴列传》详陈过往汉匈关系的确立，追溯历史，是为了判断当下。这些，连同他推崇李广，都是严守着史家理性的立场。对“天下”的理解，司马迁自有主见，对汉家对匈奴的过度征战，他是反对的。他以“桃李不言，下自成蹊”来表李广树立在民心中的丰碑，其实就是对汉武帝打击匈奴的无言批判。就是说，他是在经历了汉家因打击匈奴、大宛等异邦而导致严重自伤的时候，怀念李将军。其实，就是在今天，试图以武力征服，令他邦臣服的事，也是难上加难，且后患无穷。边防需要戍守，也只是戍守，这需要尊重历史，尊重他人的生存权利，才会有邦家之间的太平。然而，汉武帝穷兵黩武之后，还有后续者，造成的灾害也差不多。这也许是后来人们“犹忆李将军”的缘由吧！

第二十讲

「富民论」的鸿篇

——读《货殖列传》

《史记》是“立体”的历史书写，四条时间线索串联的事件、人物是互相映衬的。前面讲，读《李将军列传》，要与《匈奴列传》《卫将军骠骑列传》乃至《汲郑列传》联读，才能理解司马迁何以那样尊崇李广将军。读《货殖列传》也是如此，它与《平准书》存在着互相映衬的关系。远点说，它还与上述记录和打击匈奴有关的各篇照应关联。与《李将军列传》《匈奴列传》《卫将军骠骑列传》不同，《李将军列传》等篇的相互映衬是共时性的，写的是同时期的事，《货殖列传》与《平准书》的相互映衬是历时性的，两者在时间上有先后，即《货殖列传》叙写的是汉武帝之前旧政策下的商贾等生业，而《平准书》展示的是汉武帝时期因财政耗费巨大，王朝强行实施的新的影响深远的财政政策。《史记》的立意之一，就是要“通古今之变”，汉武帝时期在王朝财政收入方面的新政策的确立，就是“古今之变”中最重要的内涵。相对放任的经济，被以盐铁专卖为核心的“国榷”①制度所取代，主

① 国榷（què）：就是国家专卖制度，此制度的理论，见于《管子》，应为先秦思想，其实施大体而言从西汉武帝时期开始。在汉代，盐、铁和酒赚钱，国家就专卖盐铁；后来的王朝，茶、香料赚钱，就专卖茶和香料；再后来棉花的销售其实也是一种变相的专卖。这种制度，或是严格限制民众经营，或是在国家控制下允许民间参与，总之最大的获利者是王朝。国榷的高额利润，支持着皇权的庞大开支。榷，有几个意思，其中一项为“独木桥”，专卖而称为“榷”，可能就从此义而来，即必须从此过、必定受其约束的意思。

宰国家财政策略两千多年，以至于中国古代的许多社会问题都要从这里说起。就研读《史记》而言，秉持《春秋》王道思想的司马迁，如何看待这样的变化，无疑又是最值得关注的问题。

一、“货殖”出于人性

《货殖列传》很像《伯夷列传》，一上来就是“太史公曰”，而且人物的描述简淡，夹在其中的议论、叙述性内容较多。如开始，就反对《老子》所说的“鸡狗之声相闻，民各甘其食，美其服，安其俗，乐其业，至老死不相往来”，说：“必用此为务，輓（晚）近世涂民耳目，则几无行矣。”意思是老子这一套，在上古是否可行，不知道，在近世，若想以此堵塞民众耳目，让他们清心寡欲，根本就是向“不可能”挑战。继而又是如下的议论：

> 太史公曰：夫神农以前，吾不知已。至若诗书所述虞夏以来，耳目欲极声色之好，口欲穷刍豢之味，身安逸乐，而心夸矜势能之荣。使俗之渐民久矣，虽户说以眇论，终不能化。故善者因之，其次利道之，其次教诲之，其次整齐之，最下者与之争。

史家征诸儒家的经典，证明追求声色方面的美观、口腹方面的美味、身心方面的安泰，是江河东流一样势不可当。首先，司马迁这样读解经典，前所未闻。由神圣的经典得出，求利求好是根源于人性的民情，是古今相通的风俗。有谁想改一改这情势，就算是挨家挨户去说美妙的道理，也难改变这样的民情。这也是新颖而大胆，还将矛头指向了“户说以眇论”者，当然指的就是那些整天唱着儒家美德教化论高调的人。这些人，不一定是真儒，也常常愿意唱这样的高调。其实，就连儒家的孔子，他的学生子贡“货殖”，[①]且“亿则屡中”（猜测什么赚钱什么就赚钱，“亿”通“臆”），他也只是发发感慨而已，并没有对子贡怎么样。而且，孔子的“君子喻于义，小人喻于利”的解释，也可以翻译为“在位的君子要多想些义，芸芸的升斗小民则可以想着点利，照料好自己的生活”。[②]

这些都不是很重要，重要的是史家由上述的一切得出结论：对人的求利求安好的欲望，“善者因之，其次利道之，其次教诲之，其次整齐之，最下者与之争”。最上等的是因循之，不是不管，而是要像牧羊人随着吃草的羊群走那样，进行最宽松的管理，这是《老子》“不为人先”的思想，即为政者不要逆着人民的心思干。在这上策之下，还有因势利导，那一定是有某种意图在先，不是完全顺着民众求利的方向走了。再下策一点的，是对求利进行道德说教，约束的意思越发明显。更次的是“整齐之”即去立下各种界限、规定。再走一步就是禁锢。最下策则是“与民争利”。最上是因循，也就是成全，最下是“与民争利”。谁因循？谁与民争？司马迁省略了主语，意思却十分明白，那就是王朝、皇权，它的与民争利，就在司马迁眼前剧烈地大规模地发

① “货殖”一词出自《论语·先进》：“子曰：回也其庶乎！屡空。赐不受命，而货殖焉，亿则屡中。”从上下文看就是做买卖令货物增值。殖，生。货殖即生财。

② 这样说是因为“君子”和“小人”在孔子那个时代各有两种含义：君子、小人既可以指品格，也可以指身份。而君子、小人指身份，就相关文献所显示看，从西周时期，就是这样的。君子、小人指品格是后起的意思。

生着。司马迁将这些记载在《平准书》中。总之，顺着大众求利、求美、求安泰的路子走，才是司马迁肯定的。

因此，尽管司马迁在本篇中一上来就说《老子》“小国寡民”理想的不是，但在人性利欲问题上，他却与道家思想十分接近。《货殖列传》中有一段话很出名：“天下熙熙，皆为利来；天下壤壤，皆为利往。”这段话也见于《六韬》，为早于《史记》的古籍，其义则接近道家的“自然”。道家的“自然”，意思是原本就那样，不教而会，不学而知，发乎本能。而且，既是“自然”，就有其难以人为更改的属性，求利求安，就是人性，就是人性人情的“自然”。儒家早期的人性论，也与此不远。《论语》说“性相近，习相远”，强调了“习”，就是教化、风俗等文化因素的影响，但“食色，性也”的说法，也是“自然”意义上的，只是不像司马迁所引“利来”“利往”那样显豁，让有些人觉得扎眼而已。沿着孔子这样的人性论走，就有《礼记》和新出土文献“郭店简”中以“好恶”言人性的说法：所谓“人性”不过一“好”一“恶”而已，见到有利的，就喜、就乐；遇到厌恶的，就怒、就悲。人有百般的情绪，归结到底，不外“好恶”两端。由此生发开去，有荀子的“性恶”之说，即承认人只有功利心，遇到“好”的就高兴，遇到“恶”（厌恶）的就不快，于是趋利避害。这样说人性，人性中就没有真正的道德，真正的道德是对人好不图什么。可如果人性只是趋利避害，哪来真正的对人好呢？如此，人就是只知道功利，也就是“性恶”，要改变“性恶”，就需要教化，需要“木直中绳，輮以为轮”（《荀子·劝学》）地去矫正人的恶，迫使其遵从德行。

此外，还有孟子的“性善”论，实际也是从《论语》中来的。《论语》中一方面说“食色，性也”，另一方面也说良心。宰我要废弃“三年之丧”，认为为父母服丧三年时间过长，孔子反问：父母抚养你，抱了你三年，你才能完全下地自己走路，你不守三年之孝，就吃好的穿好的，心安吗？心安你就改（《论语·阳货》）。凡事问良心，由良心做主，这其实就是孟子“性善”说的根据。孔子的学生曾子“日三省吾身”(《论语·学而》)，反省自己，拿什么反省？恐怕曾子的说法中也含着“良心”的头绪，只是未明说而已。

上面讲了这些先秦人性论的大概，读者或问：讲这些做什么呢？请注意，当思想家把人的求利当成“性恶”来看时，理论上，对人的求利就该限制甚至是令其改善了。是谁这样想的？是荀子。“食色”之性，孔子只是这样说，未言其善恶。孟子也认为求利是人性，但孟子又说，只是沿着追求口腹之欲、沿着功利的方向做人，太猥琐，不高尚。孟子还认为人有超功利的道德心，就是人有不为求利而关怀、体谅他人的能力，这才是人性之善的部分，发挥这部分能力，就可以超越小我做“大丈夫”。要注意，人求利是本能，但孟子说这是人心中的“小体”，是次要的，超越功利关爱他人才是高于动物的部分，是“大体”，这部分最高贵。就是说，若细分，孔子、孟子都还没有将求利视为“恶”，孟子也只是将求利之心当成需要被超越的次要部分，如此而已。最消极地看待人求利的，是荀子。

司马迁没有这样细致地论人性，但也就是司马迁，在自己的著作里那样正面地看待人求利的本能。对此，《史记》反复强调。如在《货殖列传》开始，在讲述了“山西”“江南”等各地物产之后，说这些物产“皆中国人民所喜好，谣俗（风俗，生活在求利风俗中的人）被服饮食奉（养）生送死之具也。故待农而食之，虞（古代管园林的官）而出之，工而成之，商而通之。此宁（哪里，哪需要）有政教发征期会哉？人各任其能，竭其力，以得所欲。故物贱之征贵，贵之征贱，各劝其业，乐其事，若水之趋下，日夜无休时，不召而自来，不求而民出之。岂非道之所符，而自然之验邪”？历史地看，各业的兴旺不是因“政教”（政府政令和文教指令）事先的要求、约束才这样的。之所以如此，其根源就在于那“自然”求利的人性。这是仔细观察了历史后的结论，各业的兴旺不是政令设计安排的，它自有其人性的动力。这也是为什么“善者因之”的根据。

又如下面的段落所说：

由此观之，贤人深谋于廊庙，论议朝廷，守信死节隐居岩穴之士设为名高者安归乎？归于富厚也。是以廉吏久，久更富，廉贾归富（作廉吏是买富贵）。富者，人之情性，所不学而俱欲者也。故壮士在军，攻城先登，陷阵却敌，斩将搴旗，前蒙矢石，不避汤火之难者，为重赏使也。其在闾巷少年，攻剽（piāo，抢劫）椎（chuí，击打）埋（藏匿），劫人作奸，掘冢铸币，任侠并兼，借交（交友）报仇，篡逐幽隐，不避法禁，走死地如骛者，其实皆为财用耳。今夫赵女郑姬，设形容，揳（xiè，弹）鸣琴，揄长袂，蹑（趿拉）利屣（尖尖的鞋），目挑心招，出不远千里，不择老少者，奔富厚也。游闲公子，饰冠剑，连车骑，亦为富贵容也。弋射渔猎，犯（冒着）晨夜，冒霜雪，驰坑谷，不避猛兽之害，为得味也。博戏驰逐，斗鸡走狗，作色相矜，必争胜者，重失负也。医方诸食技术之人，焦神极能，为重糈（米）也。吏士舞文弄法，刻章伪书，不避刀锯之诛者，没于赂遗（wèi，赠送）也。农工商贾畜长，固求富益货也。此有知尽能索耳，终不余力而让财矣。

这段文字，对于求利是人的本性，可谓一竿子戳到底。上到庙堂高冠，下到贩夫走卒、歌伎巫医，都是求其利，这看上去很像讽刺，人为了利，什么事都敢干，甚至违法。这样的述说，尽显司马迁史家特有的现实精神，他的着眼点在现实世界中的绝大多数人，以及由大多数人所决定的社会基本民情。它才是导致历史不断进步、升进社会文明的基本动力。爱护它，才是真正的文明政治。历史大多数人的求利，与儒家理想主义者希贤希圣大不相同，儒家所说，是少数或较少人的追求。司马迁讲的是历史，而不是像孟子那样讲神圣高贵的精神人生。如上所言，孟子也承认人有利欲，而高尚的人生也确实不可少。讲历史，若只讲人的高尚追求，那就不是历史。因为历史状况的好和歹，取决于这绝大多数人求利是否得到满足，是否有秩序等。人是泥足的站立者，泥足站不住，一切都是罔谈。因而，司马迁更强调物利的丰饶是社会文明的基础。人只有泥足站稳，才能有人心、人文，文教才有基础：“故曰：‘仓廪实而知礼节，衣食足而知荣辱。’礼生于有而废于无。故君子富，好行其德；小人富，以适其力（意为更好地尽其生产之力）。渊深而鱼生之，山深而兽往之，人富而仁义附焉。富者得势益彰，失势则客无所之，以而不乐。夷狄益甚。谚曰：‘千金之子，不死于市。’此非空言也。”这段话中“千金之子”云云，确实含有讽刺，但从中不是更能看出财富的影响力吗？实在也是在说社会中最普通的现象。还要注意的是,“仓廪”两句虽引自《管子·牧民》，但在《管子》中,“仓廪”指的是国家、政府的仓库，而司马迁则指的是每户人家的储藏。司马迁的“仓廪”论，实在接近“个人财产是一切道德的根源”之说。由“仓廪实而知礼节”的议论，可以相信，对汉武帝兴儒术，试图将汉帝国带到尧舜美好时代的文化设计，司马迁的态度应该是“我不相信”的。因为汉武帝要实施的政治，是建立在“尧舜时代比屋可封”的假想之上，是建立在“人人皆可为尧舜”的理想之上，是把少数人的精神追求当作大众都应想去做的事情。真正的文教昌明，是有物质为条件的，靠权力的引导是难以达到目的的。因而,《货殖列传》是有所针对的。

二、民富才是真富

人性是求利的，司马迁承认“善者因之”，最差的是“与民争利”。这才是全面的富民论。这样的观点与商鞅以来“富国强兵”的观点相对立，受《管子》影响，但比《管子》思想更彻底。

《货殖列传》写的是自由经济意义上的货殖成功者，他写的第一个靠货殖而富的是范蠡，而这位被尊为陶朱公的范蠡，在以“计然之术”[①]帮助越王勾践战胜吴国之后,“乃喟然而叹曰：‘计

①计然，有人说是人名，曾为范蠡的老师，也有人说是一本书的名称。《货殖列传》记载了一些“计然”之术的内容:“计然曰:‘知斗则修备，时用则知物，二者形则万货之情可得而观已。故岁在金，穰（丰饶）；水，毁；木，饥；火，旱。旱则资舟，水则资车，物之理也。六岁穰，六岁旱，十二岁一大饥。夫粜（tiào，粮食卖出），二十病农，九十病末。末病则财不出，农病则草不辟矣。上不过八十，下不减三十，则农末俱利，平粜齐物，关市不乏，治国之道也。积著（贮）之理，务完物，无息（转下页）

然之策七，越用其五而得意。既已施于国，吾欲用之家’”。是说在富国强兵之后，范蠡用“计然之术”令自家致富。以下子贡、白圭、猗顿、乌氏倮、巴寡妇清，以及西汉的冶铁起家的蜀卓氏、程郑、宛孔氏、鲁国的曹邴氏，“逐渔盐商贾之利”的齐国刀（diāo）间，经营商铺以至于商铺遍布“齐秦楚赵之中”的洛阳人师史，靠囤积粮食致富的宣曲任氏，靠牛马致富的塞外人桥姚，这些人无不是私营的巨商大贾，富可敌国。这些人物，生活时代从春秋到西汉早期，地域遍布东西南北以及塞外，经营各种生业，其中冶铁业和盐业颇为突出。

春秋战国的商人们，已经开始建立致富的理论，如《货殖列传》所记白圭致富之说：

> 白圭，周人也。当魏文侯时，李克务尽地力，而白圭乐观时变，故人弃我取，人取我与。夫岁孰取谷，予之丝漆；茧出取帛絮，予之食。太阴在卯，穰；明岁衰恶。至午，旱；明岁美。至酉，穰；明岁衰恶。至子，大旱；明岁美，有水。至卯，积著（贮藏）率岁倍。欲长（生）钱，取下谷；长石斗，取上种（种地要选好种子）。能薄饮食，忍嗜欲，节衣服，与用事僮仆同苦乐，趋时若猛兽挚鸟之发。故曰：

（接上页）币（停止流动的货币）。以物相贸，易腐败而食之货勿留（容易坏烂的商品不要积留），无敢居贵（不要因价高就舍不得抛售）。论其有余不足，则知贵贱。贵上极则反贱，贱下极则反贵。贵出如粪土，贱取如珠玉。财币欲其行如流水。’”其大意是根据岁时丰收、欠收的年景变化，囤积卖出货物从而增值。古称“逐岁时之利”。还有就是囤积应注意的问题，以及控制粮食价格的重要，太便宜伤农，太贵伤害商人，所以政府要将粮价波动控制在一定范围之内。最后一点，战国早期魏国李悝变法时曾用过。

“吾治生产，犹伊尹、吕尚之谋，孙吴用兵，商鞅行法是也。是故其智不足与权变，勇不足以决断，仁不能以取予，强不能有所守，虽欲学吾术，终不告之矣。”盖天下言治生祖白圭。白圭其有所试矣，能试有所长，非苟而已也。

这段话，首先是讲岁时的丰饶是有规则可循的。其具体的说法或许不准确，但古老的中国农业每年收成会因天时变化而不同是没有问题的。这是白圭之说的合理性。“夫岁孰取谷……取上种”涉及的是商业必备的知识，涉及天时，古代商业吸收了农耕时的经验而有所发展，显示的是古代商业的智慧。其次，这段话中含着战国流行于东方的“轻重”理论的内涵。粮食丰收，粮价就相对便宜，这时粮食就显得“轻”，货币买粮食多，货币就“重”。观岁时之变，就是要做好粮食或囤积，或卖出的准备。“轻重”理论主要记载在《管子》的“轻重”各篇，文献记载，李悝在魏文侯时代实施“尽地力之教”的变法时，就同时实行过“平粜法”，即根据年景，政府出手把粮食价格控制在合理范围之内，使其不因年岁的丰欠而伤农或伤贾。这套理论，需要政府有聪明的经济管理手法，与商鞅“利出一孔”[①]的国家经济政策

---

①“利出一孔”出自《商君书》，大意是，政府要激励百姓上前线杀敌，必须能在发财致富上刺激百姓。具体做法是控制土地，百姓以杀敌多少换取土地。这就是“利出一孔”的“一孔”之义，指只有上阵杀敌才可能获得土地这一条通道。如果百姓经商也能致富，办其他各种私人事业也能发家致富，百姓就不会愿意上阵打仗。所以，必须堵死百姓靠其他方式致富的生路，迫使百姓只有打仗立功获得土地这唯一一条路。这就叫“利出一孔”。利用它“驱农归战”，在大兼并的时代，这样的政策是有利征战的，可是，若统一天下还这样钳制民众，对历史进步的危害就太大了。

有根本的差别。最后，这段文字还写到了商人的吃苦精神，特别是“吾治生产”以下的句子，还写到商人的“智”“勇”“仁”“强”等德行。私营商业在那个时代开始建立自己的人生观。其说又与传统的“仁义礼智信”等相似度极高，就是说，在相对宽松的年代，商业的道德开始建立。司马迁注意归纳保存这样的文献，卓越无比。

《史记》写这些商人，传说性质强，人物的性格也不是很分明。尽管如此，在简短的记载中还是可以见出这些人的过人之处。如蜀的卓氏，“赵人也，用铁冶富”，秦统一之前，以冶铁为业。“秦破赵，迁卓氏。卓氏见虏略，独夫妻推辇，行诣迁处。诸迁虏少有余财，争与吏，求近处，处葭萌（在今四川广元市境内）。”看上去轻描淡写，表的却是一大历史变化，那就是秦朝一经建立，就开始对私营的工商业下了重手，实可视之为巨变。不难想象，伴随着迁移的，是财富被夺，背井离乡。在消灭这些私营的工商业的同时，是商鞅变法确立的小农经济强行在东方各地的推广。其实私营工商业被政治强力打击，更是血淋淋的，是对自然发展的历史削足适履。但是，政治层面的强制，如充公、远迁等，都治不死真正的商人。当其他被迁者花钱贿赂秦官吏，意图迁得离家近些时，独卓氏“夫妻推辇，行诣迁处”，因为他们有独到的视野，能发现生计之所在。他们看到的“汶山之下”即今成都平原一带的“沃野”“有蹲鸱”（芋头），民“至死不饥”且“工于市，易贾”。于是更求“远迁”。最后到了临邛，“即铁山鼓铸，运筹策，倾滇蜀之民，富至僮千人。田池射猎之乐，拟于人君”。看来秦王朝对私营商业只采取严酷的打击措施，并不能令私营商业毙命，因为手法太粗。到了汉武帝“盐铁专卖”，大的私营商业才算遇到克星。

《货殖列传》如此记述春秋以来的大商家，显示出的是对春秋以来私营工商业赞许的态度。这让后来的史家班固很看不惯，班固《汉书》评价《史记》“述货殖则崇势利而羞贱贫”是司马迁“其是非颇缪于圣人”的重要“错误”之一。班固这样看，恰证明他就是《货殖列传》中所说“户说以眇论”的唱高调者。达官贵人拿着俸禄，瞧不起努力经营求利的商人，唱高调、站着说话不腰疼，是后世许多文人士大夫的通病。也因此，《汉书》以下，为私商立传的头绪，在正史中就断掉了。

据此也可以说，司马迁为私营的商人立传，显示的正是他的独特。那么，他要表达什么？首先是他的“富民论”主张。这里所谓“民”，与朝廷皇权相对。朝廷皇权是“国”，商鞅变法主要是“富国”而“强兵”，“富民”则与这样的主张相对。这里，或许有读者疑惑：为什么这样强调“富民”？对此，建议读一读《盐铁论》，那是汉武帝盐铁专卖政策实施若干年后的议论，可以从其中“贤良方正”的诉说中看到，盐铁专卖后，农民反而用不起铁器，退回到使用木制农具的地步了。官方制作的铁器，都是统一标准的，其实就是简单化了的量化生产，傻大黑粗，质量欠佳。这一点在出土的汉简文字中也有显示。还有就是销售，私营盐铁商走街串户，铁商还可以走到田头，根据农民的需求，量身定制，一时间交不起钱，可以秋后用实物如粮食等抵价。官营之后，建立固定的销售网点，营业有时间，他们营业时，农民忙活计，农民有了空闲，商店却关门下班了。同时，没有现钱，就别买货。死硬得很。这些都导致农民使用木制农具，实际上是倒退了。王朝是得钱了，可以修宫殿、打大宛、弄宝马，小老百姓的生业，却困苦异常。

其次，联系《平准书》，可以相信，司马迁就是要表达对王朝用强权对民众巧取豪夺、对盐铁专卖制度的强烈不满。其实，在《货殖列传》开始“善者因之”的话中，这一点已经十分清楚，就是要允许求利的人性需求。其天经地义，就像要让男女结合组建家庭一样。允许求利，就是“富民”主张必有的论式。而“富民论”，检讨司马迁之前的说法，儒家也有，孔子说“富而教之”，已经承认“教”以“富”为基础。但是《论语》里这个“富”字，是民富还是国富，没有说清楚。孔子学生有子，在回答鲁哀公国家经费不足该怎么办的问题时，说：“百姓足，君孰与不足？百姓不足，君孰与足？”（《论语·颜渊》）这段话，说的就是藏富于民。国家真正的足，在百姓的富，用今天的话说，就是百姓各业生计好，国家税源就充分。这其实是一条永恒的真理。都说“大河无水小河干，小河有水大河宽”，可谁是大河，谁是小河？百姓的富足，是大河。这涉及钱在谁手里的问题。在百姓手里，就是不会去生财，也知道简省，用的是地方。在官府手里，在朝廷手里，看一看历史，看一看那些“盛世”皇帝，看一看汉武帝怎么用手里的钱，看一看唐玄宗怎么用手里的钱，就大体可以明晓了。大把地花钱，空了国库，继续向民众伸手，办法多的是，可就是难免这一条：王朝由此走上民不聊生的下坡路。①民富而国强，但强了的国，花钱有道，才理想。

但是，儒家藏富于民的说法，是消极的“富民论”，因为它

①西汉的情况略有不同，汉武帝之后，霍光等“拨乱反正”，民得一时的休养，汉宣帝时还能维持强盛的局面，汉元帝之后各种矛盾开始显露，下坡路才十分明显。但总体而言，汉宣帝时国势不如汉武帝时。

只停留在原则表述上，可以用这样的原则来批评当权者的横征暴敛，至于如何令民富，大体而言，儒家兴趣不大，从孔子开始就不愿意去多想，甚至还骂要学种地、种菜的樊迟思考问题像小人。①孔子之后的孟子，强调为民制产，“五亩之宅，树之以桑”等，强调有“恒产”才有“恒心”，承认生活富足是品格培育的基础。不过总体看，强调文教、道德的建立，才是孟子思考的重心。《荀子》强调“勘天役物”，强调组织社会大的生产，但在财富的分配上强调礼的差异，而不是讲多劳多得。强调“民富”的论述，在《荀子》中是看不到的。

儒家之外，战国时期还有局部的“富民论”。上引白圭的言论中，强调平抑粮价，不要伤农，也不要伤贾，就含有这样的意思。先秦最大的局部“富民论”见于《管子》。《管子》作者相信，民太穷或太富，都难治。所以国家要各业都兴旺，“天不一时，地不一利，人不一事，是以著业不得不多”（《管子·宙合》）。另外，《管子》“轻重”各篇，也提出了“官山海”的政策，就是把生产盐铁的权力控制在国家手里。但《管子》这本书，说是管仲作的，其实是战国时人的一些理论设想，且不说没有记载显示“官山海”实行过，就是这样的“专卖”设想，也为民留了些余地。《管子·轻重乙》记录这样一段对话：齐桓公说我要控

---

①原文见《论语·子路》：“樊迟请学稼。子曰：‘吾不如老农。’请学为圃。曰‘吾不如老圃。’樊迟出。子曰：‘小人哉，樊须也！上好礼，则民莫敢不敬；上好义，则民莫敢不服；上好信，则民莫敢不用情。夫如是，则四方之民襁负其子而至矣，焉用稼？”另外“郭店简”中的一些儒家篇章中，还有“几不教”的说法，“不教”的内容，与孔子答樊迟意思一样。儒家思考的重心在礼和义，所以称之为消极“富民论”。不过，藏富于民的思想，又是后来许多政论者批评朝廷盘剥民众的武器。

制山岭开发铁矿，这样就可以增加收入，不用再按每家人头数收赋税，邦国财政也够用了。管子答：您用谁来做呢？征调那些刑徒和失去人身自由的人来干吧，他们会千方百计逃亡；征发一般民众来做吧，他们会因此而怨恨政府，一旦边境有战事，他们会因怨恨而不积极参战。还没有见到“官山海”的利，国家内部人心丧失的害处，却先见到了。这样，就不如让民众去经营，政府分成。民得利润的七分，政府得三分。①政府收三成之利，比例很不小，因为政府只是分利，没有投入，是“干接血”的营生。尽管如此，经营的民众，还是有利润的，因此还会尽量精打细算地去追求更大的利，也会尽量把产品制作得好一些。正是因为上述这些，《管子》的“富民论”是局部的。检讨历史记载，完全彻底的“富民论”只见于《史记·货殖列传》。

何以这样说？《货殖列传》讲了许多大商人，都从事私营自由经济，《货殖列传》写这些人，言语间流荡着赞许之情。如说子贡：“子贡结驷连骑，束帛之币以聘享诸侯，所至，国君无不分庭与之抗礼。夫使孔子名布扬于天下者，子贡先后之也。此所谓得势而益彰者乎？”说白圭：“盖天下言治生祖白圭。白圭其有所试矣，能试有所长，非苟而已也。”说乌氏倮和巴寡妇清：“夫倮鄙人牧长，清穷乡寡妇，礼抗万乘，名显天下，岂非以富邪？”又如赞美宣曲任氏：“富人争奢侈，而任氏折节为俭，力田畜。

---

①此段原文是：“桓公请以令断山木，鼓山铁，是可以毋籍（就是不按人口收税）而用（国家财政开支）足。管子对曰：‘令发徒隶（罪犯和失去人身自由者）而作之，则逃亡而不守。发民，则下疾怨上，边境有兵，则坏宿怨而不战，未见山铁之利，而内败矣。故善者不如与民量其重，计其赢（盈利），民得其七（“七”原作“十”），君得其三。’”

田畜人争取贱贾，任氏独取贵善。富者数世。然任公家约，非田畜所出弗衣食，公事不毕则身不得饮酒食肉。以此为闾里率，故富而主上重之。”一般商人在田地畜牧上都想买贱卖贵，宣曲则独取好的价格高的，这是商人的独特眼力，是经商的才干，至于治家讲究“约”、“公事不毕则身不得饮酒食肉”，则属于富人持家的品行。像这样赞许商人的，正眼看商人的，历史上有几个？班固斥责司马迁三观有问题，只见出班固的庸常。

三、无形之手与“素封”之家

《货殖列传》内容丰富，为了讲好“货殖”的故事，司马迁写到了当时的各大区域的地利与人文。《列传》开始，就举出了“山西（崤山以西）饶材……山东（崤山以东）多鱼、盐……江南出枏、梓、姜、桂、金、锡……龙门、碣石北多马、牛、羊……”等区域地利。北方分为山西、山东，分得详细，说明北方在当时还稳稳地居于文化中心区。又“龙门、碣石北”即西起山陕交界的龙门山，向东北延伸至渤海之滨的碣石一带，是草原与农耕两大区域的分界线，被后来的学者称为“司马迁地理线”。在讲述汉代的商贾事业的发展时，司马迁还相当全面地概述了王朝境内各地区的风土与人情，以及区域之间的联系。如言“关中”“其民犹有先王之遗风，好稼穑，殖五谷，地重（重视土地），重为邪（视做邪恶的事为大忌）”，又言此地“南则巴蜀。……唯褒斜绾（wǎn，挽）毂（gū，车的轴头）其口（褒斜道控制着关中与巴蜀的通道口），以所多易所鲜（以自己多的换自己少的，言可以贸易）。……西有羌中之利，北有戎翟之畜，畜牧为天下饶。……故关中之地，于天下三分之一，而人众不过什三；然量其富，什居其六”。此外，像这样的记述还有“河东”“河南”与“河内”的“在天下之中”的“三河”地区，“北通燕、涿，南有郑、卫”的“邯郸”，“南通齐、赵，东北边胡”的燕，以及洛阳、齐、鲁、越、巨野、颍川、南阳等，在讲到楚、越时，还说“越、楚有三俗”，即“淮北沛、陈、汝南、南郡，此西楚也”，以彭城（今徐州市）为中心，彭城以东“东海、吴、广陵”为“东楚”；“衡山、九江、江南、豫章、长沙”一带是“南楚”。三楚之地，包括了春秋战国时期的楚、吴、越，因其最后被楚国统一而为三楚。这段文字，涵盖着中国早期东南地区的开发历史，是后来农耕文明在南北朝继续南拓的基础。

这还是粗线条地说，细致点看，各地自有来历的风俗与其营求生机的特点是相关的。如叙“三河”之域内的中山，就是这样说的：“中山地薄人众，犹有沙丘（地名，在今邢台境内）纣淫地余民，民俗懁急，仰机利而食。丈夫相聚游戏，悲歌忼慨，起则相随椎剽，休则掘冢作巧奸冶，多美物，为倡优。女子则鼓鸣瑟，跕屣，游媚贵富，入后宫，遍诸侯。”讲中山的风俗，追溯其受殷纣王的影响，男的好犯奸作科，女的好为娼优，都是要赢利，做法却有其地方的风情。古有“采诗观风”之说，《诗经》中的“十五国风”多是地域的风俗人情表现，司马迁写私营经济的《货殖列传》多表风俗，正是对“风诗”的继承。同时，它也是对《尚书·禹贡》言地利、物产传统的继承与光大。看关于三楚与北方的对比文字：

江淮以南，无冻饿之人，亦无千金之家。沂、泗水以北，宜五谷桑麻六畜，地小人众，数被水旱之害，民好畜藏，故秦、夏、梁、鲁好农而重民。三河、宛、陈亦然，加以商贾。齐、赵设智巧，仰机利。燕、代田畜而事蚕。

这难道不是对当时中国区域经济发展的大势有较为清晰的了解吗？“楚越之地，地广人希，饭稻羹鱼，或火耕而水耨”“无冻饿之人，亦无千金之家”，读这样的文字，可见上古江南的一般情形。这样情况的改善，需要很长的时日与机遇。[①]今日有学者以三国东吴遗落在今长沙的户籍记录为根据，反驳东汉以后大家族普遍存在的既有说法，似乎忽略了江南社会经济与北方有巨大落差这样的事实。

这些，是保存历史的实录。在这样的记述中，还有司马迁一种独特的发现，那就是由某种无形的手挥舞所导致的区域之间的经济交流。请看这样一段：

故曰陆地牧马二百蹄（五十匹），牛蹄角千（一百六十七头），千足羊，泽中千足彘，水居千石（一石合一百二十市斤）鱼陂（水塘），山居千章（大木材为章）之材。安邑千树枣；燕、秦千树栗；蜀、汉、江陵千树橘；淮北、常山已南，河、济之间千树萩；陈、夏千亩漆；齐、鲁千亩桑麻；渭川千亩竹；及名国万家之城，带郭千亩亩钟之田，若千亩卮茜（染料），千畦姜韭：此其人皆与千户

①这里所谓的机遇，是说若无西晋晚期北方的大乱，导致大量人民的南下，江南的开发还会晚些。北方的大乱，很无奈，就是开发江南的“机遇”。

侯等。

毫无疑问，这里的“二百蹄”“千头羊”以及“安邑千树枣；燕、秦千树栗；蜀、汉、江陵千树橘”都是要投放市场的产品，即商品。“安邑”在今山西，河、济之间在今山东、河北交界地带，燕、秦、齐、鲁、陈、夏区域不同，距离遥远，可知这段文字讲的是不同地区的区域生产，交相辉映，恢弘如交响曲。首先是规模大，“千树枣”“千树橘”“千亩漆”“千亩桑麻”和“千亩竹”等，都不是自家生产自家用的，生产是为了商品交换。其次，也是最要紧的一点，宏大规模的背后，存在着一种力量，那就是市场的调节作用，市场就是那只指挥着全国各地生产的巨大无形之手。《货殖列传》的非凡之处，一在其“富民”，另一点就是对市场作用的认识，《管子》对此有相当认识，但不如司马迁这样明晰清澈，更不如司马迁这样生动具体。读这样的文字，仿佛我们跟随史家，畅游西汉王朝的山河大地，一片片大面积的枣树，一片片大面积的漆树，千亩桑麻，千亩绿竹，如在目前，不同的区域，在一只巨大无形的商业手臂的挥舞下，万方齐唱，八方协调。之前，无此气象；之后，无此观察，也无从观察。汉王朝七十来年的“无为”政治，促进了民营经济发展，因而春秋以来延续了几百年相对自由的经营环境，终于发育出这样非凡的局面。司马迁为后人记录下这样的社会状况，很珍贵，更珍贵的是他让后人看到了那只无形之手。这样的宏大景观，如昙花一现，却被史家敏锐地捕捉到了，记述中还显示了历史的越识。

大规模的自由商品经济，必定造就一批身家巨万的人物，如西汉蜀国的卓氏、宛孔氏等。司马迁记录这些人，有一段惊人的言论：

> 今有无秩禄之奉，爵邑之入，而乐与之比者，命曰“素封”。封者食租税，岁率（lǜ，每年常规）户二百，千户之君则二十万（一年二十万的收入），朝觐聘享出其中。庶民农工商贾，率亦岁万息二千，百万之家则二十万，而更徭租赋出其中。衣食之欲，恣所好美矣。

所谓“素封”，又如今天所谓“无冕之王”，指的是那些在政治体制之外靠经营致富的人。参与政治，分享权力的红利，就是获得封爵，从而获得盘剥的民众的利益。“素封”的提法，空前绝后。这个语词，经济意义的含义之外，文化的含义也十分丰富。作为史实，“素封”的出现，是千百年相对自由宽松的政治造就的多样化的人生价值追求。

西周王朝衰落后，列国林立。林立的列国，也是自由商业发展的机会。致富的子贡是其一，比子贡更早的，有郑国人对商人的保护，政府与商人立约相互尊重。此事见于《左传》所载子产与晋国大夫韩起的对话。如此，才有秦穆公偷袭郑国时郑国商人玄高自愿牺牲利益捍卫母邦的义举。到战国时期，虽然有商鞅严厉限制私营工商业的措施，但是强国并立，秦法只能行于本国，即使是在秦国，秦始皇也还是不得不一时间依仗乌氏倮和巴寡妇清，给予其相应的尊荣。在秦之外的东方六国，不论是李悝的“平粜法”，还是《管子》中的“轻重”之术，都给私人的商业留有相当大的余地。在《管子》中，政府出于财政的需要，有“斗豪民”之说，观其“斗”法，也只是要求富人出资出钱而已，并不是像秦统一后那样，对大工商业的资产强制没收并将其人迁走。汉代，虽然自刘邦时期就公布了商人不许穿丝绸，出门不许乘车，其子孙不许做官等一系列规定（见《史记·平准书》），但“法律贱商人，商人已富贵矣”（晁错《论贵粟书》）。这也是一时间皇朝没有办法的事。虽然汉循秦制，商鞅抑制私营经济的一套也被采纳，但要真正弄死私营的工商业，还远不是时候。“孝惠、高后时，为天下初定，复弛商贾之律”（《史记·平准书》），商人子孙不得做官的规定还是保留了。尽管如此，私营的工商业在数十年间“与民休息”的黄老政治下快速地生长，以至于工商业在人生价值观取向上对民众产生了一定的影响。王朝不许有市籍的商人子孙参与政治，而到司马迁时代，参与政治以荣耀门庭，只是一种选择，因为私人经营只要达到一定的规模，一年收入可观，甚至可以富比王侯，“恣所好美”也可以获得社会荣耀，虽无政府赏赐，却也尊崇如同封君。对此，《史记》以津津然的笔触写道：

通邑大都，酤（指代各种酿造物，如酒、醋、酱等）一岁千酿（瓮），醯（xī，醋）酱千瓨（hóng，陶制的容器，可容十升），浆千甔（dàn，容器，可容十斗），屠牛羊彘千皮，贩谷粜（tiào，粮食卖出）千钟（计量单位，一钟六石四斗），薪稿（柴草）千车，船长千丈（千丈是指一年卖出船的总长度），木千章，竹竿万个（棵），其轺（yáo）车百乘，牛车千两，木器髤（漆染过的器物）者千枚，铜器千钧（三十斤一钧），素木铁器若（或）卮茜（可做燃料）千石，马蹄躈（qiào，窍，肛门）千，牛千足，羊彘千双（即双千，两千），僮（仆从）手指千（百人的指头为千），筋角丹沙千斤，其帛絮细布千钧，文采千匹，榻布（粗布）皮革千石，漆千斗，糵曲（niè，酵母）盐豉（chǐ，豆豉，可以调料）千荅（tái，瓦容器，可容一斗六升），鲐（tái，一种海鱼）鮆（qí，又名刀鱼）千斤，鲰（zōu，小杂鱼）千石，鲍（咸干鱼）千钧，枣栗千石者三之（即三千石），狐貂（diāo，貂皮是上等保暖衣料）裘千皮，羔羊裘千石，旃（zhān，毛毯）席千具，佗果菜（各种蔬菜）千钟，子贷金（放贷盈利的钱）钱千贯，节（截取）驵会（大的牙行，市侩），贪贾三之，廉贾五之（两句是说那些大的牙行获得的利润，贪婪者是三分取一，廉洁点的是五分取一），此亦比千乘之家，其大率（大的概率）也。佗（其他）杂业不中什二（十分之二，即百分之二十），则非吾财也。

这也是《史记》中一段奇特的文字，柴米油盐，一一细数，琐碎得很，但在司马迁笔下，条条畅畅，参差错落，心中有数，笔下生光，显示的是史家对现实生活的观察有心，因而笔致出神。文字新奇之外，所写的内容更值得注意。它在写什么？写人们追求“素封”安好生活的努力方向。一个人，生活在西汉早期，只要好好干，什么生业都可以让你有个“人样子”的生活。这就是黄老政治、与民休息政治下的安定有序，人人可以按照既定的目的去实现自己的目标，不一定去做农夫，也不一定非要去读书做官。生活的价值追求是多样的，人生活的选择也可以是多样的。简而言之，这段文字，与上述的“素封”之说相伴，交代出的是这样的文化现实：那个时期，人生价值的选择，是可以多元的。还远不是万般皆下品，唯有读书高。

但是，情形马上就会变化。富人，特别是那些体制之外的无身份的富裕人家，马上就会在王朝的财政困顿中变成被搜刮清算的对象。司马迁只是经历这一重要的古今变化，但是他的关于“货殖”者们的书写，却为后来的他未尝经历的变化树立了一个坐标：即再过很短的时间，人们就会感觉到经营生意致富是一个不受王朝待见、不受政府保护的生业。汉武帝在打击体制外富人的同时，直接从民间选拔政治人才。读书做官，才是显赫而又安全的事业。人生追求这一大变化，就发生在西汉武帝时期严厉打击富人的政策下。多元的人生选择与追求变得狭窄，这也是一大古今之变。下面，就来简单看看是如何发生这样的变化的。

四、“货殖”落入深渊

“货殖”落入深渊，是汉帝国四方有事引发的财政枯竭引起的，这就讲到了《平准书》。

《平准书》先交代了今上即汉武帝在位之前汉家的富饶：

至今上即位数岁，汉兴七十余年之间，国家无事，非遇水旱之灾，民则人给家足，都鄙（大小城镇）廪庾皆满，而府库余货财。京师之钱累巨万（万万为巨万），贯（串钱的绳）朽而不可校（数）。太仓之粟陈陈相因，充溢露积于外，至腐败不可食。众庶街巷有马，阡陌之间成群，而乘字（生育）牝（母马）者傧（排斥）而不得聚会。守闾阎（街道）者食粱肉，为吏者长子孙（子孙接班），居官者以为姓号。故人人自爱而重犯法，先行义而后（与下一个“绌”字意思一样。一说此字为衍文）绌（黜，废弃）耻辱（令人耻辱的事）焉。当此之时，网疏而民富，役财骄溢，或至兼并豪党之徒，以武断（横行霸道）于乡曲（乡里）。宗室有土公卿大夫以下，争于奢侈，室庐舆服僭于上，无限度。物盛而衰，固其变也。

这段文字可分为两大部分：先表西汉早期社会的富饶与秩序的稳定，由“守闾阎者食粱肉，为吏者长子孙，居官者以为姓号”可知，那时候的社会是何等的安详平稳，父祖可以预知子孙的未来。也正因此，“人人自爱而重犯法”。继之而来的，则是一种不祥和的情形露出苗头：社会开始出现富豪及官员横行乡里不守规矩的现象。后者，司马迁视为衰落的表征，言外之意，政府如果是作为的，应该予以惩治。但是，汉武帝上台，既要“王者无外”，又要“天下一家”，于是“大事四夷”，汉家有的是钱，可劲地花。《平准书》说：

自是（指汉武帝上台）之后，严助、朱买臣等招来东瓯（在今浙江温州一带），事两越（闽越，在今福建；南越，今广东地区），江淮之间萧然烦费矣。唐蒙、司马相如开路西南夷（今四川、云、贵一代的少数民族），凿山通道千余里，以广巴蜀，巴蜀之民罢（疲）焉。彭吴贾灭[①]朝鲜，置沧海之郡，则燕齐之间靡然发动。及王恢设谋马邑，匈奴

①有学者研究，此两字应作“穿濊”，即穿越濊水河的意思。

绝和亲，侵扰北边，兵连而不解，天下苦其劳，而干戈日滋。行者赍（带外出的盘缠），居者送，中外骚扰而相奉，百姓抏（玩，习惯性地）坏（舞弊）以巧法（百姓不顾廉耻想尽办法躲避朝廷征求），财赂衰耗而不赡。入物者补官，出货者除罪，选举陵迟，廉耻相冒，武力进用，法严令具。兴利之臣自此始也。

历数汉武帝早期的作为，东西南北，四面出击。资财耗费严重，引发的是百姓“抏坏以巧法”，与上文所言汉初的“人人自爱而重犯法，先行义而后绌耻辱焉”对比异常地鲜明。

然而，兵荒马乱才刚开始。《平准书》说：

其后汉将岁以数万骑出击胡，及车骑将军卫青取匈奴河南地，筑朔方。当是时，汉通西南夷道，作者数万人，千里负担馈粮，率十余钟致一石，①散币于邛僰以集之。数岁道不通，蛮夷因以数攻，吏发兵诛之。悉巴蜀租赋不足以更之，……东至沧海之郡，人徒之费拟于南夷。又兴十万余人筑卫朔方，……自山东咸被其劳，费数十百巨万，府库益虚。……其后四年（元朔五年），而汉遣大将将六将军，军十余万，击右贤王，……明年，大将军将六将军仍再出击胡，……捕斩首虏之士受赐黄金二十余万斤，虏数万人皆得厚赏，衣食仰给县官；而汉军之士马死者十余万，兵甲之财

①这两句是讲后勤运费的消耗严重，“十余钟致一石”，每钟合六石四斗，是说千里运粮要花费六十多倍的费用。

转漕之费不与焉。于是大农（大司农，又如财政部，负责国家财政收支）陈（历久的）藏钱经耗（业已耗尽），赋税既竭，犹不足以奉战士。

这仍不是汉武帝的全部花费，为避累赘不再列举。总之，就是汉王朝面临着财政危机，朝廷、政府没钱了[①]。于是各种弄钱的招数就来了，层出不穷。

先是“有司”提出，设立武功爵，非让有钱人花钱买。这不是新办法，汉初晁错就提出过，也实行了。与后来实行的某些办法比，这还算得上是一个办法，但“军功多用越等，大者封侯卿大夫，小者郎吏。吏道杂而多端，则官职耗废”的弊端也不小。

财政还是不足。于是又提出改货币：“以白鹿皮方尺，缘以藻缋，为皮币，直（值）四十万。王侯宗室朝觐聘享，必以皮币荐璧，然后得行。”一张鹿皮加以修饰，就值四十万，且强迫使用，这是在向王侯宗室们开刀，与明抢差不多。此外，又“造银锡为白金”，导致盗铸现象泛滥，民为此犯罪者甚多。

继而就是盐铁专卖。“于是以东郭咸阳、孔仅为大农丞（大司农的副手），领盐铁事；桑弘羊以计算用事，侍中……三人言利事析秋豪矣。”让大商人来做管盐铁专卖的官，汉武帝果然会用人。但钱还是不够，这就要朝那些经商致富的商人们下手。下

①这不代表皇帝家没钱。近年出土的海昏侯墓葬，有数吨的铜钱，大量的马蹄金、麟趾金及其他贵重物。专家分析，其中不少的钱财应该都是海昏侯刘贺的父亲刘髆（pò，武帝之子）从汉武帝那里获得的赏赐，传给了海昏侯。说这些，是想明确这样一点：想让汉武帝及其家属了解小老百姓在当时遭遇的困苦是十分艰难的。因为就是在这样的情况下，这些富贵人家的金钱财宝也可以堆积如山。

手的办法，先是“算轺车”，就是统计私人家里有多少轺车，按每辆轺车多少钱纳费给朝廷。这是税外的税，费外的费，硬性的规定，不交，你试试？接着就是更厉害的：“算缗。”缗，就是钱串子绳，算缗就是富裕人家有多少钱，按比率征收缗钱。一贯为一千钱，一贯出算缗钱二十钱。而且，有市籍的商人要“算”，没有市籍，靠营商致富的人家也要交。这凭什么？自刘邦起，朝廷就贱视商人，不许这个，不许那个，现在国家要钱，就这样干。现在朝廷需要钱，又嫌商人不积极，“百姓终莫分财佐县官（地方官）”。于是，就有一位名叫杨可的，给皇帝出主意：提倡邻里之间告发。有钱人不肯实说自己家里有多少钱，但是，俗话说得好，家有黄金，外有斗秤。邻里互相知道家底，让他们检举揭发。告发为实的，从抄家的资材中拿出一部分奖励告密者。这就是臭名昭著的“告缗”，朝廷化作了狼与豺。“于是商贾中家以上大率破，民偷甘食好衣，不事畜藏之产业，而县官有盐铁缗钱之故，用益饶矣。”直接查抄富人的家，这样的强盗行径，果然令朝廷经费一时间充足了。查抄的财物堆积在上林苑，都满了。刘邦是打天下，汉武帝何尝不“打天下”，只是打劫自家的天下。汉武帝好像也在创造历史，但真正的历史进步却被“打劫”了。

就在实行盐铁专卖，推出“算缗”政策和实行“告缗”政策的时候，汉武帝也想树立一个模范人物，为有钱人积极交出财产做榜样，那就是卜式。卜式，河南人，善田地畜牧之事，且为人仗义疏财。知道汉武帝打击匈奴等缺钱，“愿输家之半县官助边”，把一半财产上交。皇帝问他是不是想做官，答“不愿”。一开始皇帝和宰相都觉得卜式不合常情，虚伪。到商人不愿意“算缗”缴费时，卜式又交钱给地方。皇帝这才相信了卜式，“天子于是以式终长者，故尊显以风百姓”。想以树立卜式为榜样的方式，刺激人的公心。其实，卜式只是个愚直的良民，他被安排在齐国为相后，“见郡国多不便县官作盐铁，铁器苦恶，贾贵，或强令民卖买之”，还看到“船有算，商者少，物贵”，即“算缗”严重伤害了商业，于是就通过孔仅向皇帝上言，“上由是不悦卜式”，后来又贬他为齐国太傅。这实在是很讽刺的。

以上这一切，还没有触碰到“平准”。所谓“平准”就是政府采取措施平抑物价。看上去与魏文侯时期李悝的“平粜法”类似，也实在是有所继承，但李悝讲究的是国家与私人兼利，而汉武帝时的所谓“平准”，就是政府官员兼商人，以征发来的财物货币为资本，以贱买贵卖的方式达到政府生财的目的。其目的就是以商业手段垄断商业，从而打击消灭体制外的商业。盐铁由政府经营，官员变成工厂主，现在他们还要管商业。目的就是凑足经费，以满足汉武帝征伐四方，大兴各种豪华事业的需要。自此，官营的工商业正式大规模形成，皇权永远稳固的重要基础得以建立。私营的工商业，落入了历史的深渊。从此，王朝社会只有财政，而无法真正建立良性的经济局面，这延续了两千年。

这实在是一重大的“古今之变”，司马迁用了《货殖列传》《平准书》两篇文献，将这样的古今巨变弄“通”了。在前面，我们看到司马迁很明确的一个“古今之变”是王道的悬空，现在，又看到《史记》为后人展示的另一个“古今之变”，那就是自春秋战国开始的私营工商业到西汉的武帝时期如何被盐铁专卖政策锁住喉咙。细究几百年私营工商业的发展，是春秋战国时期列国林立造成的相对宽松的环境的结果，其间除了春秋时郑国与商人有明确保护商人权益约定外，[1]其他邦国至多只见到私营工商业对国家的益处，因而李悝“平粜法”还注意不伤贾，《管子》还能够设想政府与私营工商业分成。就是到西汉的早期阶段，虽对商人有贱视的政策，[2]但还远没有更切实的措施。到汉武帝就彻底改变了。不过从主观上说，汉武帝也不是预谋着要卡死私营工商业，他要争取的是“天下一家”，是因此而导致的财政困难，迫使他一步步走向了以“盐铁专卖”为核心的“国榷”政策。改货币、算缗以及告缗，都是一时的秕政，专为获得巨大的利益，而变成了长久的国家财政政策。盐铁之外，还榷酒，后来的铁不榷了，王朝又榷茶、榷明矾、榷香料，什么利益大就榷什么。私营的工商业，永无出头之日。社会由此变成普遍的小农经济的社会。这样的变迁，实在是关乎历史全局的。

我们现在还不太肯定，私营工商业的被卡锁，与司马迁多高扬的王道有何等关联。但是，藏富于民是儒家的，因为《大学》中引用过孟献子的话：国家宁有盗臣，不要聚敛之臣。孔子也曾号召过学生“鸣鼓攻之”地对付冉有，因为冉有帮助季氏家聚敛。如果是这样的话，那么在考究司马迁的王道观时，是必须把《货殖列传》考虑进去的。

“素封”不行了，经营致富不安全。这是汉武帝打击私营商

---

①《左传·昭公十六年》载子产之言：“子产对曰：‘昔我先君桓公（郑国始封君），与商人皆出自周（西周），庸次比耦，以艾杀此地，斩之蓬蒿藜藿，而共处之。世有盟誓，以相信也，曰：“尔无我叛，我无强贾，毋或丐夺。尔有利市宝贿，我勿与知。”恃此质誓，故能相保，以至于今。’”

②贱视商业，在古代是中外都有的通常之事，因为早期人们对商业、手工业的认识有限（也可以说是基于早期工商业发展有限），商业往往被认为是不生产而得利的行业，也就是不大道德的行业。

业带给他的人民的生活感觉。同时，汉武帝在大兴儒术，大量读儒家书的人有机会进入上层。从此，读书做官，成为“唯有读书高”的人生追求，不是很正常吗？多元的人生价值追求，变成一条路上“跃龙门”，武帝的政治经济的举措，对历史的影响还小吗？